中国近代人物文集丛书

郑 观 应 集
救时揭要(外八种)

（上）

夏东元 编

中 华 书 局

图书在版编目（CIP）数据

郑观应集·救时揭要：外八种／夏东元编. —北京：中华书局, 2013.12（2014.7 重印）

（中国近代人物文集丛书）

ISBN 978 – 7 – 101 – 09768 – 9

Ⅰ. 郑⋯ Ⅱ. 夏⋯ Ⅲ. 郑观应（1842～1921）—文集 Ⅳ.Z426

中国版本图书馆 CIP 数据核字（2013）第 249679 号

书　名	郑观应集·救时揭要（外八种）（全二册）
编　者	夏东元
丛 书 名	中国近代人物文集丛书
责任编辑	张玉亮
出版发行	中华书局
	（北京市丰台区太平桥西里 38 号 100073）
	http://www.zhbc.com.cn
	E–mail:zhbc@zhbc.com.cn
印　刷	北京天来印务有限公司
版　次	2013 年 12 月北京第 1 版
	2014 年 7 月北京第 2 次印刷
规　格	开本 /850×1168 毫米　1/32
	印张 22⅛　插页 8　字数 480 千字
印　数	1501–3000 册
国际书号	ISBN 978 – 7 – 101 – 09768 – 9
定　价	65.00 元

救時揭要

同治癸酉仲春鐫

一八七三年《救时揭要》木刻本内封

上海淞隐阁刊行的二十篇本《易言》内封

光緒庚辰

中華印務總局

易言

觀宸書籤

中华印务总局刊行的三十六篇本《易言》内封

《罗浮偓佺鹤山人诗草》内封

盛宣怀题签之《罗浮待鹤山人诗草》封面

一九二〇年《待鹤山人晚年纪念诗》排印本内封

郑观应全家照

立志須學前賢俗云好子不食爺田地不可爭遺產不可虛度光

陰不可浪費貲財必須勤儉言行謹恭讀書華業當此競爭之世不

耐勞苦不能自立雖有一藝之長仍須勿論薪水多少有無先於大

公司處學習以圖上進方可自立也以上各條經老人反覆言之不

曾三令五申各宜注意毋逆所囑

丙寅季冬吉日　遺囑人　待鶴老人鄭陶齋

代理人　鄭□□

知見人　梁□□

兩姓聯婚事資林姓目下准放袖

公鈴保險貲銀百元候林姓有生

意時出紙具銀貲人情一切均

貶蝸喜辦理不能片照應目今

辦婴文按二姓貲爪信瓦興待

鵰兩兄矣

梁□□

郑观应遗嘱底页

目　录

救时揭要

易 言 三十六篇本

易 言二十篇本

南游日记

罗浮待鹤山房谈玄诗草

待鹤山人晚年纪念诗

香山郑慎余堂待鹤老人嘱书

附 录

救时揭要

序^①

　　崇论宏议,震古烁今,又复抉摘隐微,切中时弊。大声疾呼,唤回醉梦,是真能以菩萨心,吐广长舌,普度众生者。良医救世,对症立方,无限苦衷,溢于楮墨。知作者下笔时,已有万千苦恼苍生环而待命。此经世大文也,急宜付梓,以当宝筏。

　　时同治壬申冬至日,愚弟梁溪余治拜读。

---

① 这是余治为《救时揭要》所写的序。标题是编者所加。

《救时揭要》序

尝思：木有本而水有源，伤其根则木枯，绝其源则水竭。于人亦然。人之本何在？心是也。存其心则惟善为宝，而心广体胖，事无不安，人无不乐，天必将于其间降之以福；失其心则以恶为能，而心悸神昏，事无不悖，人无不怨，天亦于其间降之以祸。降之者天，召之者人。天道至公，应物无迹：栽者培之，倾者覆之。天心也，人心也，人心能合天心，天心自默鉴乎人心也。是故经天纬地，赴汤蹈火，无不由乎一心；为圣为贤，成仙成佛，亦无不恃乎一心。三教经书，无非治此心也。此心不治，而可以自立于人世者，未之有也。

嗟乎！人生天地间，块然七尺，上之既不能竭忠尽孝，光垂史册，次之又不能济人利物，惠及梓桑。心地坏而根本枯，泉源竭，徒欲以咬文嚼字，饰貌矜情，欺世盗名，与行尸走肉何异？又或见利忘义，背理徇私，终日营营，为子孙作百年计者，则春蚕作茧，自取缠绵，蜜蜂采花，为谁辛苦？计亦拙矣，害何如耶！况乎人生难得，岁月易迁，瞬息百年，电光石火，与其饱食终日、无所用心，贻临去无穷之悔，何如努力从公、一心向善，积现前莫大之功。石家金穴，邓氏铜山，过眼烟云，而今安在？夫乃知世家巨族，绵延弗替，历百世而未艾者，固无不固本导源，由阴骘中蓄积而来，其故可深长思矣！

仆家贫服贾,负米娱亲,普济虽有怀,恨乏点金之术;显扬仍未遂,徒深投笔之心。惟是庭训凤承,不敢自弃,性耽铅椠,大意粗知。于是不揣固陋,聊效芹曝。研性理则辑道言精义,论感应则集志果诸书,窃冀广推,妄灾梨枣。又复触景伤时,略陈利弊,随所见闻,频登《申报》,更伸鄙臆,撰成是编。或者牛溲马勃,亦备良医之用;方言俚语,不为大雅所遗。于末俗人心,或可少裨万一,是则区区之心所深慰也已。

同治十一年,岁次壬申冬至日,铁城红黑海五柳居荣阳氏识于沪上待鹤斋。

澳门猪仔论

《书》云："民为邦本,本固邦宁。"故先王行仁政以济贫乏,严法令以禁游民,使亿万人为一心,所以保天下之民,不使流离失所,投诸他邦,为日后执柯伐柯之患也。

夫猪仔馆者,拐贩华人过洋为奴,其所居名曰招工,俗谓之"买猪仔"。粤东方言,物之小者曰"仔",盖言被拐者若猪仔之贱,有去无还,既入其笠,又从而招之意也。奇货可居,获利极厚,每名归西洋国税洋一元,归澳门拟事亭番官使费银两元。近复用赂蒙蔽华官。又闻粤省拐徒千万,与洋人串通,散诸四方。被骗出洋而死于难者,每年以千百计。有半途病死者,有自经求死者,有焚凿船只者。要之,皆同归于尽。即使到岸,充极劳极苦之工,饮食不足,鞭挞有馀;或被无辜杀戮,无人保护,贱同蝼蚁,命若草菅。噫!华民无辜,飘零数万里,而受如此之刻酷乎!

或云："所去者,皆经澳门拟事亭番官审讯。不愿去者,遣归原籍,而甘于去者,皆目为强徒。"实不知诡计百出,财通上下。堂中审讯,尽是冒名顶替之徒。解回原籍,岂是真情,诡称脱网,掩人耳目。计巧心狠,至此已极。富贵之家,聪明之子,亦往往误受其愚,自投陷阱,只身远出,四顾无亲,虽舍万金,无由可赎。况乎青年伉俪破镜难圆,白发高堂倚门怅望。其存其殁,杳不可知,一线宗祧,于焉中绝。良可哀已！然此犹害之在民也。若夫往者日众，其中岂无谲诈枭雄之辈。万一楚材晋用，或如明季倭患之徐、叶等，则毒蝮反噬，祸有不可问者。事关大局，窃抱杞忧。所愿与有心当事者，亟谋设法，为曲突徙薪之计也。

续澳门猪仔论

窃谓:日录近事,别善恶以励人心,使遐迩咸知乐于从善。古人木铎之警,何以过之。近读《香港日报》所云:吕宋国船,由澳门载猪仔往亚湾拿,已死三分之二。又云:发财轮船,本容九百十八人,竟装猪仔一千零五十名!俱往庇鲁国,水脚获十万元之多。西洋人犹多方掩饰,谓保卫甚当,所载之人皆愿去者。日报亦未敢言其弊也。

余世居澳门,素知底蕴。非独窝娼聚赌,年投规银数十万,而又有贩人出洋之举。其中被拐见诱者,十居其九。父失其子,妻丧其夫。长离桑梓,永溺风波,有死别之悲,无生还之望。言之伤心,闻之酸鼻。此无殊设陷阱于境中也。溯自设立招工馆以来,为其所陷害者不可胜计,中国之人,无不发指涕零者。

夫拐贩人口为奴,此固有干英国厉禁,为法纪所不容。前时,大英议院屡次集众筹商,设法杜弊。中国之人闻之同声感戴,额手称庆,以为自此异地被陷之民可睹天日,不啻起死人而肉白骨矣。而不知又何以忽焉中止。是岂大西洋人力为阻挠乎?抑岂中国尚未行文与之协商乎?试思千百万年培养之生灵,驱而置之死地,其惨酷为何?如今有人特为之开网脱阱,体天地好生之心,而数千万人之倒悬立解,数十年之积弊立除,非独粤东一省之民深为感戴,即中土之民，无不仰赖其德，千百世后，犹将称颂弗衰。其阴骘岂有涯涘哉。举凡欧洲各国之通商内地者，睹此情形，被此惠泽。则被骗之家，既无妻离子散之苦而尤怨不生；即非被骗之家，亦不致有尔虞我诈之嫌而性情易洽。岂不美哉！吾知西洋人亦必乐于从事，成兹善举也。仆虽一介迂生，无力援救，而情形目击，坐视何安？爰将澳门情事，续伸鄙论，以质高明。安得有万家生佛，作登高之呼，起千万蚩蚩之民，而出诸水火乎！

求救猪仔论

自古济弱扶倾,乃万邦之公法;吊民伐罪,宜畛域之无分。昨阅《香港日报》,知港中善士与英官禁赌博,诛拐徒,设义学,创医院,有善即兴,遇弊即除。何香港一隅之地,而善气钟聚如此之盛乎!直与澳门西洋人收取陋规,暗纵拐徒,窝娼聚赌者,真有天壤之隔矣!

窃思粤东拐风日炽,自贩人出洋为奴以来,被骗而去者不可胜计。英国朝廷亦为悯惜,曾集议院筹商。无奈蒲萄芽人恃强逞诈,未得一清其源。然各处新报所论澳门猪仔馆之害,既详且晰,惟拐计之毒,则未及言之。吾闻拐徒与洋人串通,约有数万,专投人之所好。或诱以娼赌,或假以银钱,一入其饵,不拘多寡,偶不及偿,即拘而赴诸海外。或潜匿四方,黑夜中于僻静码头,如粤省怡和街闸外之处,声呼过海,成载被擒,售于洋船。或灯后往来之人,竟被布袋笼套,拉牵而去者,不知几许。相率被骗而登由省往澳之士迫轮船,日当数百人。而拐徒之行踪诡秘,大胆无忌。为民上者,竟置若罔闻。本地绅衿,各顾身家,恐遭其害,又未敢大声疾呼,以讼言于蒲萄之领事,请其舍此利息,以造苍生之福。呜呼!是诚何心哉?外国之人万里而来,尚能设官呵护,岂我国乃不能保护我民乎!昔小丑未平,元气未复,尚云治理之未遑。当今之世升平共庆,又何妨雷厉风行,以期禁绝耶?

　或云:英国乃阳奉阴违,各国亦同分其利。不然,光天化日之下,岂得纵其臣庶大放洋船,入我国中为非作歹,各置之不问乎?故恳各国君主,畛域无分,体天地好生之心,遵万国之公法,济弱扶倾,吊民伐罪,善恶分明,集众与西洋国理论之。想西洋决不藉区区陋规富国,势必乐从。我知坛坫之间,顷刻而除数十年之积弊,片言而解千百万之倒悬,粤东幸甚! 天下幸甚! 此莫大之功,不朽之业,传诸史鉴,万古流芳。所愿各国中英明仁爱之主,顺天应人,出力援救,以造此无疆之福也。

论禁止贩人为奴

余曩读英国笺乾氏先生所著贩鬻黑人出洋为奴一事,知祸起西洋吕宋,即西班芽、蒲萄芽国人,贪酷不仁,残害日久。至耶稣一千八百六十三年,英国叠商厉禁,继嘱兵船互相稽查,将棍徒置之极刑,于是乃绝。

不料西洋吕宋之人狼心未释,复肆毒于中土,设招工馆于汕头,流害粤东,盛行濠镜。其获利甚厚,其党羽甚强。其相与授受也,官听之而吏亦听之。即偶出示,欲挽颓风,而有言无实。以致日串拐徒,东诱西骗。到官审讯者,问其名则是,究其实则非:千百女童,竟认二媪之所生;百万佣人,亦是数人之替审。掩人耳目,包藏祸心。至所立合约,乃一时权变,登舟后已为砧上之肉,釜中之鱼,欲炙炙之,欲烹烹之。即如《香港日报》所云:夏湾拿有老猪仔九百馀名,已满十年之约,不能脱网,仍归招工所拘售,其不去者,治之以炮烙之刑,死而后已。又东洋所审马利古土猪仔二百馀名,备悉被骗之情、所受之苦,皆欲赴水,以期自尽。真知确见,惨不可言。岂愿去者中途乃复如斯乎!安居外国者又果如斯乎!则其不愿去而被骗可知矣。

呜呼!离家万里,远隔重洋,而复呼蹴之,役使之;甚而棰楚之,冻馁之。人命至重,此事不伤天地之祥和乎!户口至重,此事不绝男女之孳息乎！华夏至重，此事不失中朝之体统乎！乃各国禁之于先，而中土不闻禁之于后，抑独何欤？岂真以小民为愿往乎？抑未暇为之谋乎？物伤其类，惠取其遍，何官长之恝视我民耶？

即使澳门一隅，实系西人管辖之地，亦当设法禁止。盖万国律法，未有不衷乎义、循乎理者，以义理折之，亦当无词以对，则其禁止亦不难也。诚使通一介之书，谓居澳之西人曰："佣工之洋，实属有害世道，为国共知，不得不以请。且查屡年运往贵邦之人，皆我国小民。国人受雇出洋，实犯我之例禁，吾已禁国人无得受雇出洋，尔宜禁船主无得私行载往。民为邦本，贵邦宜辍此役。"

如此则彼邦苟稍知义理，必当遵依。仍不遵依，是伤两国之和好，不守两国之盟约。于是布其罪恶，绝其往来，严立海禁于澳门：四面设立寨栅，不使一人一船履迹其地。虽欲招佣，又乌从而招之？诚如是也，无不称我朝之守理达义，而恶澳人之背理违义。彼将何以自立哉？即不然，设一海关以稽查弹压，则贩人出洋者亦不能逞其志也。况澳门乃我国之疆土，版籍载广东之香山，固出赋贡，以供天地百神之祀，班班可考。西洋人设官置戍，划疆分治，久之遂为鹊巢鸠居之谋，窝娼聚赌，窃取陋规，奸商为匿税之窝，盗贼倚洋人之势，横行无忌。不知自来朝廷以宽大之恩，怀柔之德，仅岁征其地税。岂真任彼鲸吞，甘其蚕食哉？是在于当道之实心救民，志在必行，立除大害也已！

救猪仔巧报

马利古土船所载佣工人往夏湾拿,俗名"卖猪仔",因风遂泊于东洋之神户。其中猪仔受苦不堪,纷纷投水。被英国兵船瞥见救起,即交复原船,嘱毋苛责。不料船主狠毒异常,惨酷难受,猪仔复蹈故辙,仍寻死路。幸兵船人复见,即咨照英领事,交该地方官审办。而华民在东洋者,亦捐资请状师协理。西洋人邪不胜正,于是猪仔二百馀名各诉苦衷,尽脱苦海。孰知同时亦有东洋船被溺山东,复经地方官救起,共四十馀名。猪仔回申之时,正洋商返邦之日。噫!岂非东洋救人而自救,西洋害人而自害乎?

香港先是有华船由海丰载来猪仔至澳门,悉驱所载猪仔入禄记招工馆。所有盘费,领回千馀元,已入船主橐中。艄公见之,甚属垂涎,必图得之而后快,因潜语二贼,俟至长州左右即行劫夺,并将船主杀死,推入水中。共谓天理昭彰,冥冥中假手贼人以杀之。见利忘义者,当以此为鉴!

记猪仔逃回诉苦略

吾邑李德成,曾经遍历皮鲁国之境地,深知皮鲁国之情形。因游澳门,夜被亲族拐售西番,自落陷坑,哀告无路。被俘至外洋,已当苦工十有六年,赤足科头,声色俱变,番奴之态,始终不息。番人疑伊无回国之心,疏于防范。于是窃资夜逃,搭轮船,装疯病,直到金山,得脱罗网。

据云:皮鲁人与佣工所立合约,不足为凭,虽别处或有按月付给所约之辛工八元,至于期满之时,亦罕有释放者。如西洋人云有放佣人回南,而犹能积资财归乡里者,吾未之见也。且该国之人作工,每月得工银二三十元。观此则待中人之薄可知矣!况该处饮食、服用之费,虽月受二三十元,尚不能有所赢馀,则仅受八元者,其刻苦当何如耶?其怨望又当何如耶?

乃其中则更有一虐政焉:距皮鲁国不远有一海岛,芜秽不治,遍积鸟粪。皮鲁人艰于垦辟,每逼令工人赴岛掘粪。秽气熏蒸,岚毒侵害,其人触之,年馀必死。故工人既到之后,作工数年,无不逼令赴该岛者。以致但见工人之往,而不见工人之回也。皮鲁人自知其害而不肯往,惟令中人以往,并于前赴某岛,则于原价八元之外,另加辛工二元之说。夫人岂有以二元之事,而甘赴死地者乎?但其故有三焉:勉强逼勒,掩泪而去者,一也;隐其实情,甘言拐诱,二也；或在皮鲁已受酷毒，故不顾性命而求速死，三也。此则工人困苦之情状也。

至于澳门之贩猪仔者，则以诱来之人卖与船主，其价则每名五六十元，而船主至皮鲁国后，每人可得三四百元，除所给贩者五六十元及路费七十元外，每名可得二百馀元不等。若载三四百人，则生意颇有可观。故其于澳门经理贩人之事，不遗一分之馀力，而亦不留一点之良心也。世有如此之好经营，而尚怪人之百端强拉硬执乎？而尚怪人之百计甘诱巧骗乎？

然愚人之甘心愿往者亦复不少，至问其所为甘心者何也，并不知彼国之情形与工人况味耳。八元之工钱在中土不可谓薄，三餐之饭在中土不可谓苦。或以贪利往，或以免死往，或以不容于乡里往，此则甘心者之种种情节也。其馀则不必问焉耳。吾故深罪夫皮鲁国雇人之人，而益不能恕船主；吾更深罪夫澳门贩人之人，而犹可以恕船主也。

澳门窝匪论

呜呼！盗贼之炽，奸宄之多，余足迹半天下，从未见有如澳门之甚者也！推原其故，则以有蒲萄芽人为之把持，为之窝顿，遂使一隅之王土，竟分为人鬼之关，竟成为禽兽之域：黑浪颠风，昏无日月，岂非病民生、失国计之大者哉？

查澳门本广东香山县属地，为海隅之一大聚落，平日素为盗贼潜踪，奸人出没之数。迩来大西洋人鹊巢鸠居，划疆分治，复创陋规，设猪仔馆，大开赌场。其招工之馆则何止百有馀间也。其番摊之馆则已有二百馀号矣。以致盗贼之流风日炽，猪仔之流害弥深。

奸商每凭藉澳地，以为匿漏国饷之窝；匪类复倚恃洋威，以肆抢劫行凶之恶。或投书以讲贿，或掳人以勒赎。甚至拐一人而妻离子散，骗一人而绝祀覆宗。种种弊端，莫可言状。其在被害之家，虽令亲自拿获首凶，送其惩办，罪亦不过于苦工，牢亦不过于数月，况多是坐赃领保，指谓出洋佣工之人。被劫者终不能伸其冤，被骗者卒无以冀其救。中富之家，欲搬迁而顾惜祖业；下等之辈，惟受害以听其灭亡。绅衿则敢怒而不敢言，自保身家而不足；官长又若见若不见，曲从其意而不遑。不独鱼肉于澳中，抑且抢劫于澳外。至一归其疆界，则天理王法均已莫如之何矣。嘻！光天化日之下，何匪类猖厥，一至此！为民上者是可忍也孰不可忍也！推其乖戾之气，既足伤天地之和；恣其惨毒之情，尤易动神人之愤。他日酿成大患，悔何及也！

尝闻"治其流者，先绝其源"。今欲绝猪仔之风，须与澳门理论。况澳门乃我国之疆土，又因税厂一事，已威辱我国中之官。则其为言也固理直气壮矣。由是谋之于野，请之于朝，特设澳门关监督专治之，西洋领事分治之。须敦友睦，和衷协济，不许洋船载出洋佣工之人。如敢私载出洋，罗网密布，以为渔利之计，以为贻祸之谋，按照律法治以拐骗之罪。船即充公，人即正法，又何患拐风之不绝乎！愚昧之见，自知僭越，幸当事者曲谅之。

拟自禁鸦片烟论

夫鸦片烟之为害,孰不知之? 知之而不得其道以禁之,宜其徒费周章,空劳策画。曷若使人皆有所忌惮,不禁而自禁也。

今洋土多,而川土少。川土味淡,洋土味浓。浓者食之,则瘾重而病深;淡者食之,则瘾轻而病浅。洋土多则府库日虚,川土多则漏卮可免。若洋土能仿外国之例,税倍于价;而川土则照税则之例,轻抽其税,以助国用。使人皆多食川土,而少食洋土,岂非固国卫民之一道乎? 或谓:"鸦片烟,洋人已限中国税,饷多取怨,恐非易事。"余曰不然。鸦片乃害人之物,中外共知。既外国不能为我绝其源,即加税亦不当力阻。况外国之例,如烟酒之类,必税重以窒其流。彼意亦在救人,非真图饷。岂彼可为,而我不能为。万国公法亦未必衷乎理、循乎义者,是在当事之果否能力陈其弊耳。尝闻"己所不欲,勿施于人"。入国问禁,入乡问俗。中外同情,断无或异。

且吸食鸦片之人,束缚身心,消铄精神,士农工商,失时废业,舍有用之才力,归闲荡之光阴,其害不浅。有心世道者,宜表奏朝廷,遍示天下,限以日期。如过期尚食者,则贬为下人,不得为官。考试、投营、作幕,查出有旧瘾不能断者,虽已筮仕登科,而亦斥为庶人,不使与衣冠之类相列。以重官箴,以齐民俗。

诚能如此,则人皆畏法律,重身家,虽劝以吸,必有不愿,必有不敢者。此所谓不禁而自禁也。士农工商又各安分守业,安得不蒸蒸日上,而又何事不可为?何利不可兴乎?

拟请设华官于外国保卫商民论

尝思御众以慈爱为本,而结下以诚信为归。宇宙祥和之气,胥缘一念之悱恻所结而成。盖爱民如子之心,休戚相关,远近本无歧视,堂廉虽隔,以孔迩联之,抚恤深情,痌瘝在抱,使亿万人为一心,斯能得民矣。昔贞观朝,使李靖等十三人分行天下,察长吏贤不肖,问民间疾苦。故官无旷职,民无怨心,外户不闭,行旅不赍粮。乃昭其临御之诚,爱护之至,保民之道得矣。

今各国商人来中土者,无不设立领事保护。而我民之出洋者,不知凡几,常闻受外洋之辱,而莫可伸诉。何不照欧洲各国之法,于海外各国都、各口岸,凡有华人贸易其间、居处其地者,则为之设领事官。大都会则分立二员,大口岸则特立一员,遇有殴争、欺侮、凌虐诸情节,则照会该处地方官,按照万国公法,伸理其冤,辨析其事。华人在彼处滋生事端,而不安本分者,治亦如之。如此,则寄寓之民既得安其生业,而贸易之途以开;佣工之人复得保其身命,而荼毒之害可免。在中朝既得以保卫夫人民,而默寓守在四夷之意。即欧洲各国,亦得以广收夫指臂,而可雪凌虐华人之诬。岂不美哉!

抑予尤有说焉:华官一设,皆不致视外洋为畏途,而出为佣工者必多,则其裨益仍在西人也。西人何不乐从焉?况中朝之留心民瘼者乎？况中朝之有心商政者乎？或谓："内患未清，兵饷未足，又何馀资以设海外之官？"余曰不然。我中国到外洋者，每人收身价洋一元至二元。如委官卫护，其银应归我国收之，尽可敷衍，不须国中之费也。如此则出洋之人得以治生，而又可探听外洋之礼俗政教，又可熟习外洋之风土民情。一举两得，洵可施行，愿与有心人一商之。

拟设义院收无赖丐人使自食其力论

从来"国以民为本,民以食为天"。无食则易生盗心,盗心生则胆愈大,胆愈大则放僻邪侈无不为矣。故先圣乐民之乐,忧民之忧,毋使流连荒亡一夫失所,普天下之人咸沾恩泽,绿林小丑亦化善良。惟庶类蕃生,虽圣天子在上,设有老人院、育婴堂,无如游手好闲,饥寒者众。或三五成群,昼伏夜动;或拜会联盟,肆行抢掠。绅耆之救世无多,官法之稽查难遍。甚至富豪之家,迫于在上之苛凌,妇孺无知,复听穷民之怂恿,致酿成巨患。事实重而若轻,其关系岂浅鲜哉!

曷若费百万之资,并令各省富绅捐助不足,每省设一栖流局。拣举能员立为总办,广置田产,大屋千门,收无赖丐人,或使之耕,或教以织。虽跛脚、盲目,亦有所司,称其力之相宜,俾令自食其力。如有循良强壮者,使之开荒,给其辛俸,任其自娶,可免边域之荒芜,亦添国家之税饷。或有家本小康,亦复丐食街前者则议罚,以儆其贪。免外邦之奸细,容异地之流氓。如此泾渭攸分,贫有所归,病有所托。不致乞食市廛,频受鞭笞之苦;委身沟壑,徒伤哺啜之难。咸沐皇仁,同沾雨化。苟有人心,无不衔结,一经培植,化莠为良。又何虑内患不清,邦本不固欤?

辨洋人新闻纸于中土不宜开金矿论

贵馆论:"中土宜开金矿。开在官则是,开在民则非。"余谓不然。开在官不是,开在民亦不是。何也?以其宜于外国,不宜于中土,恐动干戈,废业伤民之故也。当今烽烟四起,金矿一开,盗贼必取之以饱囊橐,藉为饷糈。否则百姓皆趋于利,不务正业,岂不启民心之乱,为肇祸之根乎?以外邦日开金矿,亦不见富国,尚揭民间之资。我国素称富厚,生产良多,若得圣主贤臣安民有道,又何须此末计乎?贵国不思前后利害,惟利是图,故君子不取焉。

议遍考庸医以救生命论

余少习岐黄，足迹半天下。所见各处名医，鲜识三关九候之妙，阴阳变化之奇，仅熟一二古方，伪说祖传，妄思济世。碌碌庸医辄夸师授，招牌远贴，遍托吹嘘，炫耀声名，居为利窟。或以病试药，偶中其机，道说是非，议论人物，居然自傲，勒索愈多。出门则先索谢金，一元至四元；入门则先求挂号，五十至八十。轿钱非一千亦八百，跟役无三钱亦二钱，贫富相同，亲邻不减。偶遇一症，便以为奇货可居，而暗受戕害者不可胜计。

孰是博及医源，谙《素问》、《甲乙黄帝针经》、《明堂流注十二经脉》，三部、九候、五脏、表里、孔穴，《本草》、《药对》，张仲景、王叔和、阮和南、范东（扬）〔阳〕、苗、靳、邵等诸部经方，妙解阴阳禄命相法，及灼龟五兆、《周易》六壬之奥秘，安神定志，先发大悲恻隐之心，誓愿普救含灵之苦。人有疾厄，求救者不问富贵贫贱、长幼妍媸、怨亲善友、华夷愚智，一视同仁，皆关至戚，不瞻前顾后、自虑吉凶。虽遇晓夜寒暑，饥渴疲劳，亦心切赴救，无作工夫形迹之态者哉。

夫医乃至精至微之事，而病有内同外异，亦有内异外同。故五脏六腑之盈虚，血脉荣卫之通塞，固非耳目之所察，必诊候以审之。而寸口、关、尺有浮、沉、弦、紧之乱，俞穴流注有浅、深、高、下之差，肌肤筋骨有厚、薄、刚、柔之异,差之毫厘,失之千里。今以至精至微之事,行之于至粗至浅之人。道听涂说,不涉猎群书,未得其旨趣,竟盈而益之,虚而损之,通而激之,塞而壅之,寒而冷之,热而温之。头痛医头,脚痛医脚,是重加其病。而欲望其生,吾见其死矣。岂不哀哉!岂不痛哉!

今为天下苍生计,惟有哀告于名公巨卿,创千古之良规,作无量之功德,表奏朝廷,饬下各督抚,将各省之医生设法考验。如有深明医理者,给以凭文,准其行世。倘有假冒,则治以庸医杀人之罪。此一法也。抑或更创一规:于各处名都大邑,皆设大、中、小三等医院,使各城镇公议名医若干人,而延请博达医经、精通脉理者主持之。遇有疑难杂症,公议良方,仍请名师鉴定,则不至以人命为儿戏。夫而后任病者各安天命,岂不于心稍安乎?仆不敏,敢以质之救时君子。

论医院医家亟宜考究

昔范文正公有言："不能为良相，便当作良医。"诚以医之为学，存其心欲以活人，而操其技固非小道也。故精于医者，不求福而福靡不臻；暗其术者，欲避祸而祸终难免。

吾见顺德陈乃济先生，业精岐黄，有求之者，不拘日夜风雨，如期必至，谢金随惠，轿钱不取。有邻子病甚危，家极贫，无力延视。其父向天泣曰："此重病，非服药不可，奈囊空如洗何？"陈闻之，即过其家诊视，曰："病可治，君勿忧。余当助尔药资。"归，典妻钗珥付之。瘥后，其家感谢再生。陈亦无德色。一夕，梦人哭曰："我某甲，与君有夙仇，今当索命。不意君有阴德，神拘我，不能报也。"言讫不见。陈惊，后益力为善。施衣舍药，收葬尸骸，家计荡然。是年，二子登科。一子世其业，名亦大噪。乡人快之，咸以为报。

惟近多射利之徒，运遭穷蹙，性好乖张，不畏天地，不畏鬼神。以其求财也快，以其骗人也易。罔识岐伯之堂，莫睹张机之室。或受佣于药肆，略知药性，或盗袭于前人一二医方。闻恶寒发热，即将清下之品以治之；说阴亏阳虚者，即将温补之剂以投之。尤有甚者，昧乎虚实，病宜裹则散之，病宜散则裹之。匪惟厥疾不瘳，亦且开门揖盗，鲜不以轻转重，变安为危者，而但以死生诿诸天命。嗟乎！蒸民仰荷天生，而此辈凶残，竟不刃而遽戕人之生，不血而立置人于死也!

今各处所设医院,原欲慈惠咸孚,恒以己溺己饥为念,岂任伊党贼我仁心,藉为利薮!鄙意以公举尚不若以会商官宪,以阖省之悬壶为业者,设法考试。果能深明利害,缕晰条分,底蕴既觇,方准行道。庶几黜邪崇正,人登仁寿之台;去伪存真,物乐安康之境。将见积德累功,不啻恒河沙数矣!未审高明以为然否?

论救水灾①

俗云:"世有大患者三:一曰水,二曰火,三曰贼。"夫火失于人,治之固难。盗因民穷,治之尤难。而水患大性归一,治之难而实易。何水灾近世如是之多也?呜呼!兵戈未息,水患频兴。或两广常被水灾,或长江时罹水患,黄河水决,清水潭崩,哀鸿遍野,惨不可言。去年,直隶春夏之间阴雨连绵,数月不止,河水盛涨,崩堤决口。地之被水者数郡。吴桥、宁津、南皮与天津境内之房屋,为水冲倒者不可胜计,百姓之露宿于野者不下八九万人。若总直隶一省计之,则损坏之田庐等物,所值奚止千百万?而生民之颠沛流离无所栖止者,又奚止百万人哉?亦云惨矣!

国家体恤元元,重施恩惠,而天下急公好义者,亦莫不仰体宵旰忧勤,输将恐后。若广东一省,所助赈银约计四十馀万,上海亦二十馀万,其他各处捐款不胜枚举。故去年为灾虽重,而民尚堪自活也。旋经直隶官宪设法修复堤工,以免后患。群以畿辅之地,今年纵不能复原,似亦不致如去年之困苦矣。前阅邸抄,知各河已浚深,河堤已修筑。方冀从此可以休息。岂知天变无常,今年夏秋之间雨又大作,较之去年为尤甚。永定河堤为水冲塌,运河亦被冲裂

---

① 此篇在《救时揭要》原书的总目录中,标题是《论救水灾》,正文的标题是《论水灾》。此处用《论救水灾》标题。

河埂,泛滥平地之中,漫淹数十州、县。民人皆束手待毙,涕泣呼天! 夫去年之为灾,固甚重也,而今年则倍蓰焉。天下之人闻之莫不仰天太息,以为天之降灾,何若是之甚也!

夫降灾自天,而弭灾则在人。天之降灾,人不得而禁之,人之弭灾,天亦不得而特之。盖大灾之来,如严冬之有风雪,天固无所容心,而人则先事而绸缪,后事而补救。亦如堪户避风,披裘御雪,即不能消弭之,亦必有一二挽回之术。为今之计,务要坚固工程,高筑河堤,竣通水道,则水有归宿,而不至有横决之虞。然此非省费惜财所能办也。假使需资五百万不足,则千万可也。千万不足,则二千万可也。二千万不足,则三四千万亦可也。用此三四千之费,而百姓受益无穷,省此三四千万之费,而至于溃决,烦朝廷之忧虑,丧百姓之身家,所失奚止数千万哉! 愿有心者熟计之。

抑尤有要者,连年泛涨则河中之淤必多。不浚淤泥,使河身深下,而徒区区修筑其堤,无益也。惟浚泥亦非易易。若以中国之法治之,则劳且费,难免日后复有开决之虞。况今岁开决诸口,其中有二三年甫经修堵者,已屡耗国家之财,频劳百姓之力不鲜矣。不若以外国之法治之,盖西人挖河,以机船在河中挖起淤泥,即以其泥填高堤坝。法甚便捷,且所浚较深。倘能仿而行之,将见从此河流安稳,永无冲激之患矣。然此为水灾一劳永逸之法也。若治火之法,如外国之多备水龙,加钊水井。治贼之法,如当今之讲求理学,精制炮船,上下贤良,兵精粮足。患未成而杜之于先,患既成而弭之于后。乐民之乐,忧民之忧。国泰民安,而天灾亦鲜矣。富强之道,不在是哉!

若连年之灾既成,抚绥而安集之,是在为上者之尽心民事,而海内好善之士,谅必踊跃而为助赈之举,不使去年诸人专美于前也。

按中国境内长江、黄河之为患，所关非浅，西至汉口、九江、广西、广东，北至保定一带，皆受灾之区。频年以来屡闻水决，汉口实被其冲，每至益高，将来恐至于不可治。至北方河道溃决者已屡，人皆谓江河日下之势，不知因失其故道，违其常性，以至斯也。治之之法，惟识水性、审地势、考工程、权利害而已。

窃谓：治河之官，要有专长，必先甄别其学，明试其才。可以坐言而起行者，乃授之以官。由是重其职守，专其责成，治有成效，勿屡更调。今乃贸贸然膺治水之任，于河水分合往来之道，茫然无知，无怪所行之辄阻也。

闻西国精谙水利者莫如荷兰。荷兰人治水之法：于岸间设立极大风车，直受海风，旋转不息，自能运水归海。通国内地，凡附近河湖洋海之处，皆设堤防，御备泛滥。有筑堤高至六丈许者。或于堤上辟路达河，以备宣泄而资灌溉。盖水道洼下中凹若釜，一逢水灾，其水积聚而不散。鄙意宜用荷兰风车之法，使水一归于海，而多筑高堤，以为捍御，庶有所障蔽，不至河决即成泽国。刍荛妄论，恐不值当事者一哝。然疏凿浚通之法，经中西新报①艾约瑟缕详，毋俟余之赘述矣。

---

① 艾约瑟在《中西闻见录》第一、二、三、六、八等号，发表题为《泰西河防》的文章。这里所讲"中西新报"疑即《中西闻见录》。

痛亡者无归论

"恻隐之心，人皆有之"一语，圣贤大抵为中国有仁心者而言，非为外国无仁心者而言也。余昨闻有陈晓峰者，广东香山石岐人，附法兰西轮船返港，次日偶染时疾，一病不起。同船戚友白于船主，并恳着船上木工作一木箱，暂行收殓，挂在船旁，到港申谢，或用小艇，装到海岛安厝，以便将来访寻。此事在船主仅出一言，则方便我华人无限。况船常有运柩往来，洋人非若有华人禁忌。既殓入箱，用船油灰缝密其口，亦何气味之有？或谓此事断乎可行。不料船主忍心害理，执意不从，竟将陈君尸身投于海中，以饱鱼腹。同船戚友欲稍方便而不能，惟忍气吞声，听其残暴而已。嗟乎！

或谓："公司轮船，西人特设以自卫，非设以方便华人者。"予谓不然。既许装我华人来往，即渔我华人之利。既渔我华人之利，当思保我华人之身。

或又谓："外国洋船例式，途中有不测，即用巨石系其尸，沉于海底，以为洁净船中之计，自船主至搭客无不皆然。则今之事虽属残忍，然自外国人行之，亦似可恕。"不知风俗各有不同，各自有别。人为中国之人，地为中国之地，既入我中国营生，当依我中国规矩。即如在申洋人所租界内之地，在粤洋人所住之港，我华人偶有不合例，即禁而议罚，决无宽恕。何以洋人入我中国营生，渔我中国之利,反不循我中国之规矩,此意何意乎?岂以我华人孱弱,无妨任意残暴乎?抑恃国强大,天下无出其右,即纵性横行,亦无奈何者乎?我中国但以关内计之:地有十八省之广,人有不知几千万亿,富足以补美、英、布、法四国府库之虚,又足以饱各国商家营运之欲,兵力则一乡一县,皆无不可秣马厉兵以相持。目下不过为势所迫,暂忍一时,岂得以一时少挫,遽视为砧上肉、釜中鱼耶?计法兰西不过海隅一小国耳,地不及我中国两省之广,人不及我中国百分之三,国家府库每年必取资于各国,兵力又必假邻国以为威。即如前两年与布国争锋,一时欲独立称雄,不借助于邻国,则高官危坐,立变阶下俘囚,蔽月羞花,顿作郊中野鬼。如是则当改过潜修,常行方便,以为报复之阶,方为识时务之君子。而仍自以为天下莫强,肆行无忌,得无取笑于天下乎?

兹奉告诸君:嗣后如有法兰西轮船,无论庄口与公司,切不可轻搭。盖我华人,生则重性命,死则重尸骸。观陈君之事可不儆惧乎?并奉告仁人君子:嗣后途中再或遇此不测之事,船主肯为周旋,设法保护,幸甚!倘遇船主不仁,复欲蹈陈君故辙,同船戚友万难为情,亦必须将其尸用洋毡密裹,再用板块夹尸于中。板上书名死者某省、某府、某州县、某姓名,如有拾得,暂为安厝,驰报其家,或赏百金,或赏二百金,量其人有无为之。检点死者衣箱,得银若干,提出三十两,用布包系于尸,为拾得安厝者之彩头。板上又复大书:内有彩头银若干先谢。俾得醒目,方望其事有成。如箱内分文无存,各戚友捐银若干,未始非种福之一道也。务求安排妥当,始可令放海中,庶尸骸或可还故里。不然,家人长恨于生前,死者沉冤于海底。复何望有归葬故里之日哉!愿仁人君子熟思而仿行之。能于和约中永定章程,使往来商旅生死衔结,洵旷典也。

论广东神会梨园风俗

吾粤神会之盛，梨园之多，甲于他省。而有伤世道，较沪上花烟馆尤为盛焉。

当会境之设也，神灵寿诞，或盂兰会。铺户则故作新奇之物，街坊则共夸胜角之能，百巧叠呈，不可枚述。其篷厂蜡串灯最可虞者。无如习焉不察，以为非此无以悦神灵而感格，非此无以表诚敬而获福。即间有虑及者，宁可将货物尽行迁去，而不自抒己见，以压众人之口。以致连年失慎，祝融肆威。今年，沙头有回禄之灾，继有香港盂兰会醮篷之变。此言其小者。若其大者，粤省中遇灵神之期，无不大张灯火，搭盖龙棚。每年虚费数十万。以广东各处大小而计，每年不止二百馀万。举国若狂，其势莫遏，而受害不知凡几。

梨园之设也，则一村之神诞，亦必捐资开演三昼夜，以答神麻，动费数百金。赌博藉此开场，棍徒逞其伎俩。果其演忠孝节义、可泣可歌之事，使人兴感，或藉为易俗移风之一助，犹可说也。乃事有涉乎风流，最易动人情欲。此种淫戏多出于小班，而小班价廉，乡间易演。文士以为风雅，淫人以为得法。不知真男真女当场卖弄，凡淫艳之态，人所不能为于暗室者，彼光天化日之下公然出之；秽亵之词，人不忍闻于床第者，彼稠人广众之场大声呼之。其忘廉丧耻较之古人裸逐，相去几何？乡间妇女因而改节者有之，密约幽期因而成就者有之，诱人犯法，莫此为甚！何况费钱惊心，又恐贼盗之偷劫乎！

呜呼！耗此费者，年中不知几许。以有用之财，作无益之事。何如集资效范文正公之创义仓、开义学、设育婴堂、收埋路尸、舍药施医，利民利物，作方便阴功，足以邀天之佑乎？若无救济之功，而徒费资财，欲邀冥福，是未耕而求获耳。鬼神在天之灵，亦悯世无知，开鸾降乩，劝人为善，修身为本。无奈世人迷而不悟。有心世道者宜出示严禁，开导愚蒙，使省梨园神会之资，改作济世救民之事，岂不善哉！

按修行功德之事，不以茹素诵经为修行，不以建坛设醮为功德。凡物有损坏者，补之缉之谓之修。人有愆尤者，悔之改之谓之修。故省察克治，所以自修也。同好弃恶，所以修旧德也。行者，行吾之所当然，无使亏损也。与人用力谓之功，如勤王捍患、济急拯危之类。有功不伐谓之德，如为善隐微、无迹可见之类。谚云："杀人偿命，欠债还钱。"则杀人不能以钱还，欠债不能以命偿。不能以彼易此也。然则人有过失，当思在所损而修之。不忠修以忠，不孝修以孝。礼义廉耻有缺者，补之；贪嗔痴爱有犯者，去之。不关茹素诵经、建坛设醮、施祭幽魂，俱为善之末务，亦不在乎张灯结彩，须贵乎心地朴诚。今人于亏心之事置之不理，而偏以建醮补之，又无得道之缁羽虔诚感格，而乃舍本求末。不独费资财，不能施祭幽魂，是将己恶明告于天地。其罪过欲茹素诵经以补之，是以虚为实，以彼易此。国家律法尚不容紊，而况获罪于天，可藉以塞责乎？切思《道德》五千言，其要在抱拙守愚，位高身退。《金刚经》三十二分，意在五蕴皆空，清净寂灭。偈云："若以声音求我，以色相见我,不能见。如来是名,佛法即非佛法。"今之僧道,背其所传之旨,未悟根源,不能自修,奚能为人作福?又况功德非关茹素诵经、建坛设醮者哉。

劝戒溺女

溺女一事,罪孽甚大。文昌帝君曰:"淋淋血胞,欲语何能,母魂甫续,子命旋倾。天乎人乎? 天欲生之,人欲杀之。逆天者亡,杀人者死。得不于其身而速报耶?"读之令人悚然汗下。惟毒妇无知,丈夫不加劝戒。或以为生女太多,忿而溺之;或以为生女需乳,不利速孕,急而溺之;或婢女所生,妻不能容,迫而溺之;或偷生诚恐露丑,恶而溺之。

殊不知皆父精母血妙合而成。有此女未必遂贫,无此女未必致富。嫁奁乃称家之有无,女家不争男家之物,男家岂责女家之资? 世有贫子不能娶,未见有贫女不能嫁者。吾见子之多逆于亲,未见女之敢逆于母。可知生子未必尽佳,生女何尝不善? 观木兰之代父从军,缇萦之上书救父,古今孝女不少,何患女之多乎?

至子息之有无、迟早,天实定之。乃溺其现生之女,而冀其未来之子,一念之恶,已干天怒。愈溺女,愈生女,几见溺女而速男者乎? 况溺女之家,陈氏之红蛇缠股,元秀之牛踶转床,种种惨报可为寒心。即幸生子,因子破家者有之,因子覆宗者有之。岂非天之假其恶,以儆其杀女之心者乎? 急于生子,而竟溺其女者,可不惧哉!

婢女所生,莫非吾子。今日之女,异日之母。今日生女之母,当年未溺之女。我之子若孙,他人未溺之女所生。思前想后,推己及人,忍使呱呱弱息,永恨覆盆也哉!语云:"三代不育女者,其家必绝。"盖使一人溺女,人咸效之,则人将无女;人将无女,则人将无妻。彼欲绝人,天讵不早绝之乎?此往复自然之理,又何敢将婢妾之女迫而溺之耶?

至于私胎一节,似万无可留。然既犯淫恶,复残生命,罪孽无穷。不如书明生庚,置之道傍,听仁者之提携,犹为曲全之术。夫赤毛堤下为宋夫人,虎乳泽中得楚令尹。孰谓此中尽无好人?此穷于溺,而犹可济乎溺者也。

又况例设育婴堂收养婴赤。凡溺女者以故杀子孙论。纵不畏冥诛,岂不畏显戮耶?夫天地好生,万物并育。一虫一蚁尚欲贪生,一草一木尚求滋长。畜类犹有父子之情,覆巢破卵,鳞凤不临其邑。人为万物之灵,安忍以其所生,而无故置之死地,以逆天地好生之德乎?王法或可幸逃,天网岂可漏哉?

吾见海阳县有一富绅,家产饶裕。年四十无子,心甚忧之。娶妻妾六人。一年之间,每妾生一女。绅怒甚,均溺之。不数年,绅有病,见六小鬼共相缠扰,觉痛不可忍。绅问之曰:"我与汝前世无冤,今世无仇,何作祟欲置我于死地耶?"众鬼曰:"你本有五男六女。因我等来投生时,尔将我等无故溺死,是诚何心?我等含冤共诉诸神。神怒尔刻薄暴殄,将尔改为无子,并许我等前来报仇耳!"绅曰:"既如此,我即汝父,岂有仇父之理?而神岂能准人仇父,以教人不孝乎?"众鬼曰:"尔无故杀害,并无抚养之恩,义已绝矣。尚安有父子之名分耶?"绅无可答。当时守病者共闻之。而绅病重时,孜孜劝人不可溺女。延数日,绅七孔流血而死。历来溺女受祸者极多,曾辑有成帙,姑录一段以为溺女者戒!复望当道官绅,严办溺女之家,亲邻知而不报者罚之。

　　按溺女之风,近世各直省所在多有,相习成风,恬不为怪。无论贫者溺,即不贫者亦溺;无论生女溺,即生男亦溺。呱呱堕地,即付沉沦,蔑理伤和,莫此为甚!各州县虽有育婴堂,而四乡窎远,人皆惮于抱送,往往生即淹毙,以致辗转效尤,日甚一日。甚至有以生女为可耻,留养稍多,族郿邻里即有群相诽议者。约计每年每邑溺死女孩,少则数千,多且数万。此天下古今第一痛心事。而官绅之垂念及此者甚鲜,且往往以为吾地素无此风,而漠不加意。呜呼!孰知门以外有无数婴孩,宛转水盆,咿嘤毕命,而无人为之控诉也!

　　兹有保婴会规条,法良意美,洵足补育婴堂之所不及。其法:各就乡隅集一善会,或以十里为限。凡地方贫户生女,力不能留养者,准到局报明。每月给白米一斗,钱二百文,以半年为度。半年之后,或自养或抱送,听其自便。实则半年之后,小孩已能嬉笑,非特不忍溺,亦必不忍送堂矣。且贫户既以得所资,而易于留养。彼稍堪温饱之家,亦必心生惭愧,感动必多。此法简便易行,可大可小,可暂可久。一经提倡,全活必多。愿与天下有心人共起图之。

劝戒杀放生论

万物贪生，人情畏杀。故鸟之被放也，恩人受溺，能使人往救之；蛇之被伤也，仇人已睡，能登床以啮之。凡物被杀，有声者哀号，无声者宛转。知其各具性灵，一般痛痒。能恩人、能害人，可不做惧乎？又奚忍贪一味之甘，伤天地祥和之气，逆天地好生之德乎？

吕祖云："尔欲长生，须放生。这是循环真道理。他若死时，你救他；你若死时，天救你。延生、生子无别方，戒杀、放生而已矣！"黄山谷又云："我肉众生肉，名殊体不殊。原同一种性，只是别形躯。苦恼任他受，肥甘为我须。莫教阎老断，自揣看何如？"坡公见之愀然，叹为仁者之言。复有禅师作戒偈云："千万年来碗里羹，冤仇如海恨难平。欲知世上刀兵劫，试听屠门半夜声。"何其言之大而远也。岂天心好生，人心好杀，积惨日久，成天地之公案乎？儒家闻言戒杀，则斥为佛教，是亦未考圣训耳。《礼》曰："天子无故不杀牛，大夫无故不杀羊，士无故不杀犬豕。"[①] 无故不杀，则有故而杀无几矣。孟子见其生不忍见其死，闻其声不忍食其肉。则不见闻而杀者亦无几矣。孰谓圣人之教全不戒杀乎？

---

① 《礼记·王制篇》原文是："诸侯无故不杀牛，大夫无故不杀羊，士无故不杀犬豕。"

　　古士大夫爱人以及物，虽不茹素，犹好放生，不敢恣杀生禽。毁垣破蛰，时防弃膻聚蚁、取卵覆巢。动静之间，恐伤物命，毋难日学唐太宗之惜福持斋。生子之日，效古圣之放生、戒杀。婚礼不肯日食万钱，祭祀不过牺牲果品。今人杀心未断，恶孽日增。或一餐而毙数命，或一羹而伤百生。否则恩足以及禽兽，而胗并不施于五伦，听妇言乖骨肉，偶触其怒，鞭扑立加，姑无论天理昭彰，试一深思，安忍残毒至此乎？

　　余友述鹿城一茂才，素好放生。于十年四月初八夜，梦至一处，似王居，有神南面坐，训曰："尔本劫中人，当遭锋镝。查尔现有放生愿。虽为日无多，所放亦少，然已超尔劫外。特少受磨折耳！"未几，鹤市先沉，鹿城继陷。欲出无门，自料必死。刀加于颈者七次。忽忆梦中神语，当天跪告谓："苟可逃生，日后当放万万生命。"不数日，乘间脱免。到乡后，不杀活物，稍有馀资，随时买放。重结同志，创立放生会。乙丑七月七夜，复梦神训谓："不忘夙愿，殊属可嘉！尔本无微名之享，无弱息之延。兹当许尔入泮，锡尔一子。"后果如示。

　　昔苏东坡尝谓人曰："余少不喜杀生，但未能断，性嗜蟹蛤，故不免杀。嗣得罪下狱，始意不免。既脱，自此不杀一物。有饷蟹蛤者，即效郑子产之志，使校人畜之。"夫放生池，自古皆有。唐白乐天有《放生议》。真西山有《不杀颂》。颜鲁公作郡县，所至皆立放生池，共八十一所。东坡在杭，奏修西湖，以续放生池，皆善举也。海外诸公，慈心于物者向不立善。愿结同志，体天地好生之德，仿古人爱物之心，令一切物命出诸割烹之地，还其飞跃之天，消一生之罪孽，保一生之安康。岂非胜求冥福，而徒念经拜佛者哉？又能推爱物之心，为爱人之举，乐施孝友，济弱扶倾，救人一命，胜救百万生物，其功德不可量矣。

堪舆吉凶论

古云："欲求福地，先种心田。"山川英灵之蕴、冲和之粹，必有神物为护持，宰物者秘之以待善人。如苏文忠公之祖端正道人，乐善好施，得异人之点穴。吴都宪之成人夫妇，救百户，得天赐之牛眠。顾璘生避葬，朱衣报德。孙文祥利济，二凤相生。诸如此类，岂人力之所能，非福从心至者哉！夫富贵之家幸获福地，或执己见，移穴易向，地师承顺，不复据经；或信人言，无故迁徙。此冥冥中有使之者，亦如未耕而求获耳。故吉土之遇，每在贫贱之初乐善之士；凶土之藏，每在富贵之后为恶之家。使神工可夺，天命可改，则古今宇宙在一家，而造化之机息矣！何分善恶乎？朱文公过占人坟墓，曰："此地不发，是无地理；此地若发，是无天理。"片语之下，地裂山崩，人所共知，可不惧乎？故曰："欲求福地，先种心田。"

吾闻彭虞臣明府言：高州有一富家，生四子。长子早卒，二、三子竞尚堪舆之学，以为人生富贵，不必他求，若得一二大地，获福无穷矣。平时各夸其能。兄以弟识见尚浅，弟以兄眼高手生。虽日事于深山穷谷之中，无一当意。间或得一地，则兄弟意见不合，几至十年，尚不知牛眠何处。为其亲者即使得吉地，而父母之魂魄已频年淹滞，于心何安？况不可必得乎！

又昔有一大家，尚青乌之术，即妇女亦称卓识。及其父死，皆

· 42 ·

执己见。历年各择一地，此以为王侯立至，彼以为陶朱可伍，各愿葬其亲于此地。于是择日卜葬，届期赴送，亲友云集。岂意灵柩运至叉路，兄弟竞争。此以为必葬此地，彼以为必葬彼地，互不相让。即各亲为之调停两间，亦无可如何。遂将灵柩寄诸路傍，各结庐守之。而固执之见，牢不可破。竟至兄弟继没，家产荡然，幼弟始延师奉先人安葬。而二人登山之费已去不少，复陷先人以十年无安居之所。是诚何心哉？世以祖父骸骨为奇货可居，而不积阴德者，可以鉴诸。

救济速报

　　昔范纯仁为相,梦其父文正公嘱曰:"余居官仁慈,德至尔相。今凶年饥馑,国家之事,莫大于恤民。世间第一好事莫如救济。"真不愧仁者之言,宜其家声之振矣。因思今世之人,与其为无益以求冥福,何如为有益以济生灵。盖救济之功可以赞化育,救济之事可以参天地。有财者当济之以财,无财者当济之以力。鸡鸣而起,孳孳为善,又奚患贫寒,无济人之处哉? 是在人之为善诚与不诚耳!

　　扬州杨凤山太史与余述:"同乡张某,颖悟好学,勤俭好施。每出以钱随,遇贫者则掷钱其家,不问知否。路遇丐者必给钱。人皆曰:'丐者乃恶人之证据。天假以勤,人何必斤斤于此。'张曰:'不然。伍子胥曾吹箫乞食,吕蒙正亦卖字为生。皆其蹇滞之时,大老其才,殃尽乃昌,非尽恶者之证据也。余不为善,无以寡过,孳孳为利,人咸怨之,丐食时亦如君之不我惠也。'或曰:'此小惠耳。'张曰:'我但念其穷而怜之,何计惠之大小? 若以小惠而不为,使天下人尽存如此浅见,若辈多应饿死。我以善小而不为,以恶小而为之,终无为善之日,而积恶不浅矣。'及领乡荐赴礼闱,虽处京师,施与不减。屡试不中,人讥之曰:'君以济贫为事,何屡屈于春官。岂造物有未知耶?'张闻益自励。甲子岁寇起,蔓延侵境。兵获从贼皆系狱。张悯其无知罹法,日给饮食,既而讯释。复值火焚民舍,将及张家。贼党相与扑灭,邻舍获全。明年大饥,道殣相枕。张罄家以糜粥济之,活者万计。次年赴试,人梦竖旗张门上,书'馆粥阴功'四字。果登甲榜,官至尚书。"可知救济之功,报应之速,益信范文正公之言矣。

近世大家,如吴门之潘氏、昆山之徐氏、常熟之蒋、常州之赵、钱塘之许、溧阳之任、南昌之熊、桐城之张,皆其先世积德累功所致。昭昭耳目,巷议街谈,咸以为劝,毋俟余之赘述矣。善事又何乐而不为乎!

劝公门修行

古云："公门中好修行，处世无功恶已生。"宋楚望公云："公门人不积阴德，如入宝山空手回。"诚哉是言也。夫为上者，权势在手，喜怒由心，善则千万人蒙福，恶则千万人罹祸。祸福之及于人者远，故殃祥之报其身者大。至于胥吏、差役，下接民隐，上通官情，济弱扶倾，解冤诉累，毋因贿而酷人，毋乘危而索骗，毋知情而故枉，毋舞文而乱法。盖若辈藉官长之权势，假官长之喜怒，故其力能救人、济人，足以为大善，其势能害人、陷人，足以为大恶。诚能随处方便，乃天堂之径路；苟或藉势行威，公门乃地狱之门户也。其造福于地方者无量，其积德于子孙者亦无量。公门中之修行，岂不胜深山兀坐，闭关焚修，徒作自了汉者哉？

余闻绍兴有何德广者，弱冠游庠，长习幕务，才学过人，棘闱久困。年已五十，妻妾均无子，又值家运迭衰。闻南海崇道坛悟空道人善扶乩，犹恐惑人，遂斋戒往叩，默诉底蕴。吕祖降坛，判曰："德之不修，学之不广，子负多才，反为才误，何弗思之甚耶？"德广惊谔，跪泣求训。吕祖传谕："尔年半百，终日误用其才。上戕宗祖，下贼儿孙。自今能改过从善，所用之才皆恰当之才。上答宗祖，培植儿孙，当如尔愿。"德广复于乩前拜祷，深悟前非，愿束笔家居，散财行善，以期晚景。吕祖又训："尔果行善，何必不作幕，何必束此笔？天下之最便于行善者，莫如官吏，而官吏之最重者，莫如幕宾。凡官吏生杀威福利害之权，无非幕宾掌握之。千词万状，积于幕案，无不由幕宾判其曲直，司其予夺，区其祸福，定其死生。关系匪轻，神祇鉴察。故其获报尤速，其得祸也尤烈。不肖者认此为罟利肥家之薮，则日事快心之笔，不啻日持杀人之刀。而祖宗之福庇难留，子孙之命脉已斩。贤者假此为济人利物之途，则以寸管之仁，辅三尺之法。如许氏之劝督抚赈济，范公之救屠蜀城，积阴德于冥冥者无穷，锡馀庆于苍苍者未艾。何子欲诚心向善，仍从作幕执笔求之。毋泥成法，虚心以探隐微，平心以论曲直，设身处地以详疾苦，痛痒相关以救颠连。毋阿主人之意，常思法外之仁。即以万万千千之善，尽寄于濡毫构语之中。则福基大启，繁祉频膺矣！何子勉旃！"德广向乩叩谢。自此孳孳为善。虽常在幕中，如对神明，不敢轻忽一事，不敢妄判一语。行之三年，乡会联登，妻妾尽育。共生五子：长登第，次廪生。自此挽回天意，感赖师恩。故不愿仕进，仍从事幕游，常以此劝人。余录其略，以为莲幕君子劝。

论三教要旨傍门惑世

上阳子云：老子西游，谓关令尹公文曰："道生之，德畜之，物形之，是以莫不尊道而贵德。"① 公文即悟致命造玄。释迦拈花谓迦叶曰："吾有正法眼藏，涅槃妙心，今付子。"迦叶微笑受之。孔子诏曾子曰："参乎！吾道一以贯之。"曾子曰："唯！"若以三圣之言为各情，天下无二道；若以三圣之意为各事，圣人无两心。及公文答尹太和云："曰天、曰命、曰神、曰玄，合曰道。"迦叶答阿难云："到却门前刹竿着。"曾子答门人云："夫子之道，忠恕而已矣。"岂太和不可语道德而答天命，岂阿难不可云拈花而答刹竿，岂门人不可闻一贯而答忠恕？抑亦人有贤愚而恨有深浅耶？既而尚老氏者曰修命，在释氏者曰修性，学孔子者曰中庸，又安知性命之道即一贯之道哉？

盖世人不体圣人之心一而天下之道同，互相非是，各尚所闻，专门分宗，口诵尧之言，心行桀之行，惟慕浮名，罔知道学。或以为仙佛皆先世宿缘，为己所限；或云但得真仙亲手提携，便可立地成佛，不知自修；或不遇真师自负聪明，将其经旨妄加笺注，虽强名略同而至道殊邈，骈词丽句反失本真。邪教纷纷，盲修瞎炼。说有

---

① 《老子》第四十四章原文是："道生之，德蓄之，物形之，势成之，是以万物莫不尊道而贵德。"

为,则猜为五芽之气,补脑还精,房中采战,吸食秽恶,天癸红铅,安炉立鼎,服炼金石草木之类;说无为,则猜为七曜之光,注想安摩,纳清吐浊,持咒叱符,叩齿捻诀,休妻绝粒,存神闭息,运眉间之思,以呼吸为二气,指脏腑为五行,分心肾为坎离,认肝肺为龙虎,用神气为子母,执津液为铅汞。种种三千六百傍门,不知性、命双修要旨。始于有作无人见,及至无为众始知。噫!世之盲师,不明先圣传道之心未便显言,借物为名百端譬喻,竟妄自穿凿坚僻不回,非入空寂狂荡,则流为奸伪邪淫;到老无成却怨神仙,谩语真机未悟,逮之生死难逃,恣其臆说误己误人,可胜言哉!

信夫闻道之士,先贵积德。孝弟之道,通乎神明,此积德于亲也;诸恶莫作,众善奉行,此积德于世也;持其志,无暴其气,此积德于身也;毋不敬,俨若思,此积德于心也。老子所云:"道生之,德畜之。"求道不积德,犹饥而无粮也。孔子曰:"德之不修,学之不讲。"其斯之谓欤?嗟夫!人生难得,光景易迁。妻财子禄,为欢几何;妙道不修,同归泯灭。爰陈梗概,用达知音。

或问守身要旨

余尝读书秋树根，俄有贫氏子语余曰："家无隔宿之粮，徒守孔孟之言，非礼不动，岂不终饿死耶？"余曰：不然。上天有好生之心，为人无饿死之理，生虫尚有一叶饲之，况在人乎？所分者，人之勤与惰耳。吾闻大富由天，小富由勤，自甘怠惰，家道难成。朱子云："一粥一饭，来处不易；半丝半缕，物力维艰。"故君子劳心，小人劳力，事当勤而后济也。顾处世既当克勤，尤当克俭。以勤开其源，补其拙，以俭节其流，养其廉。精执一业，生之有道，量入而出，用之有度。贫则谨身节用，而不虞其竭；富则处善循理，而不伤于盈。不敢心高气傲，不敢欺凌攘夺。况人之初生，恶念未荫，穷通莫测，岂可以一时之妄，而害百岁之身乎？

或曰："生来五福，果可戕贼乎？"余曰可。五福：一曰寿。为恶者，神录其罪，天夺其魄，抑厚其恶，以重其报，何寿之有？二曰富。恶星灾之，刑祸随之，货悖而入，亦悖而出，何富之有？三曰康宁。终日戚戚，心计惶惶，仰愧于天，俯怍于人，何宁之有？四曰攸好德。忍心害理，狼戾不仁，杀人取财，倾人取位，何德之有？五曰考终命。神人共怒，天地不容，王法难逃，冥诛莫逭，何考终之有？呜呼！人生于世，宜居之安。若朝营夕逐，性命难保，虽腰缠万贯，亦如之何？不若存仁修德，心广体胖，永叙五伦之乐，而五福犹未可量也。

或曰："如君言，不偷将赌骗乎？"余曰：吕祖诗云："越奸越巧越贫穷，奸巧原来天不容。富贵若从奸巧得，世间呆汉吸西风。"盖财乃天与之福以养人者，必得其禄，其因仍在于天。天与之，其来也顺而逸，便而安，有不期然而然者。人强取之，其取也逆而劳，难而险，有不久而终失者。顺取者乐为君子，逆取者枉做小人。乃人看不破，守不定。有平日聪明才辨，一旦为财而丧其学问、名节者，未尝见利思义也。试观王状元、李丞相，梦因贪而被剥，朱买臣、吕蒙正，耐贫苦而终享，可知不容骗矣！何苦生诱哄之心，存侥幸之念，贪赌博之赢。往往疾驰则蹶，躁进而退，贪得而失，求富而贫，不义而取祸，非礼而招殃，上戕祖宗，下贼儿孙。如花之不待时，而以火熏之，反速枯烂；如痴兽之入陷阱，死且不顾，遑知有命。噫！弃重就轻，求荣反辱，古今多少有福之人，因此而败者不鲜矣？良足哀夫！

或曰："如君言，不偷、不骗、不赌，可以先知祸福乎？"余曰：积善之家，必有馀庆；积不善之家，必有馀殃。盖人之善也，有诸内必形诸外，相由人转，气触天知，界限之严，势无中立，气机之捷，动而即随。故吉人不求福，而福靡不臻；凶人欲避祸，而祸终难免。自古以来，普天之下未有善而不福、恶而不祸者，惟报应之迟速不等耳。古人知命者有三法：一曰造命。譬如颓房败舍，修造不施工，倒则难为矣。我命当败，积德以造之，积善以造之，命必完固有成矣。二曰惜命。譬如刀糖砒蜜贪嗜，不知受伤实多矣。我命宜惜，知止以惜之，知足以惜之，命必悠久无忧矣。三曰安命。譬如临深履薄，稍不经心，隳即无救。我命欲安，听天以安之，由人以安之，命必自在无危矣。夫如是，命由我造，福自天申，天主之亦人主之，而祸福安得不先知乎？

　　或曰："如君之才，如君之德，何到处吃亏，而穷至于斯乎？"余曰：古之为圣为贤者，无不先遭困厄，此天之所以动心忍性，增益其所不能耳。余视富贵如浮云，欲修身以济世，何富贵之有？然大富大贵乃前生所定，祖德宗功。或今生有大善，而晚年发福，子孙受荫者，此非乐道之士，故求之虽难而得之尤易。存心养性，守身如玉。或身为将相，家无馀积，为圣为贤，博施济众，富而好礼，贫而乐者，乃真才学，为尤难耳。书云："为仁不富矣，为富不仁矣。"①夫常人生平无益于世，自谓无损于世，不知悠悠岁月，或以善小而不为，或以恶小而为之，其积恶已不浅矣。何况为富不仁，徒为子孙计者，吾知积怨日深，神人共愤，其子孙不能保也。未识高明以为然否？

――――――――

　　① 《孟子·滕文公上》原文是："为富不仁矣，为仁不富矣。"

论中国轮船进止大略①

《瀛寰琐记》所论《内地轮船进止议》，深合符节，实获我心。余故参以鄙见，合质高明。

夫泰西轮船、机器、火炮之精，泄天地造化之奇，为军国所利用，以此致强，以此致富。若中土仿而行之，势必雄跨四海。然制造之精工与否，特其事之一端。其最要者，则在经费之多，且在乎驾驶之熟也。

泰西各国官与商，财货互相流通。盖官力则有穷，而商资则易集。即国债一事，君之逋欠于民间者动辄数万。官之所需，商皆立应。商不虑官之无信，官亦不借商为可耻。凡各国每举大役，兴大利，凿山通道，动以千百万计。在我国人闻之狂骇咋舌，断不遽信，在泰西人则视为寻常。不特朝廷可为之，官商可为之，即一介细民，倡一新论，实可操左券，为众论所许者，则在官、在商、在民，皆可凑股助益之。一人建议，万人集资。一旦获益，则创其事与助其事者皆分其利，故成事较易。即偶有万不能成，而徒滋糜费者，亦

---

① 在一八七三年的《救时揭要》刻本中，每篇文章都是一篇接一篇排的，独有《论中国轮船进止大略》是另页排的；此外《救时揭要》其他二十三篇都有页码，独此篇无页码。编者还看到同一个刻本的另一本书，把《论中国轮船进止大略》装订在《救时揭要·目录》的前面。从这些迹象看，此文有可能是《救时揭要》临刻印时刊入的。

必至计穷力竭而后中止。外人并不以为非,绝无讥刺,且尊敬之、体谅之,以为此人真肯用心,而非以空言尝试也。彼中习尚如此,岂中土万馀年来,吝惜涣散之风气所能效之乎?

中土非无博达之士,多因贫乏,无能制作,或有绝技困于律例,不敢自炫。如朝廷有示体恤商贾,任天下之人自造轮船,尤能制一奇巧之物,于国家有益者,则赏其顶戴,限其自造多少年数,然后别人方能造。则人皆乐创乐助,事必易成,而且精于技艺者必多,亦未始非富民之道也。较诸文士笔下千言,胸无一策,或习武艺,闻炮相惊者,虽掇高科,于国家有何益哉!然泰西驾驶之船主,行兵之将帅,无不精习天文,广识地理,通晓中外各国言语文字。即兵船司炮之官,皆善于测量高下、远近。其大小炮位,每发必中。其在船之兵终日所司职事,目不旁瞬,足无停趾,坚忍果毅。法律尤严,鲜有无故上岸及在船酣卧者。其桅篷高至十数丈,缘索而登,捷于猿鸟。虽其国之水师提督、王子、贵人,苟在行伍,亦须事事皆能,文案自理焉,枪炮自燃焉;即至粗至贱之事,皆不惮辛瘁而毕试之。上与下有督责而无等威,俸饷至优,克减皆绝。一旦临敌,誓不反顾,船碎亦不闻叫号。其兵心之坚如此。岂中土之兵器凌怯鲁所能效之乎?

具此两大不能,即使鲁般操斤,公输造器,事事物物驾乎其上,而一旦与之相持相搏,亦力有不能继,势有所难争矣!此情理之显然。而中土局外局中,无一思议及之者,良可长太息也。

轮船停,固损国体;不停,亦不足张国威。然则如何而后可?愚则以为停、不停皆可也。得其道则转败为功,失其道则虽利亦害。请先言其不停者,无他,但改官造为商造一言而已。中土之商,虽任事之心不如西国,而谋利则一。现在上海长江轮船多至十七八只，计其本已在一二百万，皆华商之资，附洋行而贸易者十居其九。其所以不乐自居华商之名，而甘附洋商之尾者，其隐情可以理度之矣。又上海沙船，盛时五千号，今只五百号，有日少无日多，而海运天庾，皆赖此以济。不早思变计，亦必大碍于京仓。又福建已成轮船五六只，每年岁修之需亦复不赀，方在交商承领，鲜有应者。与其官造之，而仍望商用之，又何如从此而令商造乎？官停造，则厂基机器费无可补，人工匠役身无所靠。若果招商接任之，则前之所费皆可收回，工役之人无失业之叹。

说者谓："华商久以资附洋贾，此时忽强之自造，又岂能乐从？"不知别有道焉。夫商之不愿者，畏官之威，与畏官之无信而已。即如少有警报，官绅措词勒捐，富贵之家，饱已囊橐，多有迫民为盗者。诚能尽袪其畏官之隐衷，而予谋生之大道，则凡闽省之盐商，上海、宁波之号商，皆可罗而致也。姑以二十只轮船而言，每只用银十万两，则器具已极精良，计二十只，本资二百万两耳。江浙海运一百二三十万石，加以江西、安徽、湖南、湖北亦可酌提本色七八十万石，由长江东下，归于海运。计每年照二百万石计，每石水脚六钱，即有银一百二十万两。每只尽载米一万石，二十只一月两次，即可四十万石。自正月至五月，五个月中，此二百万皆可运竣矣。此一百二十万水脚之中，除去每船每月用度至多一万两，二十船二十万两，五个月一百万两，尚有二十万馀利。以二百万资本，得二十万馀利，不为过薄矣。此外五、六、七、八、九、十六个月，载南北往还之货，亦另有利焉。洋人连年夺取沙船之利，亦可一旦攘归其半。筹本既非太巨，得利亦复甚优，乃华商卒不敢任者，以官之言不足信也。沙船之商不乐轮船海运者，以沙、轮难并立故也。假如用轮船海运，即以向业沙船者令其改操轮船，则业沙船者有靠。否则半归海运,半归河运,有事之秋,无防(制)〔掣〕肘,此亦万全之策,无虑生计之无出也。商人造,则资用可以源源不穷;商人造,则该事系商人身家性命所关,即无人督责,亦不虑其不造乎精巧。是一转移间,同一造轮,而精粗美恶自有天渊之别矣!诚如是,则官无费用之筹,而海满有轮船之用。数年之后,商力日复,制造自日精,其有益于海运不更深乎?自后再令每有商船四只,带造兵船一只。二十船可捐造大兵船五只,以此年年递加,积久兵船正不知凡几。无事则护商捕盗,有事则听官调遣。在古寓兵于农,今寓兵于商。从此月饷敛之商,训练责之商,是朝廷安坐而日收其无形之富强,于公家真有万种之益,而无一丝之损矣。此较官中筹款竭蹶不遑,而又岁修无出、驾驶不精者,孰难孰易哉?

议者皆知泰西之长技,而不知操泰西立法之大旨本源焉。岂虎贲中郎、衣冠优孟,而即又自诩得其真种子乎!上海一县号商凑五十万,崇明五十万,宁波、福建、广东亦如之,不甚难也。然此则指不停造闽省一局言也。闽省之用倍于江苏。故必以商造代任,方可将已用帑金归还原款。

至于江苏一局,则又别有说矣。机者总名也,泰西无事不有机器。如种田、刈稻、织布、提丝,甚而至于陶、冶、金、鑿百工之事,皆以器代人。中土兵燹之后,工价无一不昂。诚能以局中大机,分造一切小机器,如农、桑两项之物,精益求精,灵便适用,则数百金一器,即可敌农夫数十人之用。工商农贩必争购之,其利易溥,而惟上海一局司其柄,其官中利权,专而美矣。又河内小轮船不准洋人行驶,恐其夺中土之民业耳。若准中土之商为内河之用,则上海一局,则专造小轮船,而停大轮船;专造民间机器,而不尚兵船机器。用力愈省,收敛愈多,官帑不必筹,而年年转有所获。

是停、不停皆可之说,非骑墙之颟顸语。固分别苏、闽情形,各得其宜,而专主以商代官之长策也。万不如《瀛寰琐记》所论。或于某省豢养兵船十只,可于内地设一制造局,精铸炮械,及造小轮于各府州县,以代民船,护商缉盗。择一能员统带,习练兵法,总归某部,年年查验,不得搔扰百姓,阳奉阴违,振作于始,因循于终。须安不忘危,实心恒志以行之。诚如是,整顿军威以保社稷,复取西洋各国之兵法裕国足民,成充国用,而富强之道不亦伟哉!因势利导,转弱为强,愿天下有心人,研思而深体之。

跋

经曰："积善之家必有馀庆，积不善之家必有馀殃。"《书》曰："作善降之百祥，作不善降之百殃。"故儒教忠恕，释教慈悲，道教感应，三教不过一心。则天主教、耶稣教、回回教，普天之下，自古至今，亦无不教人以善。其主教者，代天宣化，儆之以雷神，惕之以水火，或现身化人，或著书立说，万语千言，千经万典，彰明较著，剀切详明，虽势殊事异，而爱贤嫉恶之心，劝善规过之理，其致一也。何故逆天悖理，自作聪明，言是行非？岂才高先圣，而敢与天争乎？况人生百年，穷通莫测，处世若梦，为欢几何，富贵乃朝槿之荣，蜉蝣之羽耳！子孙善者不以财为福，不善者反以财为祸。善恶之报如影随形。积善犹恐为日无多，而况恣行不善乎？呜呼！自暴自弃者，不反求诸己而怨天尤人，醉生梦死，良可悲已。观待鹤斋文集，言言药石，语语金针，诚救世之慈航，警人之木铎也。爰跋数言，以志钦佩。同治十一年冬至，巨鹿洁瑛氏谨跋。

易　言

三十六篇本

序

《易言》一书,乃杞忧生盱衡时事、思挽时局、幽愁积愤之所为作也。凡目有所触、耳有所闻,默识于心而深思其故,一旦恍然有得,因揭其要,以质于世。其词畅而不繁,其意显而不晦,据事胪陈直而无隐,同条共贯切而不浮,真措诸世而有济,施诸今而可行者欤!其曰易言者,谦词也。尝从七千里外邮筒寄示。余读未终卷,而窃叹杞忧子为今之有心人也。

夫识时务者为俊杰。怀宠利则鲜远谋,幸功名则多偾事。性情偏执,难以语变通;才识迂疏,难与言振作。此贾长沙所以长为太息以至痛哭流涕而不能已也。方今天下多故,事变靡常:外有类于痈疽之将成,内有同于症瘕之潜积。元气日耗,痼疾日深。失此不救,必致不起。然良医之治病也,非药石杂投,针灸错施,便能著手成春,沈疴顿失也。必审其致病之源,计其受病之日,因以知其病之浅深,而分其病之表里。又复潜究天时之寒暑,人体之壮弱,药性之温辛。然后宜攻者则攻之,宜补者则补之。岂徒掇拾古方,妄投药饵,以徼幸于一旦哉!

治国亦然。世有古今,势有强弱,政有得失,治有盛衰。若不因其时以图补救,则是和缓幸获良医之名,而唐虞之臣,三代之佐,与夫萧、曹、诸葛、房、杜、韩、范之俦,无人不可与之竞功比烈也。

昔扁鹊见秦武王。王示之病,扁鹊请除。左右曰:"君之病,除之未必已也。"武王以告扁鹊,扁鹊怒而投其石,曰:"君与知之者谋之,而与不知者败之,此知秦国之政也,则君一举而国亡矣。"今世非无知医之人,而大抵多讳疾忌医。其所与谋者恒不得其要之所在,则知亦与不知等,救亦与不救同。杞忧生不为扁鹊之投石,而为贾谊之陈疏。其直衷热肠,忠肝义胆,慷慨激昂为何如哉。呜呼!其言之易者,正其心之苦也。倘若采而用之,先调气脉以壮其精神,继去症结以舒其心志,终且瘫蹙必起,癣疥必除。由是而耳目聪明,手足便利,安有不彭篯比寿、乔松追踪者哉!

　方今朝廷励精图治,当道诸公又皆槃槃大才,以天下事为己任。是书所言,类皆可措诸施行,而收其功效。若使杞忧生一旦获逢知己,荐擢交加,以是濡迹匡时,补偏救弊。吾将拭目而观其后,将见皇猷克赞,骏烈获成,喁喁然熙熙然,国家乂安,中外禔福。是先天下而忧者终将后天下而乐也。杞忧生其勉为一出,以副天下所期望哉!

　光绪元年花朝日,天南遯窟老民王韬拜序。

自 序

　　余质性鲁钝，鲜能记诵。长而客游四方，日与异国人相接。而沪上为江海通津，南北冠盖往来，群萃旅处。达人杰士往往获从之游，与之周旋晋接。窃闻时论，多关大计。以为由今之道，变今之俗，宜览往古，法自然，诹远情，师长技，攻其所短，而夺其所恃。而泰西人久居中国，亦时时申其论说，作局外之旁观。因下筹而借箸，盖所谓事杂言庞，莫甚于兹矣。夫寰海既同，重译四至，缔构交错，日引月长，欲事无杂，不可得也。异族狎居，尊闻狃习，彼责此固，我笑子胶，欲言无庞，不可得也。虽然，必有一是焉。江海不以大受而拒细流，泰、华不以穷高而辞块壤。今使天下之大，凡有心口，各竭其知，各腾其说，以待辐轩之采，乌莬之询，不必谓言出于谁某，而但问合于时宜与否。应亦盛世所弗禁，大雅所不斥也。

　　往余于同治庚午、辛未间，端居多暇，涉猎简编，偶有所见，随笔札记。内之积感于寸心，外之眷怀于大局。目击时艰，无可下手，而一言以蔽之曰："莫如自强为先。"自强之道不外乎此数大端而已。因是宏纲巨目，次第敷陈。自知但举其略，语焉不详。积若干篇存之箧衍，徒自考镜，未尝敢以论撰自居。而朋好见辄持去，杂付报馆，又阑入近人所刻《闻见录》中。丑不自匿，尝用蹴然。《书》曰："言之非艰，行之惟艰。"言已不足重，况言之亦正不易。

《诗》曰:"君子无易由言。"东方朔曰:"谈何容易。"是编所存,盖未免易言之戒。顾传而播者非蒙初心,美芹献曝,聊竭愚诚而已。达人杰士倘不以其鄙野而教诲之,是则余之厚幸也夫!

光绪元年暮春之初,铁城杞忧生自序于海上待鹤斋。

论公法

泰西有君主之国，有民主之国，有君民共主之国，虽风俗各有不同，而义理未能或异。其初开国，立规模、制礼律，何尝无非常之士集思广益，以期长治而久安。然考其时数，审其盛衰，知强富有由，洵非一朝一夕之故也。

昔英境分为七国，各有酋长，皆蠢尔野蛮，甚至杀人以祭，剖心以卜，暴戾恣睢，无复人理。迨罗马统辖英地，政教渐开。未几北狄作乱，祸被全欧，势成割据。其后英、法斗战，延及百年。用是苦心焦思，始制巨舰大炮，狎风涛之险，备战守之方。西班牙检出西半球，悟地体圜转之理，遂开海道以连于亚洲之东南洋。及华盛顿崛起自立，合众部以挫强英。于是英人乃东并五印度，直逼东洋诸国。每经一战，局势诡变，人材挺生，各国皆发奋有为，讲武通商，力筹强富。既而拿破仑第一兴于法国，用兵精锐，穷全欧之智力以相竞，卒莫敢撄其锋焉。近百年来，轮船驶于重洋，火车驰于陆路，而电线遥接于数万里外，顷刻通音，以至耕织、开矿及制造枪炮等事，悉假机器为用，疑有鬼神之助，以泄造化之奇。此彼所恃以雄峙海外、虎视宇内者也。然皆积百年研究之功，始得一旦贯通。其学神而明之，存乎其人，非偶然矣。

惟欧洲各国，当中国汉时，始辟洪荒，至今未及二千年。故其风气敦庞,人心坚定,较之中国,尚在春秋之世。夫天道数百年小变,数千年大变。考诸上古,历数千年以降,积群圣人之经营缔造,而文明以启,封建以成。自唐、虞迄夏、商、周,阅二千年莫之或易。洎秦始并六国,废诸侯,改井田,不因先王之法,遂一变而为郡县之天下矣。秦以后虽盛衰屡变,分合不常,然所谓外患者,不过匈奴、契丹西北之塞外耳。至于今,则欧洲各国兵日强、技日巧,鲸吞蚕食,虎踞狼贪,环地球九万里之中,无不周游贩运。中国亦广开海禁,与之立约通商。又一变而为华夷联属之天下矣。是知物极则变,变久则通。虽以圣继圣而兴,亦有不能不变、不得不变者,实天道、世运、人事有以限之也。

况欧洲各国,动以智勇相倾,富强相尚,我中国与之并立,不得不亟思控制,因变达权。故公法、约章宜修也,不修则彼合而我孤;兵制阵法宜练也,不练则彼强而我弱;枪炮器械宜精也,不精则彼利而我钝;轮船、火车、电报宜兴也,不兴则彼速而我迟;天球、地舆、格致、测算等学宜通也,不通则彼巧而我拙;矿务、通商、耕织诸事宜举也,不举则彼富而我贫。噫!世变无常,富强有道。惟准今酌古,勿狃于陈言;因时制宜,勿拘于成例。力行既久,成效自征。

方今俄与英、美、普、法、澳、日诸国,争逐海上,何殊战国七雄。论者谓:俄据形胜之地,逞强富之雄,辟土开疆,励精图治,则秦之连横也。英、美、普、法、澳、日诸国,立约要盟,练兵修政,悉意备俄,则六国之合纵也。而各国之藉以互相维系,安于辑睦者,惟奉《万国公法》一书耳。其所谓公者,非一国所得而私;法者,各国胥受其范。然明许默许,性法例法,以理义为准绳,以战利为纲领,皆不越天理人情之外。故公法一出,各国皆不敢肆行,实于世道民生,大有裨益。然必自视其国为万国之一,而后公法可行焉。

　　若我中国,自谓居地球之中,馀概目为夷狄,向来划疆自守,不事远图。通商以来,各国恃其强富,声势相联,外托修和,内存觊觎,故未列中国于公法,以示外之之意。而中国亦不屑自处为万国之一列入公法,以示定于一尊,正所谓孤立无援,独受其害,不可不幡然变计者也。且中国舆图未富。古之时,如两广、两湖、吴越皆属蛮夷,匈奴、乌桓、西羌半为戎狄。至汉始南达交趾,东径乐浪,编为郡县。历元、明以至本朝,匈奴、西羌等地悉隶版图,而朝鲜、安南又为藩服,幅员之广,亘古为昭。而地球九万里,半属外夷。非谓中国正统一方,遂不必考其政事之得失,强弱之何如,自足以驾驭边陲,使四夷宾服也。即使怀柔有术,亦当如《春秋》书法,不以国小异其辞。夫地球圆体,既无东西,何有中边。同居覆载之中,奚必强分夷夏。如中国能自视为万国之一,则彼公法中必不能独缺中国,而我中国之法,亦可行于万国。所谓彼教之来,即引我教之往。风气一开,沛然莫御。庶几圣人之道施及蛮貊,凡有血气者,莫不尊亲,文教之敷,于是乎远矣。

　　为今计,中国宜遣使会同各国使臣,将中国律例,合《万国公法》,别类分门:同者固彼此通行,不必过为之虑;异者亦各行其是,无庸刻以相绳;其介在同异之间者,则互相酌量,折衷一是。参订既妥,勒为成书。遣使往来,迭通聘问,大会诸国,立约要盟,无诈无虞,永相恪守。敢有背公法而以强凌弱,藉端开衅者,各国会同,得声其罪而共讨之。集数国之师,以伐一邦之众,彼必不敌。如能悔过,遣使请和,即援赔偿兵费之例,审其轻重,议以罚锾,各国均分,存为公项。倘有怙恶不悛、屡征不服者,始合兵共灭其国,书其罪以表《春秋》之义,存其地另择嗣统之君。开诚布公,审时定法。夫如是,则和局可期经久,而兵祸或亦少纾乎!故惟有道之邦,虽弹丸亦足自立;无道之国,虽富强不敢自雄。通九万里如户庭,联数十邦为指臂。将见干戈戾气,销为日月之光;蛮貊远人,胥沾雨露之化也。不亦懿欤!

论税务

昔夏禹有会计之纪，周官著理财之条，诚以有天下者，准乎什一之法，取诸民以供国用，而藉治百事也。中国自开海禁与各国通商，由道光二十二年中西立约：以洋人各货进口纳税之后，即准由华商贩运各地，过关只按估价值，每两加税不得过若干分。维时当事不知中国税额，较之各国有轻至四五倍、七八倍者，故立约如此也。

迨后天下多事，征兵募勇，始创榷货抽厘之制，藉给军资。夫商贾以贩运为生，若贼匪未靖，道路不通，销货必迟，故莫不情殷报效。且所抽之厘，仍增价于所售之货，实则取之众人，积少成多。是以民泯怨咨，商无亏损。最旺之时，通计海内岁收不下二千万。今虽稍减，亦有一千五百万。故得以削平群寇，共庆升平，胥赖此耳！无如厘卡委员，或办理不善，或因兵燹时设卡过多，洋人遂执洋货免厘之说，以为要挟，显违条约，欲挠我中国自主之权。即使厘捐果累商民，亦须俟国用稍裕时自行酌裁，渐次停免，断非局外人所得而干预也。

今军务虽平，而防营尚不可撤，田赋犹未复原，一切善后事宜，尚须布置。即制造轮船枪炮，悉藉厘金弥补。去之则半筹莫展，百事俱弛。且华商因避厘捐，竞买税单，故洋税因之而旺。倘厘捐停止,则洋税必多偷漏,有减无增,此自然之势也。

查初办厘捐时,洋人之货亦在各子口征课,尚无异说,迨咸丰八年十一月,中西重订条约,始定洋货、土货愿一次纳税,可免各口征收者,每百两征银二两五钱,给半税单为凭,无论运往何地,他子口不得再征。其无半税单者,逢关过卡,仍照例纳税抽厘。斯乃体恤洋商,恩施格外,较之华商,其获利厚矣!故华人之黠者,每每串通洋人,互相蒙蔽。有代华商领半税单而取费者,有代洋商用洋船装运洋药各货者,有代用护照包送无运照之土货者。诪张为幻,流弊滋多。洋税、厘金交受其困。而华商之守分者不能获利,多依附洋人而变为奸商。反不如裁撤厘金,倍增关税,其贩运别口者,仍纳半税,则洋人无所藉口,而华商不至向隅。

况查洋人所辖之香港、澳门,无征收厘税之例。商贾多抵其地,以期货平易售,免出税厘,故香港、澳门之货物日多,中国各埠之生涯日淡。贻邻邦之藐视,扩洋岛之财源。又如粤东闱姓捐输,其款甚巨,本属病民伤化。惟不能杜其弊,遏其流,而奸民遂迁往澳门,仍行开厂广收。综计三年捐银五十万两,利归洋人。此所谓为渊驱鱼、为丛驱爵也。曾考泰西各国税额,大致以值百取二十或取四十为制,设多则有值百取百者。又有全不取税者。盖于轻重之中各寓自便之计。即如烟酒,外洋征税极重,在中国开洋酒店者尚需纳规领牌。而每年进口之吕宋烟、洋酒,其数甚巨,竟充伙食,概不纳税。泰西似无此例,尤属不公。

今宜重订新章,仿照各国税则,加征进口之货,并重税烟酒、鸦片虚费等物,以昭平允。又如珠玉、锦绣、珍玩,非民生日用饮食所必需,虽倍税加厘,无损于贫民,无伤于富室。且统计我国之所无者,则轻税以广来源,有者则重税以遏去路。权其轻重,卫我商民。

倘虑率尔更易,龃龉必多,惟于期满换约之时重定税则,据理力争,务使之就我范围而后已耳。

论鸦片

今夫为政之要,能因势以利导,斯救弊而补偏,黎庶于以蒙庥,国家因而获益。故立法不得不严,而用情不可不恕。慨自鸦片流入中国,毒痛天下,迄今垂数十年。出口之银难以会计,若非丝、茶两种互相交易,不几竭中国之财源耶!

然而时不可为,势犹可挽,则莫如弛种莺粟之禁。昔林文忠因禁鸦片以致遣戍。及再起用,不禁栽种莺粟,尝言:"既不能禁,不如任民自种,可塞漏卮。"远虑深谋,实非寻常所能企及。今陕、甘、云、贵、晋、蜀等省,及江南之滁州、浙之台州等处,皆种莺粟,滋蔓已多。然核其所产之味淡于洋土,故吸之瘾轻而病浅,戒之亦易。或曰:"人心多诈,久则必有以假乱真,搀和射利者。"余谓:世间各物,惟虑不真,独此物不妨其假。货愈假则毒愈轻,不戒之戒,不禁之禁,日后将与水、旱烟同类视之矣。

若洋土能仿外国之例,税倍于价,而本土则照税抽收,种莺粟之田则照钱漕加倍征纳,使洋土价昂,本土价贱,人将多食本土,少购洋土,岂非与国有益、与民兴利乎?或谓:"中国所收鸦片税饷,西人已定有章程,存载约中,议增非易。"不知鸦片乃害人之物,中外共知。外国既不能绝其来源,即加税谅难力阻,况西例土产之货出口无税,抽亦无多,惟进口者必征重税,以冀土产畅销。而烟、酒则必重榷其税,盖其意在于杜渐,非以削民。彼国既可行之,中国胡独不能哉?

且鸦片之患,其来也以渐,其去也亦当以渐。试观从前鸦片价昂,吸者自少,其后价贱,吸者愈多。倘加税,价必骤增,而吸者渐少,亦返本还原之理也。且吸鸦片,销铄其精神,颓唐其志气,以致废时失业,倾产破家,其瘤甚深,其害甚重。有心世道者,亟宜奏请朝廷限以日期,饬各省地方官先革烟馆,免其传染,再责成绅士族长实力劝谕,渐次严禁。如有过期尚吸者,则贬为下人,科以重罪,筮仕者飞章参办,读书者绝望科甲,当兵者革退名粮,不列于衣裳,不齿于士类。如是将人皆畏法,戒食不遑。中国之财既不流于外洋,天下之民又各除其结习,则升平之治不可拭目而俟之乎!

论商务

原夫欧洲各邦，以通商为大经，以制造为本务。盖纳税于货，而寓兵于商也。其未通商之始，划疆自守，不相往来。今则百货流通，各商云集。设此国之财，竟任滔滔而去，彼国之利，不能源源而来，莫塞漏厄，久将坐困。故泰西各国，举凡利之所在，趋之如狂。而传教者则非惟欲服中国之人心，兼为洋商之侦探也。

查英国进口之货税，较出口倍重。而本国之船钞，比他国稍廉，便商家而畅销路。惟岁核各商所盈之利，约八十分取一，略如中国户税。所赐商贾宝星及他表记泐之用器以为光荣。其岁入有常，三百磅以下不税。如有关于商务者，必使议政院官商议覆，务期妥协而后施行，并设商务大臣专理其事。是以利权独擅，日臻富强。所有商埠要区俱设公使、领事，屯泊水师兵舶，以资护卫而壮声威，遇有事端恃为挟制。或请开口岸，或勒免厘捐，诛求无厌，必遂其大欲而后已。初，英国在印度等处租地开埠，志在通商，其后观衅并吞，倚为外府，而富强遂冠于欧洲。无如中国商民株守故乡，乏于远志，求如洋人之设公司集巨款，涉洋贸易者，迄今尚鲜其人。去款日多，来源日绌，窃虑他日民穷财竭，补救殊难。然既不能禁止通商，维有自理商务，核其出入，与之抗衡，以期互相抵兑而已。

中国出洋之货，以丝、茶为最大宗。今印度等处皆植桑、茶，所出与中国相仿，洋人悉往购办。故年来中土之货未能畅销，后或并此而失之。中国之利源不几竭乎！宜令地方官，广劝农民于山谷闲地遍种桑、茶，勤加经理。其缫丝、制茶之法，尤须刻意推求，如有胜于寻常者，优加奖赏。务使野无旷土，农不失时，则出数愈多，其价可减，酌为销售，用广招徕，将不特国课可增，而民财亦可阜矣。况中国东南各省多种棉花，西北广牧牲畜，若用机器以制造洋布、羽毛、呢绒等物，则一夫可抵百夫之力，又省往返运费，其价较外洋倍贱而获利倍丰。或疑用机以代人工，恐攘小民之利。不知洋布、呢羽本出外洋，无碍民业，仿而行之，本以分彼之利权耳。

今闽、粤人之贾于星加波、旧金山各处者不下八十万人。其中或住经二百馀年，或隶入英、美等籍，然皆奉大清之正朔，服本朝之冠裳，足征声教覃敷，庞乎莫外矣。倘中朝亦简派领事人员，显示抚循，隐资控制，则华人有恃无恐，筹画愈工。举凡外洋之货，我华人自营运之；中土之货，我华人自经理之。扩其远图，擅其利薮，则洋人进口日见其衰，而华人出洋日征其盛，将富国裕民之效，可操券而得焉！所虑者，志无洋人之坚贞，财逊洋人之丰厚，偶有盈绌，便思改图。惟赖在上者扼其利权，神其鼓舞。凡中西可共之利，思何以筹之；中国自有之利，思何以扩之；西人独揽之利，思何以分之。扼此三端，则利权可复矣。

惟西人多财善贾，利之所在必争趋之。若华人亦设公司造商船，力与争雄，媚商减价，拼折资本，势必彼此亏绌，无裨大局。欲救其弊，须开其源。按公法例载，凡长江内河，如欧罗巴之来因河、多拿江，尽人皆得开设船行，以其分属于各国也。美国之米西昔比江，帆轮之利土著擅之，以专属于一国也，他如巴西之阿麻沈江，虽发源于秘鲁,入巴西支分派别,兼注依瓜朵耳国、委内瑞拉国,以贯注巴西数千里之遥。昔有客请立船行,而执政拒之;嗣因商旅萧条,爰除前禁,以广招徕,操纵之权,仍自掌之,不以假人也。若夫中国之长江,西导岷峨,东注沧海,源远流长,如美国之米西昔比江,绝非巴西可比。

今长江二千数百里有奇,洋船往来,实获厚利,喧宾夺主,殊抱杞忧。宜俟中西约满之时,更换旧约,另议新章。凡西人之长江轮船,一概给价收回。所有载货水脚,因争载而递减者,酌复其旧,则西人罔敢异词。更于长江上、下游间,日开行轮船,以报市价。如是则长江商船之利,悉归中国独擅利权,当道其有意乎? 为国为民,胥于是乎在矣!

论开矿

夫五金之产，原以供世上之需，若弃之如遗，则在天为虚生此材，在人为弃货于地矣。居今日而策国家之富强，资民生之利赖，因地之利，取无尽而用不竭者，其惟开矿一事乎。

查英国版图，不及中国数省之地，顾能富甲天下、雄视六合者，盖格致之士能知五金之矿随处皆有，因地制宜，按法开采，不惜经费，不畏艰难。事则必底于成，物则各适乎用。制机器代人力以省工，建铁路资转运以省费。故能普美利于无穷也。

查中国五金之矿：云南出铜，山西出铁，湖南、江西出煤，齐鲁、荆襄出铅，台湾出硝，是数处者人皆知之。其实五金煤铁等矿，各省各处皆有，特以地产之深浅，体质之纯杂，层次之厚薄，矿穴之狭宽，人不得而知也。今已知而开采者，大抵不过万分之一。即矿苗已露之处，又不知如何成色，且多封禁未开。其岩穴深藏未经透露者，尚不知凡几。宜专请西国头等矿师，设法侦探，确有把握，或议以民采官收，或由部议刊给矿照，准民间具领开采，仿商民纳帖开行之例。取地中之所有，供人世之所无，计无有更便于此者。

而开矿之要，固恃矿师，尤资总办躬亲探确，因地制宜。或专用西法，或专用中法，或参用中西。视其水口之远近，审其挖矿之井道。核其成本，筹其销场。毋任用私人，毋刻求矿役，毋铺张局面,毋厚给薪资。诚以开矿之初,用款有出无入,除矿夫等照给工食外,其各执事均宜薄给辛资,出矿后即行截止。惟先议一永远遵行之法,该厂或按年、季核计出矿售销实数,除提出成本、利息及纳税、开销之外,所赢馀利以十分之二归于厂主,十分之五匀分各执事以抵辛金,十分之三给各矿夫以充犒赏。每年将进支数目张贴工厂,使外内共知共见,疑义毫无,庶几在厂诸人均有后望,上下一气,无荒无怠,工勤弊绝,利薮斯开。

查各省所开各矿,或误于始事,或废于半途,或获利甚微,或成本虚耗者,何哉?推其故:一由于矿师探穴未真,开硐未善;一由于总办居尊轻信,不一一亲临相度,实力讲求;否则专任亲昵,厚给辛工,薄待矿夫,众工不悦。故或则捏报矿硐将塌,请示填封;或妄称矿产已空,无从开取。罔知利弊,上下相蒙,亏本停工,率坐此弊。此云南所以常有硐老山空之说欤!

计中国民生之用,首在铜、铅,盖因各省钞局鼓铸停炉,而奸民又往往私熔制钱,改铸器皿,以致钱源愈缺,日用不敷。其次则在金、银。其次则在煤、铁。夫煤、铁之矿,虽获利较他矿稍差,而不得不开者,实以非煤火不能化汽而动机,非精铁不能制器而利用。故泰西自煤、铁矿开而后,以之制造枪炮则日益新奇,以之制造舟车则日益利便,以之制造耕织等器则日益精工,各邦遂渐臻富强。西人谓一国盛衰,可以所产各矿定之。诚不谬也。

闻泰西各处之矿,开采几尽,见中国矿产饶富,无不垂涎。与其拘泥因循,致生西人之羡;何如变通办理,藉充国用之储。方今海宇升平,励精图治,凡有益于国计民生者,莫不次第举行,参仿西法。然但学西人之制器,而不学西国之理财,非富无以保邦,非强并无以保富,相需为用,乃能相济有成焉。宜通饬各省地方官,查验确实,设法招商。并请精于西法、善于识矿者,督同工人,派拨防勇营兵,一体开采。既可弥补巨款,启无尽之财源;又可弭息奸谋,消未来之隐患。开办之始,只须购备机器,延请矿师,经理得人,自臻妥善。有虑其工役之繁者,思有以坚其心;有溺于堪舆之说者,先有以祛其惑。实事求是,历久不渝,则成效可以克臻。上为国家致富强,下为民生资利赖,诚救时之先务,治世之良图也,可不讲哉!

论火车

夫水则资舟,陆则资车,此民生自然之利也。西人本此意而精求之,水则制火轮船,陆则制火车路,以便来往,以利转输,诚亘古未有之奇制也。

中国版图广大,苟非仿造火车铁路,则相距万里之遥,安能信息遽通,不违咫尺?大则转饷调军,有裨于国计;小则商贾贸易,有便于民生。而且邮传信息,不虑稽迟;警报调征,无虞舛悮。况中土沃壤倍于欧洲,只为山险路遥,转运不便。而农民亦不知制器,因地之利以谋赢馀,仅树艺五谷,供日用所需而已。使载物之器良便,而运物之价又廉,一切种植立可以此之有馀,济彼之不足,而获利恒得倍蓰,数年之后,民间蓄积自饶,当不仅如古人所云馀三馀一已也。即或旱干水溢,偶有偏灾,亦能接济运粮,藉苏民困。

昔美国西北之馀山郡,地多濒海,旷邈无垠。当道于数年前开设火车铁路,近通东郡,遥接金山。由是百货流通,商贾辐辏,户口增至十有八万。有册可稽,此富庶之明效大验也。

尝闻德、法构兵时,德所以胜法者,非德兵果精于法兵,亦藉电信与火车之行军迅速耳。当两国未战之先,德提督向法使言曰:"如果欲战,我国可于十四日中,在边境集军十万,粮械俱备。"后果克践其言,大获全胜。从前英、俄交战,俄军辄败。彼时俄若铁路先成，则胜败尚难逆料。可知两国交战，总视何国能克期集兵，速而且多者即操胜算。若敌人压境而无铁路，非但兵不易集、粮不易征，未免部署仓皇，军情危急矣。今俄国精于制造，如自彼国至中华地界筑成铁路，一旦用兵，不过半月可达。中国既无此路，则征兵调饷动需岁月，未及齐集而敌已过境矣。英国若于印度筑铁路至云南边界，则行兵不过五日可到。兴言及此，曷胜悚惧！

总之，车路之设，有备无患，有益无损，在中国今日断不能置为缓图者矣！然铁路当以京都为总汇，分支路以达各省，务使首尾相应，远近相通。或有碍于庐墓者，当迂回以避之，庶免滋生事端，阻挠大计。而于各州、县偏旁之地，亦筑车路，多备马车，以资转运往来，如轮船之有驳船，费虽多而利甚溥。苟能举办，则水路有轮船，内地有铁路，有事则便于策应，无事则便于商民，利何如也。

夫天下之事，守常不变则难与图功，因时制宜则无往不利。查西洋铁路，其始或数十里、数百里接续而成。如虑经费不敷，先择要道，小试其端，俾民习于见闻，知其利益，然后招商承办，逐次推广。今漕粮改行海运，较前已捷，而当事者虞海道不靖，欲复河运旧制。与其费巨款以复河运，何如移此款以开铁路之为愈也。西洋近有新式铁路，宽径一尺，其地面不必铺平，下植木桩为架，承以浮梁，用则搭，不用则卸，西国凡有兵事，用以济急。惟是修治铁路，固非仓卒可办，抑且经费不赀。中国如能措款仿行，亦可以备不虞也。

或诘余曰："铁路造成，设邻国有觊觎之心，倏忽可至，猝不及防，其害可胜言哉！"不知铁路在我境中，操纵由己，何虑为敌所据？试思欧洲各国欲到内地，必由海道。苟有龃龉，则海禁必先严密。所建铁路何难调重兵以守之。倘虑俄人，而所设铁路，惟在山右陕甘内地,不至边城,彼终不能长驱直入。

余闻之西人云,铁路之设,其利有五。所得运费,除支销各项及酌提造费外,馀皆可助国用。其利一。偶有边警,征兵筹饷,朝发夕至,平时各省惟练精兵备调,额可酌裁。其利二。既有铁路,各处矿产均可开采,运费省而销路速。其利三。商贾便于贩运,贸易日旺,税饷日增。其利四。文递快捷,凡有铁路之处,驿站均可裁省。其利五。而当事之所以迟疑顾虑不敢举行者,一则以经费难筹,再则恐夺小民之利,如操舟、驾车,递文传信等事,路既便捷,则若辈失业必多。殊不知铁路虽成,舟仍不减;且铁路旁有马路,推车者亦可营生;至于传信递文,不过时日较速,仍须留用此辈,何损于民?无如官之与民,声气不通,每畏官之无信。如民间有认造火车路者,特免其捐输,并保其五厘出息。如官利不足,每年由该省地丁项下扣足,以昭大信,而广招徕。

忆中国初议造轮船时,聚讼纷如,几于中止。幸当轴者毅然举办,故今商船炮舶,月盛日新。凡漕粮之转运,兵糈之征解,商旅之往来,货物之流通,无不轮船是赖。且海盗因以敛戢,洋面藉以晏安。矧铁路之利倍于轮船者乎?倘亦力持其议,任谤任劳,事不难集。然需费甚巨,须仿西法自造,乃为善计。若购之西国,则失利于先。惟自造而自用之,然后行止之权自我而操,工费之需不流于外,省之又省,精益求精。庶中国富强之转机在此一举矣!

论电报

　　夫世之至神至速，倏去倏来者，盖莫如电。藉电以传信，则其捷也可知。昔有美国之士好学深思，精于格致，得引电之法，以利世用。此电线之所由昉焉。今泰西各邦皆设电报，无论隔山阻海，顷刻通音，诚启古今未有之奇，泄造化莫名之秘。诚以两国构衅，赖电报以传递军机，则有者多胜，而无者多败。商贾贸易，藉电报以通达市价，则无者常绌，而有者常赢。强富之功基于此矣。即以英国而论，其电报设于王家，商民欲通电报者收回工费。每年所入，除电线局开销，馀资藉充国用。至本国有军机密事，分文不费。其利岂不溥哉？然此犹言承平时耳。若两国交战，出奇制胜，则电报更为要图。昔年普、法构兵，普人于行军之处俱设电线，而法人所设之电线悉为普人所毁。是以法败而普胜也。

　　夫中国建都北方，至极南之地相距万里，其他多距数千里。燃烽置戍，仅能告警而弗克通言；设卒传号，辗转间关而多舛悮。即令沿海要害，有炮台而无战舰，则炮台亦孤立无徒，有战船而无电线，则战船亦应援莫及。若敌人侦知我战船之所在，合兵围击，无电线以通传，各省何能倍道来援。一船有失，费固不赀，而各处又为之夺气。查津、沽为水道入京门户，宜先由海底建一电线，通两江、吴淞等处。由是而闽、浙、粤东，凡属海疆悉敕下大吏，揆度地势,次第举行,则宸居虽遥,俨如咫尺矣。

　　或谓:"设立电报诚有益处,然经费过巨,恐不易筹,奈何?"余曰:安设电报之处,在海底则难,其价颇重;在地面较易,其价亦轻。虽明知创始维艰,而大局攸关,实受其利。前者传报电信犹用外国字样,必待翻译而知;今辑有电报新书,改用华文,较前更便。如传秘密要事,即经理电线者尚且不知,何况他人?既无漏泄之虞,又无延搁之弊。今西人更创有爹厘风一种,传音更异寻常。若中国毅然举行,推广其用,更与商民传信,酌费照收,则一二年间必能填还创设款项。嗣后所入源源不绝,利赖无穷,诚益国便民之要务也。夫轮船、枪炮等物,中国用之有年,损益犹为参半,至电报则有益无损矣,何不举而试之哉?

论开垦

夫国之赋税,出于人民;民之供亿,出于土地。此古今不易之理。即圣人所谓"有德此有人,有人此有土,有土此有财,有财此有用"也。今海内肃清,各处荒田连阡累陌,草其宅之,其故非尽由于无资,实皆出于无人。盖兵燹之馀,逃亡过半,若欲尽辟污莱,复其旧规,惟有广招客民,使之开荒耳。今闽、广等省,或无旷土,尚有游民,无事可图,既不惮佣工于海外;有田可垦,更无庸谋食于他乡。与其听往外洋受人凌虐,何不查明荒地,严定章程,多招客民使之开垦? 又撤散之兵勇,或无家可归,或不愿回家者,往往聚党横行,为地方害。如能设法招抚,按名给地,仿古人寓兵于农之法:有事则征调,无事则力耕,既可安置无业之游民,又可约束逗留之散勇。正供之赋额,藉以取盈;上下之积储,赖以饶裕。是一举而数善备焉矣。

谨查福建台湾一府,孤悬海外,地广人稀,土尽膏腴,敏于生物。除已经种植税有常供之外,其附近内山左右各处,无主荒地可以开垦树艺者,不下千数百顷有奇。倘能设局招耕,认真办理,则野无旷土,市无游民,实于国计民生有裨不少。否则土田有限,生齿日繁,岁收尚且不敷,偏灾何堪设想?

迩来在京各官,屡次奏请朝廷,饬令各省大吏转督地方官,开垦荒田,兴修水利,此诚今日民事之先务也。无如各府、州、县更调频仍,实授不过三年,委署限以年半,席不暇暖,虽有一二留心民事者,亦且兼顾未遑。就令勇于吏治,毅然禀请招垦、招耕,万一部署未周,猝然升调,后任或更张任意,坏事堪虞,而究之端自我开,不任受功,转任受过。惟愿身膺重寄者心精力果,速定新章,庶国帑于以丰,民财亦于以阜矣。岂不懿欤!

论治旱

天灾流行,何国蔑有。然事后而始图补救,何如事前而预切绸缪。况事关国计民生,当轴者尤宜先务之急也。今西北各省,叠遭旱荒,东南复多水患。若不专心农政,设偏灾偶至,何以御之?今陈末议三条,请备详择:一曰开沟洫,次曰用水粪,次曰补种树。分言之则各有所宜,并务之则备收其益。

其开沟洫若何?昔禹平水土,尽力沟洫,稷因得施稼穑之功。三代因之,即遇天灾,未闻赤地千里者,皆沟洫之力居多。迨秦废井田,开阡陌,沟洫之制荡然无存,其后水旱始有连及数郡者。自汉以来,循吏辈出,代不乏人,深知井田古法断不能复,惟有详察水道,浚源导流,疏渠设闸,专事蓄泄,俾资灌溉,遇有旱涝,不忧荒歉,此郑、白等渠之所以利赖无穷也。雍正时怡贤亲王与众大臣等大开畿辅水田,渐欲推行于直隶与西北各省,惜功未竟耳。然畿辅水田,至今民犹赖之。可见水利之兴,无地不宜。若各省大吏能于有水之地尽开水道,而于无水之田复讲求沟洫遗法,令民于每年农隙之时疏通水道,深浚沟洫,则大水可免淹没之虞,亢旱可无干燥之患。其事甚易,其功甚多,此不待智者而后知之。至如平旷之区,可仿泰西风车之法,以代人力之劳。遇旱则掘深井,以风力汲水,灌溉田畴;遇潦则开水道,以风力戽水,导注江海。工程既省,昼夜弗辍。尚何偏灾之足患乎？

其用水粪又若何？查此法盛于东洋。余闻之东瀛游客曰：东洋种麦独有妙诀。其农人暇时，均于村庄预备粪池，修砌坚固，不使稍有渗漏。所有人畜粪溺，一切垢秽之水，倾注其中，以备粪田之用。其田陇广狭皆同一式，开沟深约寸许。及斯种麦，农夫播种已毕，将水粪运往田间，用长柄巨杓挨次浇灌，陇沟俾得停蓄，潜滋土脉。此后天纵不雨，麦亦萌芽。迨麦苗出至二三寸高，如前浇灌一次，吐秀时复浇一次，结实时更浇一次，由是农乃登麦。东洋麦田所以无患天旱者，大率恃此。至于分秧种稻，必赖甘霖，与中华无异。惟田家互积水粪，利益多端。凡疠疾之兴，由秽气中人所致。果能将污物尽投郊外，则城市中俱得清气，调摄以时，疫症何由而作？此有益于居民者也。盛暑之时，污水不蓄于街衢，自不至臭秽载途，行人触鼻，而痧疹可免，此又有益于行人者也。且凶年饥岁，仓庾空虚，生民乏食。若用水粪多种宿麦、犙麦，以备不虞，即使亢旱频年，或不至民无粒食。此东洋所以有不惧三年旱之说也。今西北各省宜于种麦，无如屡逢亢旱，民无盖藏，亟须思患预防，筹之于早，则水粪之法，非当采用者乎？

其种树之法又若何？西人谓：成顷之田，四围须多种树。盖树之发荣自下而上，其所以发荣者，资乎土脉。而土脉之所以能培养树木者，以其有水气耳。树根入土，不啻用竹管插地上，施巧力可使水由本达末，暗长潜滋。其地势平衍，去水较远之田，既无时雨沾濡，复乏桔槔灌溉。惟有树以吸水，则枝叶固茂，且阴森之气，又浸淫而生水，自上而下，归于地中，土脉愈润。上下呼吸，长养不穷，虽值旱干，犹不至于速槁。倘忽然得雨，将前此未尽之水气，合后来之雨泽，接续滋荣，尤为神速。若无树之田，水口较遥，不能平地引入，即时雨偶降，而水性就下，苗根入土，不过数寸之多，水已入地尺馀，吸引无资，涸可立待。故古者井田之法，必于两旁种桑：一以养春蚕，一以卫五谷也。乃后人习而不察，罔知种树，徒事西畴，反不若西人之即物以穷理矣。在上者果能广为劝谕，令民于畎亩之旁，有树者增益之，无树者补种之，将雨泽虽或愆期不可恃，而仍若可恃耳。夫种树之义，似乎创自西人，实仍师乎古制，亦何乐而弗为哉！

故曰：与其遇患而始图补救，何如未事而预切绸缪。谨献刍言，未始非千虑一得之助也。

论机器

泰西所制铁舰、轮船、枪炮、机器，一切皆格物致知，匠心独运，尽泄世上不传之秘，而操军中必胜之权。今行于中国者，轮船、枪炮之外，如钟表、音盒、玩好等物皆有损无益者，而华人爱之购之；如电线、火车、耕织、开矿诸机器，皆有益无损者，而华人恶之诋之。以故振作难期，漏卮莫塞，识者伤之。

或谓："中国生齿日繁，小民藉各艺以谋衣食。若改用新法，必致夺其旧业，转以病民，故不为也。"不知创行新法，非尽除其旧业，亦渐有以迁之焉耳。试以百人论之，以七十人守旧业，以三十人改新法。此三十人功程较速，工价必丰，彼守旧业者见其所获之多，亦必日趋于新法。用新法者日众，则所出之物日多，而所售之价亦日贱，销路愈畅，贩运愈宏。然则机器之行，何尝有碍于各艺哉！况开矿则取地中所产，以供人所需，而洋布、羽呢本系外洋运来，仿之可兴民利，此二者皆致富之要道也。且中国之最重者，农事也。其中沃壤数倍泰西，而地气和煦，敏于生物，惟仅用人畜之力，未能因地利之宜。若用西国机器，以之耕种，可使土膏深透，地力腾达，物类易于发生，收成亦当倍蓰。若犹未深信，何不先购一小机器，以沃壤数亩试而行之。如果异常，然后购其大者，推行尽利，是地不加广，而农已倍收矣。洋布、羽呢，每年进口值银二三千万，是亦中国一漏卮也。亟宜招商集款，购办机器，自行织造，擅其利权。试思英人在沪采办棉花、羊毛，越五万里重洋运回本国；迨织成布匹、羽呢，又历五万里，售于中华，其价犹减于土布者，谓非省工之明验乎？如其各项机器，果适于用，相应如法，自行制造，精思专力，不惜工本，又何难媲美于泰西哉！

今英、美、普、法各邦，皆恃器利船坚，兵精饷足，势力相当，得以称雄于海外耳。尝查万国公法：凡两国构衅，所需轮船、枪炮、火器，皆不得购诸局外之国，更宜备于平时。若泰西凡遇用兵，其轮船雇之于商，其军械助之于民，民间所设制造等厂，与公局相埒。即旬日之内，需用洋枪数万杆，各厂分制，克日可成，此实自强之要着也。且泰西官与商合，欲创造机器等局，官商会办，集款无难；中国官与商离，虽明知获利甚丰，而商俱畏官，不敢承办。惟奸商劣绅乃谋经始，不求实际，专务虚声，事纵有成，功不补过。皆因官商声气不洽，以致举措失宜耳。今中国虽设立船政、制造等局，然须得通中西之学、明制造之事者，派为总办，而后所请洋匠，不敢欺蒙，精益求精，互相讨论。各厂洋匠，我不能以诚相待，彼或不肯尽艺相传。计惟厚给薪水，奖以虚衔，优礼牢笼，使之悦服。然后人皆用命，各奏尔能，利何如也。至于泰西定例：凡能别出新裁，制一奇器，有益于国计民生者，则必赏以职衔，照会各邦，载于和约，限以年数，准其独法，期满之后，别人乃得仿效。故创始者既获美名，又收厚利。无怪其苦心孤诣，斗巧争奇。中国能踵而行之，未始非振作人材之道也。

世有拘迂之士，以效法西人为耻，从而非笑之。夫人之耻莫耻于不若人。我不过欲效其技艺,臻于富强,而于世道人心曾无少损。惟在执政者审其利弊,握其枢机,开诚布公,因势利导,洵救时之要务,保国之良模矣!

论船政

今欲维时局、扩远图、饬边防、简军实，上则固我疆圉，屹雄镇于海防；次则富我商民，通外洋之贸易，乘时举事，思患豫防。此船政之所经始也。

计自闽、沪设厂仿造轮船以后，华人皆能通西法、造机器、充船主，日新月盛，著有成功。无如制造愈多，经费愈绌，议者不察，动谓轮船可废，工厂可停。曾亦思：莫为之前，虽美弗彰；莫为之后，虽盛弗继。西人每造一船，制一器，其初劳费常十倍于中华，不竟其功不止。先难后获，凡事皆然。今中国费千万之帑金，积十年之功业忽然中辍，长敌人之气，灭志士之心，失策莫甚于此。

然欲收制船之效，必先筹养船之资。尝查西洋船制，有商船，有兵船，以兵船之力卫商船，即以商船之税养兵船。所以船虽多而饷无缺。所造轮船制度，备战者则长而中狭，运货者则短而中宽。其轮机之明暗，吃水之浅深，用煤之多寡，截然不同。推原闽、沪造船之初心，盖欲合商船、兵船而参用之。故运载既不逮商船之多，战守又较逊兵船之利，两求其便，转觉两失其宜矣。

窃谓：嗣后各厂宜择请著名西匠，仿造新式枪炮、上等战船，方为有济。以华匠虽粗窥其奥突，不过仿其规模，成本固多，成功又缓。迨中国造就，而西人已另有新硎，一律更换。若欲神明变化，必须上等华匠及习算之学生,亲赴外洋各厂参互考证,乃能自出胸裁,戞戞独造。现在出洋肄业幼童,其中不乏聪颖之人。拟饬管带各员分别察看,有能通制造之法者优给廪饩,奏保官职,令其竭虑殚心,精求绝技。他日艺成返国,因心作则,用广其传,庶不致倚人为强,虚縻巨款。将来办有成效,拾级超迁,洊升总办。则工匠之贤否,经费之多寡,烛照数计,洞悉隐微,然后造艺用人无欺无滥,穷神达化,乃能颉颃西人。

往年中国特设轮船招商局,夺洋人之所恃,收中国之利权,洵为良策。无如造船各厂不能造新式之船,价比外洋更贵。所以租造者,至今尚属寥寥。盖洋厂机器日新,价廉功倍,以故群商就价,趋赴外洋。往往有华商集资附入西人公司股分,不愿居华商之名者。一则因华商创始不得其人,官亦不为提倡;再则归官创办,不能昭大信而服商人:赢则借事勒捐,亏则多生枝节。诚能祛其畏官之隐衷,予以谋生之大道,准由公正精明之商总精择洋匠,开设船厂,实力监工,彼将视为身心性命之图,制造必精,程功必速,成本必廉,虚费必省。官局、商局并行不悖,将见源源租造,迭出不穷。商船既盛于懋迁,兵船可资其接济。兴商务即以培船政,榷商船即以养兵船,强富之基,不外是耳。

若夫目前权宜之方,补救之策,如直、奉、东、楚、江、浙、闽、粤等省,各调轮船一二号,供给岁费,藉其资助,出洋巡缉,亦可稍纾厂力。不知节于此仍费于彼,行之暂难矢诸常。惟有察饬沿海各省水师旧式之舢舨、红单艇船、拖船等一律撤裁,不准再造;又酌减各省绿营兵额,以饷力并养轮船,或能经久不匮。

至泰西船政之学,须先通数国言语文字,并娴天文、地理、算法。若涉大海,浩无津涯,随处皆知船在经纬线若干度、若干分,各处风信潮汐,各国海口船旗,礁石之有无,水势之深浅,遇大风雨应如何驾驶趋避,器机器者验风雨表篷榄之类,机者汽机也。应如何措置得宜。考选后为副舵工,阅历有年,再考为正舵工。如果心灵手敏,游刃有馀,可操全船之权,方为船主。如有失事坏船,有司须择请一二老练船主,会审其坏事之由。果该船主操置不善,则缴其凭,褫其职,入其罪,籍其家产,赔偿船费;倘人事已尽,天实为之,则船主与舵工免议。此定例也。中国既仿行此制,尤须得精研西学、谙练知兵之大帅,专其节制,齐其号令,每年会操一二次,察各船主之勤惰,驾驶之利钝,以训练而黜陟之。庶中国多造一船,即多得一船之用矣。

虽然,犹未也。自外洋入口通商而后,不特夺各路商船之利,兼侵内地商民之利。使华商能租造轮船出洋贩运,渐次推广,固塞漏卮。而华商与洋人岁(相)①时相洽,声气相通,利弊情形见闻真切,遇有交涉事件,亦可调停折服,弭息祸源。

闻华人之经商佣工寄寓于外洋者,计吕宋一岛约四五万,新加坡、槟榔屿诸岛约数十万,美国、旧金山及其近埠约十四万,越南、西贡等处约三十万,古巴、秘鲁各十馀万。其他若日本,若新金山,若太平洋檀香山,数或逾万,或不及万,均各建有会馆,设有董绅,特以路远势孤,每为彼国所轻侮。曩日闽中船政局"扬武"兵船游阅东南洋各岛,而吕宋客居华民鼓舞欢呼,至于感泣,谓百年来未有之光荣。一埠如斯,他埠可想。况西洋通例,虽二三等之国,皆有兵船游弋外埠,名为保护商人。堂堂天朝,何难办此!更宜照会驻札各国公使:如各埠华民,有愿得兵船保护者,当自筹岁费,报明

---

① 此"相"为衍字。据光绪二十四年图书集成局《盛世危言二编》,此句应为"而华商与洋人岁时相洽"。

领事,请公使转咨船政酌派兵船,或一年或年半,分别调还,再换他船,藉资游练。如一埠不能养一船者,则数埠共养一船,使之往来镇卫。中国有事则悉数召回,以备调遣。夫如是,则厂局有养船之费,海疆有战守之资,中外有声势之联,商旅有利运之益。盖一举而数善备焉。是在当轴者全局统筹,全神广运,饷项不虞其支绌。庶几轶美于前人,国家永庆乎升平,不且铭功于后日也哉!

论铸银

洋银之入中华也,自乾隆年间始,名曰洋钱。但制度不同,式样各异,初亦不甚通行。自立约通商以来,凡洋人履迹所经,无论通邑穷乡,通用洋钱,而中国纹银反形窒碍。非以其便于行旅携带,商贾贸易只须辨其真伪乎?

今中国所行洋钱不敷市廛之用,是以西国每年陆续运至总在百万圆以外。西人知中国一时不能自铸也,又禀请其国开局铸造,以济中国之需用,盖深知铸造洋钱,大可获利耳。请以鹰洋论之:鹰洋每圆计重七钱二分,运入中国,其极贵时可抵纹银八钱,即平常市价亦总在七钱四五分之间。是其利至厚,其用至便,了然可睹矣。

夫钱有金、银、铜三品,其行于世也,统谓之国宝。自应一国有一国之宝,不应悉用他国之宝也。中国何不自行鼓铸,列年号于其上,名正言顺,独擅利权。若购自外洋,每圆加银多则七八分,少亦三四分,不亦失其厚利乎?

或谓:"自行铸造,经费过多。"不知每圆所加之银,其息已厚。且银由外洋铸造,尚有铜、铅搀和其中,以搀和所馀之数,移作铸造之费,已绰然有馀裕。是所昂之价,即所溢之利也。但西人好利而守信,故成色均归一律;华人嗜利而寡信,故流弊遂至百端。昔林文忠公抚吴时,见民间洋价日增,遂铸七钱三分银饼以代之。初亦甚便于用,未几而伪者低者日出,遂使美意良法废而不行。惜哉!

　　窃谓:中国铸银钱须仿宝泉等局事例,严定章程,仅准户部设一专局,功罪攸归,非但不许民间铸银,并不许各省官员开铸。迨户部铸成之后,颁行天下,令其可缴钱粮,可作捐款,则流通必畅,而洋银反不能通行矣。试观直隶藩库之钱粮银锞,每以二两为率,银色甚佳,江西之方宝亦然,他省均不能及。可见事有专责,则弊无由生,举而行之,诚裕国便民之大计也。而何至利权为西国所独擅也哉!

论邮政

中国自开海禁，与各邦通商互市，攘往熙来，已数十年于兹矣。凡事取其所长，补我所短，于国计民生有裨者，悉次第举行。惟书信馆尚属缺如，似当推广及之者也。

夫朝廷之诏旨，臣工之章奏，文武之照会咨禀，寮寀之案件关移，凡有涉于政事者，无不形诸公牍。要件则用马递，常事仍由驿站。如虑时稽道阻，又复专弁飞赍。故古者既设行人之官，复置邮传之驿，皆所以布德音、集众议、达下情焉。至商旅工役人等出谋衣食，欲报平安，或飞信以达价值，或具函以汇款项。虽由各信局分别寄交，每有浮沉，无从追究。近来通商各口信局附由轮船，已较往时便捷。然仅能施于轮船所到之处，若关河阻隔，则驿使难逢。且华人寄迹外洋，如新旧金山、星架波、东南洋各岛，中外隔绝，病苦难知。使中国亦仿照西法，遍设书信馆，虽万里如在一堂，何致受外人欺凌，情难自达哉！

按泰西各国，其前亦如中华设站专送公文，不寄私信。迨乾隆年间，上、下院会议谓此法止便于国，未便于民，因于国中城埠镇乡，凡商民聚集之区遍设书信馆，统以大臣，派员经理。凡公文、私信莫不通传，罔有歧视。近日上海复设工部局总理其事。日本亦仿而行之。其经费所从，即出自商民之信资，而公文往来，资以津贴。每年除支缴外，所馀巨款，悉归国用。而商民私信，无论远近，随时往返，从无失误，取资极廉，其利国便民也如此。

或谓："明季尝因裁撤驿站，致滋盗贼，贻祸无穷。覆辙堪虞，前车可鉴。"不知其时盗贼蜂起，饥馑洊臻。而所裁驿夫，又不善为安集，流亡莫抚，赈恤无闻，故迫而从贼耳。今虽仿照西法，而传递需人，此辈仍可受役公家，以资熟手。惟必须与泰西诸国联合一气，乃为紧要关键。总期利民益国，经始得人。若徒存中外之见，作畛域之分，值今之势，为今之人，必有所不能者矣。

论盐务

昔管仲治齐，官山府海，设轻重之权，擅盐铁之利，以致富强，卒成霸业。后世因征榷赡课，以充国用。故历朝时有变法，而盐务亦多乘除。至国初厘定盐政，兴利除弊，悉改从前陋习，特设盐政大臣并甲商以总其成。凡有商人运盐，请领部照，认定引地，即为世业，行销既畅，缉私亦严，故国课充而商人富也。迨后裁撤盐政，权归督抚，更改旧章，而商绌课亏，几于不振矣。

兵燹之后，别省盐务不能尽知，即以两淮而言，前由曾爵相奏定新章，改引为票。每票计五百引，湖北共十三万引，湖南共十四万二千引，江西共十五万二千引，大通共七万二千引。惟江西、湘、楚每票捐修清水潭工费银五百两，准其凭票完课，循环贩运。名为票盐，实与引地无异，一经认定，即同世业。

现在湘、楚票一张转行售出，可值万金，江西票亦值六七千金，即租出一年，亦得千馀金。大通票每张一百二十引，价值二千馀金，其价日增，人思购办。况湘票有十二万引，初准湘商试办一年，现已畅销，亦归正额，并不加费分文。嗣直赈所加之引，江西每票不过捐银二千两，湘、楚三千两而已。共计各地四十九万六千引，每引约值时价十七两至二十两不等。如每引加捐十两，约得银五百万两。或按年每引捐银一两，每年可得五十万两。惟江西之票，从前因销场畅快,故加至十五万二千引,近日则须十六七至二十个月,方可轮消,似宜分别酌捐。如票已沽与别人承运,必须到局更名,是新办者亦宜酌减。惟鄂、湘之销场极快,八个月即可畅销,所以票价飞涨,远胜江西,可酌加数万引。且近闻蜀盐来汉,获利甚饶,亦可一体于原定章程量为变通,不必互争所限之引地。每票另征领照银若干两,方准给为世业,其数不赀。现今府库未充,得此款项,不无小补,既能裕国,复不病商,愿在上者图之。

论游历

三代之时，天子有巡狩之典，诸侯有述职之文，设辎轩以采列风，诵诗歌如闻国政。所以考盛衰之故，通上下之情，诚盛举也。自隋炀帝、明武宗诸君侈尚武功，每以巡幸为名，实则宴游自乐。乘舆所历，供给夫费，劳民伤财，迭起怨咨，激为祸乱。后世遂引为殷鉴，深居九重，垂裳而治，非郊祭大典法驾不出禁城。盖恐其有累于民，故为之端拱于上耳。虽稽古右文之学，金匮石室之藏，考诸古而政治咸知，准诸今或情形未悉。闾阎之利弊疾苦，壅于上闻；中外之军政边防，疏于下问。推腹心于辅弼，或鲜安内攘外之模；寄耳目于疆臣，或蹈粉饰因循之习。时巡典废，论者惜之。

试观汉、唐、前明数君，皆崛起民间，备尝艰苦。东西征讨，既窥全势于河山；南北驱驰，复综全衡于利病。洎乎诞膺宝祚，敷施骏烈，肇造鸿基，而一时开国诸臣，复左右劻勷，如恐不逮。以故创垂之主，倍觉英明。此无他，阅历已深，斯措施自当也。

闻泰西各国，其皇子与齐民无异。当其入学习艺，赏勤罚惰，无或瞻徇。及历戎行，亦始由卒伍递擢偏裨，无稍姑息。又往往轻车减从，游历各邦。故周知各处之风土人情，各国之政刑技艺，而格致、历算、兵、刑、礼、乐等事，无不身亲力为，明如指掌。一旦即位，遂举生平之阅历，以为经国之谋猷。事无不知，情无不烛，原其强富，职此之由，查俄国初时，船舶之制，不逮欧洲列国，因此屡受邻邦欺制，垂百馀年。其国主易服微行，亲入邻国船厂，学得其法，自行制造，精益求精。乾隆间，其世子又至英国书院肄业数年，竭虑殚精，穷源竟委。其后俄人大船巨炮，不亚于英、法诸邦。此忍辱耐劳，能自得师之明效大验也。

　　方今除亚洲之外，其馀四大洲各国君主时相会盟，略如春秋诸侯之会。缘泰西去古未远，风俗敦庞，上自世子王侯，下而官商士庶，皆能习劳耐苦，专门名家，而军政、船政数大端，尤视为身心性命之学。故能通微合漠，愈久愈精，虎视中原，雄夸外国。倘中国能上法三代之盛典，旁采西国之良规，或饬令国戚王子周历民间，博采时事。悉利弊于平日，乃能施德政于当时。将六合从风，岂仅与三代争隆媲盛也哉！

论议政

窃考三代之制：列国如有政事，则君卿大夫相议于殿廷，士民搢绅相议于学校。故孟子有左右诸大夫之言未可尽信，必察国人皆言，而后黜陟乃定。汉朝饬博士议复，尚存遗意。

后世不察，辄谓：天下有道，庶人不议。又惩于处士横议，终罹清流之祸。故于政事之举废，法令之更张，惟在上之人权衡自秉，议毕即行，虽绅耆或有嘉言，末由上达。且重内轻外，即疆臣有所陈奏，仍饬下部议，况其下焉者乎！夫在上者既以事权有属，法令在所必行；在下者亦以势位悬殊，情隐不能相告。于是利于上者，则不利于下矣；便于下者，则不便于上矣。情谊相隔，好恶各殊，又安能措置悉本大公，舆情咸归允惬也哉？

泰西列国则不然，其都城设有上、下议政院。上院以国之宗室勋戚及各大员当之，以其近于君也。下院以绅耆士商、才优望重者充之，以其迩于民也。凡有国事，先令下院议定，详达之上院。上院议定，奏闻国主。若两院意议符合，则国主决其从违。倘彼此参差，则或令停止不议，或覆议而后定。故泰西政事举国咸知，所以通上下之情，期措施之善也。

考泰西开国至今，历年未久，故其人情风俗，尚近敦庞，犹有上古气象。即此一事，颇与三代法度相符。所冀中国上效三代之遗风,下仿泰西之良法,体察民情,博采众议。务使上下无扞格之虞,臣民泯异同之见,则长治久安之道,固有可豫斯矣。

论考试

三代以来风俗敦庞，取士之途，乡举里选，惟重实学至行。宽其途以求士，故野无遗贤；严其制以用人，故朝无幸进。降而唐、宋，严于取而宽于用。始当考试，斤斤然拘于一格。至今因之，无论文武，总以科甲为重，谓之正途。否则胸藏韬略，学贯天人，皆目为异路。其取士也隘，则豪杰每有沈沦；其用士也宽，则庸佞不无忝窃。故举世奋志功名者，悉从事于此，老而不悔，竟有髫龄就学，皓首无成，尚何暇他顾哉？

闻西国设有数科，量材取士。虽王子国戚，欲当水师将帅者，无不兼习天舆、地球、格致、测量诸学；初编行伍，以资练习。文案则自理，枪炮则自燃；即至贱至粗之事，皆不惮辛勤而毕试之。及功成名遂，致仕闲居，亦不废立说著书，以期传于当时，垂诸后世。至矿师、医士，无不精于格物，通于化学。讼师亦须深明律例，考有文凭，方准行世。无论何学，总期实事求是，坐而言者，可起而行焉。

中国之士专尚制艺。上以此求，下以此应，将一生有用之精神，尽销磨于八股五言之中，舍是不遑涉猎。洎登第入官而后，上自国计民生，下至人情风俗，及兵、刑、钱、谷等事，非所素习；猝膺民社，措治无从，皆因仕、学两歧，以致言行不逮也。

然则文科可废乎？曰：非也。千古纲常名教，经济学问，皆从经史而出，悉由文义所生。惟须分列四科，拔尤表荐：一曰考证经史以觇实学，二曰策论时事以观卓识，三曰兼试诗赋以验其才华，四曰博询政事以考其吏治。拔真材以资实用，不愈于空言无补之帖括乎？

至武科设于武后之时，专以骑射技勇见长，与文科并重。而世之习武者只求入彀，博取科名。即默写武经，亦仅如小考文童之恭钞圣谕而已，试以兵法开卷尚属茫然。迨夫仕途既入，举凡训练弁卒，与夫水陆攻守之策，阴符壬遁之书，冥然罔觉。即使射穿七札，力举百钧，要亦匹夫之勇耳，一旦临敌，将何恃而不恐哉？是不教而驱之战也。迄来荡平小丑，建立大勋，皆非武科中人所成[①]。所习非所用也，明矣。

然则武科可废乎？曰否。今战守所资，借以出奇制胜者，不外乎水师火器。今中国既已举行，惟机器尚制造未精，轮船尚驾驶未熟，枪炮尚施放未巧，行阵尚步伐未齐。即有谙练之人，亦苦不足于用。诚能分门别类，取精用宏，当于武科中亦列三等，以取将才：一询山川形势、军法进退以观其韬略，二问算学、格致、机器制造以穷其造诣，三考测量枪炮高低命中及远以尽其能事。其能集众长者，不次超迁，以示奖励。专工一艺者，量材授事，以广旁求。不愈于仅娴技勇骑射者乎？

然而欲作人才，先觇教养。今之学校书院专事举业，而外邦之风俗政事一概不知，且深以西学为可鄙。欲求一洞识时事、兼习中西者，实难其人。况当今海禁大开，藩篱尽撤。欧洲各国无不肩摩

---

① 《易言》三十六篇本误为"其"字，据光绪二十四年图书集成局《盛世危言二编》改为"成"。

毂击,互市通商,各恃富强,相为要挟。更宜练兵修政,选将筹边,断非醉草可以吓蛮,围棋自堪破敌时也。

鄙见宜仿司马光十科之法,添设一科,颁行天下:省会除小学堂外,各设书院。敦请精通泰西之天球、地舆、格致、农政、船政、化学、理学、医学及各国言语、政事、文字、律例者数人,或以出洋之官学生业已精通返国者,为之教习。所选学生,自十馀岁至二十岁为限。须先通中西文字,就其性之所近,肄业四年,升至京都大书院,力学四五年。如果期满造诣有成,考取上等者即奖以职衔,派赴总理衙门、海疆督抚,或船政制造等局当差,或充出使各国随员,如举博学鸿词之例。凡入院诸生,每年纳束脩百元。如书院膏火不敷,由该地方官筹款补足。以冀渐开风气,实力研求。倘有别出新裁造成一器,于国计民生有益者,视其利之轻重,准其独造数年,并给顶戴,以资鼓励。

如此则闻风兴起,人材众多,又何须朝廷遴选幼童,肄业泰西,致糜巨款乎!夫幼童万里从师,学业自卜其精进。惟少染外洋习气,情性或因而变迁,亦似非养正之道也。诚能变通旧制,教育英才,为国家宣劳,为海疆保障,大用大效,小用小效。又岂特文章华国,咸夸凤翙之才;武艺超群,即列鹰扬之选也哉。

【附】《论洋学》

夫设科选士,本有定程。而济世求才,难拘成例。是必推广中西之学,宏开登进之途,使世人知所指归,期于实用。而后习文者不专求诸诗赋文字,习武者不徒事于弓马刀石也。

按泰西各口,学校规制大略相同,而布国尤为明备。其学堂自乡而城、而郡、而都,各有层次。初学乡塾,分设各处,由地方官捐建经理。国中男女无论贵贱，自七八岁起皆须入学，至十五岁为小成。乡学之费，每人限七日出一本纳，城学之费，每月出一喜林。本纳、喜林，皆西国银名。喜林约中国银一钱六七分。如或不敷，由地方官捐补。至大学院学业繁重，果能诣力克副而愿学者，听其肄业。院费每季不过出十五喜林。美国人不论贫富皆入皇家书馆读书。其经费捐自房租，每百抽十两。学以序分，不容躐等。女馆则兼教组纂、女红，设有专条使之用心学习。塾中分十馀班，考其勤惰以为升降。其沉沦末班不能迁升首班者，不得出院学艺。乡塾之上有郡学院，因材授学，专教格致、重学、史鉴、历学、算法、他国语言文字及艺术所必用之书。再上有实学院，院有上、下，分十三班，考工计程以定进止。院中师长，上等者皆进士班考选者当之。上实学院院考得首班，入选大学院肄业；下院考得首班，入技艺等院。再进有仕学院，盖欲其学优而仕也。此院大抵十八岁以上，方能就学。每考仅十馀人，若入选则赐文凭入大学院。次等入师道、格物、武学等院。

大学院之掌院必名望出众、才识兼优者，方膺此任。院中各种书籍、规仪、器物无一不备。一经学，二法学，三智学，四医学。经学者系论其教中之事，故不复赘。法学者考论古今政事利弊异同，如何损益，又奉使外国如何修辞，或通商事宜，有关国例者，详加讨论，然后入衙门考取，听候简用。智学者格物兼性理、文字言语诸事。医学者分六课：首以格物统核全身及内外诸部位；次论经络表里功用；次论病源制配药品；次论胎产接生，必须考选。

又技艺院学习汽机、电报、采矿、陶冶、制练、织造等事。格物院与技艺院同条共贯，大抵多发源于算学。算学则以几何为宗，器料齐备，使学者讨论而穷究之。其最要者为力学。化学考核甚微，又格金石、植物、胎卵，湿化各物，如何而化，如何而生。观天则有测步镜仪，而算学为最要。

船政院为行船航海之学，先通外国语言文字，并天文、地理、算学，若涉大海茫无津涯，学此则随处可知船在经纬几度分，各处潮汐之迟速大小，各处海口水道之深浅，礁石之有无，风雨如何趋避，器机器者验风雨表、篷桅之类，机者汽机也如何得宜，考选后为副舵工。阅历有年，再考为正舵工。果能操纵自如，方充船主。如有失误，有司同船政司勘验：若船主措置不善，则褫其职，倾产赔偿；如其人事已尽，天实为之，则船主与舵工免议。

武学院课式与实学院同，但多武艺、兵法、御马诸务。初经拔取，准充弁员；及其精娴，才升千总；果属才识出众、勇力超群，则调诣都城大院再习上等兵法，如算量、图画、地利与各国水陆战法。至水师则测风防飓，量星探石，辨认各国兵船，识别各处沙礁。先授末职，拾级而升。

通商院则以数学、银学、文字三者为宗。

更有农政院、丹青院、律乐院、师道院、宣道院、女学院、训瞽院、训聋喑院、训孤子院、养废疾院、训罪童院。馀有文会夜学、印书会、新闻馆。别有大书院九处，书籍甚富，尽人可以进观，但不能携书出院。每岁发国帑经理，生徒入院肄业三四年，听其去留，岁出费银十五磅。

至管理各大学院，每省派有主院两员，诸院悉隶文教部。使国中人民无一弃材，各有裨于公私，以广其用，诚法度之至善者也。

夫欲制胜于人者，必尽知其成法，而后能变通，变通而后能克敌。且彼萃数国之人材，穷百年之智力，掷亿万之资财，而后得之，沨为成书，公诸人而不私诸己，广其学而不秘其传。今中国所设之同文院、广方言馆,已历有年,而于格致诸学尚未深通。其所制造全仗西人指授,不过邯郸学步而已。何能别出心裁,创一奇巧之兵船,造一新捷之火器哉!且又从不讲求西国律例,凡交涉案件莫能办理,如延西国讼师代我辩论,则又恐从中袒护,不能力斥其非。此数端皆中国所必需。尤当遏其漏卮,启其秘钥:将西国有用之书,条分缕晰,悉① 译出华文,颁行天下,各设书院,人人皆得而学之。其院师择请西儒或出洋首选之官生,以充其任。以中国幅员之广,人才之众,竭其聪明智力,何难驾出西人之上哉!而奈之何甘于自域也。

---

① 《易言》三十六篇本误为"晰"字。据光绪丙午上海书局《盛世危言续编》改为"悉"。

论吏治

从来国运之盛衰，系乎民心之离合；民心之离合，系乎吏治之隆污。知人则哲，古帝其难，矧其在良楛杂投之世乎？此吏治之不容不讲也。

昔胡文忠抚鄂时，军书旁午，办理不遑，犹能汲引人材，时艰共济，爰立宝善堂。举凡候补人员、搢绅士子，悉萃其中。乃察其品行，考其学问，功归实践，习屏浮华，就其才之短长，试以事之繁简。小善必赏，小恶必惩，事事认真，谆谆教诲，盖不啻慈父之命子、严师之待弟也。即或才疏性躁，气质稍偏，及荷甄陶，胥遵矩矱。如果营私失职，立予革除，使之法亦衔恩，劳而无怨。故得人最盛，大难以夷。昔范文正公有言任人各以其才而百职修者，胡文忠公有焉。

第自军兴以来，保举杂进，捐例大开，流品纷淆，仕途壅塞，非夤缘请托便辟钻谋者，得缺固难，派差不易。而朴直自珍之士，又不屑俯仰求人，纵有真才，亦伤沦落矣。

夫达于权变、办事勤敏者，谓之能吏；谨守绳尺、洁己奉公者，谓之廉吏。能者才也，廉者德也。天下能吏多而廉吏少，求其才德兼优者，戛戛乎难之。诚以德胜于才，终不失为君子；才胜于德，或竟流为小人。此无他，心术固殊，学问亦异也。古之建德立功者，惟以智、仁、勇三者为用,此三者赋畀于天,若为人欲所蔽,利令智昏,则仁心渐亡,而勇气亦挫矣。

惟廉吏则一介犹严,四知自警,故其心平识远,学粹品端,抚字维勤,催科不扰。虚心以听讼,除暴以安良;惩胥役之苛民,杜家丁之怙势;清保甲以稽匪类,厘积案以雪冤横;岁偶逢荒,禀详蠲赈;训士则先敦孝弟,课农则兼劝桑麻;招游民以垦田荒,开沟洫而收水利;兴利除弊,崇俭黜华;不事虚名而专施实惠,讷于言语更耻于逢迎。纵有时一意孤行,或至取忤于上游,或以为不知世务,或以为不合时宜。爰列弹章,遂还初服。而有识者原心略迹,观过知仁,以共白其无他,且深惜其去之速焉。

若夫能而不廉,才足以济奸,智足以文过。党同伐异,罔上营私。加虚费于闾阎,削脂膏以遗权要;罚富家之金币,假公用以润私囊。寄书役以腹心,纵家丁为耳目。或钱粮业邀恩免,仍严征比之条;或水旱方切赈灾,巧作捏吞之计。损下媚上,倒行逆施。而百姓之困苦颠连,夫固匪伊朝夕矣。

今天下肃清已久,凡在小民,尤资休养,正宜澄叙官方,恫瘝民瘼,练兵修政,登明选公。无如积弊相沿,各省互异:直隶则供苛草料,晋、黔则役苦征徭,福建则械斗频仍、自争自息,广东则盗贼充斥、劫商劫民。或则肢室掳人,酷刑勒赎;甚则开坟盗骨,重价居奇。草茅多匿不上闻,畏胥差之讹索;文武亦视为常事,任营伍之废弛。百种弊端,殊乖治理;千言靡罄,略举端倪。所愿表朱邑于桐乡,显文翁于蜀郡,循良迭进,刑措咸宜,庶几弊绝风清,民康物阜耳。

且夫人臣之事君也,国尔忘家,公尔忘私。士大夫砥砺廉隅,崇尚气节,有簠簋不饬者,则疾之如仇;有权贵是依者,则避之若浼。国有大事，辅臣必以去就争之；国有权奸，台臣悉以死生击之。东汉以来，前明最盛，迨夫魏珰煽恶，气焰熏天，而列疏纠弹，甘心窜殛，纵曰激于意气，实皆本以忠诚。故自正、嘉以还，国事日坏，而危而不绝者尚百馀年，未始非士气之激昂有以维持于万一也。

我朝廷建官养士，优崇之典远过前明，而抗节纳忠者寂然罕觏。虽属朝无弊政，国少诤臣，而居官之气习风规噎乎不逮。倘令每况愈下，相习成风，疆臣则卖缺擅权，守令则剥民奉上。或连得美缺，辞官拥负郭腴田；或逐队军营，奏凯起连云甲第。始则患得患失，钻营希簪绂之荣；继则作福作威，掊克为子孙之计。取求在我，笑骂由人，深负国恩，尤速官谤。及其退居林泉，武断乡里，恃势侵邻壤之田，垄断夺商民之利。老而不悟，富且益贪。曾亦思爵秩频膺，涓埃未报，既窃高位，复拥厚资，何德以堪，返躬滋愧。而卒也悖入悖出，多藏厚亡，有时托贾非人，明亏暗折，否则亢宗无子，荡产倾家。先人则一意贪残，后嗣则百般挥霍，同归于尽，理所宜然。究何如廉正居官，忠勤报国，树风声以资表率，毋玷官箴，积福德以遗子孙，长绵世泽，彝秉伦常之五，名超不朽之三，一德格天，千秋食报。其得失之相去，不几霄壤之悬殊耶！

夫惟圣天子睿智聪明，励精图治，君心先正，臣节斯端，近君子而远小人，先器识而后文艺。表循良之最，顾畏民岩；规远大之模，勖勤时事。一洗因循之习，广开登进之门，将见吏治之隆，不几与唐虞媲烈哉！

论边防

中国幅员之广,亘古为昭。统辖十八省,纵横数万里,又有内、外蒙古拱卫于北庭,新疆回部屏藩于西域。雪山、葱岭、西藏、青海等地悉入版图,以翊蔽我神州。越南、暹罗、琉球、高丽诸邦,莫不称臣朝贡,列于共球。德威远被,文轨大同,猗欤盛哉,蔑以加矣。

迩来欧洲数十国文约通商,此往彼来,动多事变。于此而欲求控驭之方,尽怀柔之道,夫亦未易言矣。盖欧洲各国外托辑和,内存觊觎,互相联络,恃其富强。其显而易见者:如越南则为法人所逼,既设埠于西贡,复屯兵于东京,割其三省之赋以充岁币,更立六条之约,藉称保护,俨若庇诸宇下,无殊并入域中。而暹罗之奔觉,缅甸之郎昆,早为英人设埠通商,且欲议建铁路,达于滇、粤边境,以便陆路通行,尤为深谋莫测。日本蕞尔一邦,明时屡受其患,近来崇尚西法,予智自雄,妄思蠢动:迫高丽以建商埠,胁琉球而为附庸,近且夷之为县,改号冲绳,远交近攻,得寸进尺。若中国返其积弱,将中立以伺西人之短长;倘中国不能自强,将效尤而分西人之利薮。眈眈虎视,不可不防。俄国地广兵强,志在兼并,方诸列国,无异嬴秦。观其用兵于回部以西,恣其蚕食;通市于回部以北,潜欲鲸吞。复乘发逆披猖,遂与喀什噶尔酋长霍璧立约通好,俾彼恃有外援,甘心叛逆,抗拒天朝。由是据伊犁,并霍罕,心怀叵测,更宜思患豫防,善为之备。彼英人知其意之所图,故于印度之北阿富汗边境,筹议划疆,盖亦先事而预为之计也。俄人又欲由惠远城设立电报,越蒙古诸边直达京都。由此观之,举凡藩属要荒,半为外邦侵占,藉此窥伺中原,积久生变,遂可长驱直入矣。

夫中国自开海禁,藩篱尽撤,尤属古今之变局,宇宙之危机也。滨海之省,广东则香港一岛已属英吉利,澳门一岛亦属葡萄牙。其馀南、北各口,综计三埠,彼此通商,而洋人之心犹以为未足也。间尝盱衡时势,各邦俱存封豕长蛇之志,而中国尚乏折冲御侮之谋。所冀当道诸公励精图治,凡有利于军务国政者,一洗因循观望之习,而立长驾远驭之方,毋使环而相伺者之得狡然以逞也。然而留心防御,尤须全局统筹。惟能洞烛于幾先,庶不待弥缝于事后耳。昔诸葛之治蜀也,欲讨魏必先和吴,盖必有心膂之交,乃不受腹背之敌,老谋深算,动出万全。今洋人恃势纵横,观衅而动,我国受其挟制,孤立无援,更宜图之于早也。

查立约诸国,最强者莫如英,而美、法与俄皆堪颉颃。然英人险诈,法人鸷猛,势力相敌,迹其离合,实系安危。俄则地据形胜,兵严纪律,惟以开疆拓土为心,向为诸国所忌,而尤为中华之所患。宜外与联和,内严防守,不可或忽也。美国秉信守礼,风俗庞厚,与中国素无猜嫌。当相与推诚布公,力敦和好,有事则稍资臂助,无事亦遥藉声援。若日本,则器小易盈,夜郎自大,中国仍当严备。设重兵于沿海,以杜其机心;驻钦使于藩邦,以通其声气。如有蔑法背约等事,则遣使折之以理,使其有所慑伏,不敢肆行。守在四夷,道不外于此矣。

或谓:"俄罗斯毗连之国,欧洲如英、普,亚洲如日本、波斯,犬牙相错,中国宜遣使通好,寄以腹心,有事则协力以拒之。"计亦良得。所虑者各国藐视天朝,难资得力耳。然斡旋大局,有治法尤贵有治人。今日所最要者约有三端,请备陈之以资采择。

一、在广造水雷,多制铁舰,训练水师,以资战守也。中国沿海疆圉,在在堪虞,务期因地制宜,分据要害。如防敌船之深入,则秘设水雷;防敌人之攻冲,则先筹铁舰。二者既备,尤须得水师劲旅以济之,然后相需为用。试观普法之战,普人何以能突入巴黎都城,法岂漫无守备哉?实水师之有以制胜也。至练习水师之法,英为最,普次之。今中国宜请谙练洋人,挑选精壮弁兵,归其教习,即随时操演,不得视同儿戏,务使如临大敌,习惯自然,一旦用兵,自收其效。查直隶、山东、闽、浙、两江、两湖、两广、云、贵、四川等处,边防最亟,一隖失则全省骚动,一省动则数省戒严。且通商之口愈多,则交涉之案愈出。一朝构衅,战守无虞。今中国既有轮船数十艘,再备铁舰,则轮船倍增气势,未可以需费稍巨,坐失远图。

一、在划清疆界,载诸和约,以免侵占也。我朝藩属原多荒邈之区。既已立约通商,开设口岸,惟宜往来贸易,彼此相安,岂容包藏祸心,得陇望蜀?今中华疆域,洋人履迹殆遍,教堂滋事之案,指不胜屈。或以相距太远未悉隐情,或以不谙西文未能审办。彼遂恃强蔑理,逐渐要求。今宜申画郊圻,将中国疆界绘图注说,载存和约,与各国申明条例:无论内外不得侵占,倘逾此约,各国得声其罪而致讨之。中国复奋发自强,则苞桑永固矣。

一、在遣使属国,代为整顿,以资镇抚也。高丽、越南等国,向来恭顺,藉作屏藩。宜慎简大臣前往,审其利弊,察其形势。如通商、开矿等事,可资富强者,令其国次第举行。倘或巨款难筹,则中国先为措拨,按年清偿。若各国已建有埠头,则为派领事,练水师,俾资保护,万一有警,可收指臂之助,而为唇齿之依。惟是开办之初,经营匪易。然得一二明敏之员,任其艰难,致其诚款,语以长治久安之策,示以一劳永逸之谋,各国自必乐从,不数年而效可睹矣。

夫控远为筹边之要,自强即不拔之基,因时制宜,有备无患。将见振中原之旗鼓,壁垒日新;靖寰海之烽烟,梯航云集。则升平之治旦暮可期矣。

论交涉

中国自与外洋立约通商以来,滨海之区悉开口岸。上自官商教士,下自兵役匠工,纷至沓来,履迹几遍。而传教则许入内地,游览则给与护符,无论微员商贾,与有司接见,悉礼若嘉宾,无或简慢。窃谓中国之待洋人已如是其忠且敬矣,虽有时变生意外,衅起无端,半由于教堂恃势欺人,小民积忿既深,群思报复。然一经禀诉,查办维严,则中国之于洋人诚无所负也。若洋人能返己自思,谦以持躬,恕以接物,中外一体,开诚布公,不存欺藐之心,悉泯彼此之见,我华人有不休戚相关忧患与共哉?

乃近日目见耳闻,凡洋人之到中华,每以言语不通、律法不同,尊己抑人,任情蔑理,藉端滋事,恫喝要求,以致交涉之案层见叠出。而中国顾全大局,戒开边衅,遇事则官长过于迁就,士民不敢抗衡。洋人习以为常,愈无顾忌。如轮船于河道、港口驶行无忌,恒与华船相撞,小则船具毁坏,大则人货俱沉,被控到官,仍复强词申辩。或咎华人不知趋避,或诬华船桅灯不明,改重从轻,苟且结案。而华人之身家性命尽付东流,负屈含冤,无可控诉。又如往来孔道,马车驰骤,行人偶不及防,无论蹂践死伤,竟策马扬鞭不顾而去。倘旁人阻止与之理论,反谓车来当让,大肆咆哮。即使扭赴公堂,亦仅以薄罚完结。又如洋行所雇华人,每月工金多寡固有定约,给发亦有常期,而往往借衅生端,多方扣减。少不称意,即行殴逐,甚至持枪恐吓,偶一失检,酿成命案。及事经官府,又复委曲调停,仅援误伤之条予以薄罚。而尤为惨酷者,则莫如粤省奸匪与洋人串通,散布四方,拐诱乡愚,贩卖外洋,永为奴仆。闻古巴、秘鲁、亚湾拿等处,岁中可陷华人以千万计。其残忍刻薄,既大伤天地之和;其暗骗明欺,复显背中西之约。惜路隔重洋,无人查办,莫为发其覆而斥其奸耳。

至于贸易一途,华人欠洋人之帐,则必须控官追索,家产封填,甚且扰及乡邻,押其同族。而洋人若有折阅,虽饶私蓄,亦不过循例报穷,将家具拍卖摊派而已。且外国于中国进口之货,税从其重;而洋货之进口,税欲其轻。又华人到其国贸易,须照例纳款,按名报缴,岁有常规;而洋人在中国经商,并无此费。试将中外接待情形两相比较,直有云泥之隔,岂徒厚薄之分!是洋人先自薄待乎华人,又何怪华人之歧视乎洋人也?

夫河港中禁轮船飞驶,街道中禁马车驰骤,无事则禁携军器,用人则禁扣工资,而贩人出洋尤干例禁,泰西各有律法,按籍可稽。倘华人理直气壮,援万国公法反覆辨争,坚持不挠,彼虽狡狯,亦当无可措词。惟查中西立约之时,以中国法重,西国法轻,判然各异。故议交涉之案,如华人犯罪,归华官以华法治之;洋人犯罪,归洋官以洋法治之。顾有时华、洋同犯命案,华人则必议抵偿,并施抚恤,无能免者。至洋人则从无论抵,仅议罚锾。若过持公论,争执条约,而洋官反暗中回护,纵遣回国,究诘无从,非特轻法未加,抑且无法以治。此尤事之不平者。

故中国好言势者,专事羁縻,而于国计民生未暇兼顾。虽不至于开衅,然习于疲茶,不知振作,如患瘵疾,妄用补剂,而此身渐弱矣。好言理者,激于忠义,专主攘夷,而于彼此情形未能统筹。措置失宜,每至决裂,如患疡毒,常施攻伐,而元气日衰矣。方今办理洋务,虽不越理、势二端,然当权其轻重,度其缓急。如势足固不能以违理,势不及尤当折之以理。彼有所请,可许者则应之,勿事因循;不可许者则拒之,更宜直捷。倘依违莫决,聚讼纷纭,致洋人引为口实,多方恫喝,反覆要求而结案,或议罚赔,或开商埠,使后之办理者莫所适从,更形棘手。所贵权宜应变,酌中用和,立一公允通行之法,庶中外遵守,永远相安。

查西国构讼两造,俱延状师赴质,审或不公,状师可辨其是非,驳其枉直。必须水落石出,疑窦毫无,问官始克定谳。窃谓中国此时亦须参仿办理。倘有通西律、娴清例、其人品学问素为中西所佩服者,大吏得保奏于朝,给以崇衔,优其俸禄,派往总理衙门及南、北洋大臣处差遣。其律法参用中西,与洋官互商,务臻妥善。如犹以为不合,即专用洋法以治之。以洋法治洋人使之无可规避,以洋法治华人罪亦同就于轻。庶几一律持平,无分畛域。遇有交涉事务,秉公审断,按律施行。每年终将各案如何起衅,如何讯问定谳,删繁就简,勒为成书,以备各国公览,兼资华人考证。则是非枉直,开卷了然;诡诈欺凌,奸谋莫逞。既不失讲信修睦之谊,亦可见准情酌理之施,海隅苍生,并蒙其福。

然而不只此也。古今来良臣谋国,必深悉天下之全势,各国之人材,敌情之险诈,知己知彼,乃能安内攘外,远交近攻。今中国时事日艰,强邻日逼,随则病国,激则兴戎。而敌势洋情,尚多未谙,大小臣工意见又往往不同,以致办理交涉事宜,动多窒碍,犹豫徬徨,莫衷一是。至于军机大臣及南、北洋大臣,尤贵洞悉各国情形,思深虑远。非先充出使大臣之任,亦必须久办总理衙门事务者,乃能胜任裕如,事无胶固。否则高谈气节,耻洋务为不经;临事张皇,息兵端而无术。同饮和而食德,实抱杞忧;敢握椠以陈词,备资葑采。

论传教

窃谓外国传教之士,实中国召衅之由也。洋人之到中华,不远数万里,统计十馀国,不外通商、传教两端。通商则渐夺中国之利权,并侵中国之地;传教则侦探华人之情事,欲服华人之心。阳托修和,阴存觊觎,互相联络,恃其富强,致华人谋生之计日穷,而教民交涉之案迭起,其中煽害,倍甚通商。

查泰西本基督一教分而为三。其中见解各殊,规条亦异。或结教民之党,或夺君王之权,互相讪谤,积不能容,时动干戈,务求争胜。一曰耶稣教,英国、德国、丹国、荷兰、瑞威顿、瑙威、瑞西等七国从之;一曰天主教,意大利、奥马加、北非利亚、法兰西、日斯巴尼亚、葡萄牙、比利时等七国从之;一曰希腊教,小亚细亚、欧罗巴之东、俄罗斯、希腊国等四国从之。其教或合或分,有衰有盛,而教士则必欲周游各地,劝导人民,使之尊奉其教,以遂其奢愿耳。

今中国既许洋人传教,不得不按照条约为之保护,而各教士所到之处,理应归地方官约束,不得干预公事,任意妄为。无如中国莠民,每倚进教为护符,作奸犯科,无所不至:或乡愚被其讹诈,或孤弱受其欺凌,或强占人妻,或横侵人产,或租项应交业主延不清偿,或钱粮应缴公庭抗不完纳,或因公事而藉端推诿,或因小忿而殴毙平民。种种妄为,几难尽述。传教者又往往不知底细,受其瞒耸，反以先入之言为之私心袒护，出面扛帮。常有被控在官，匿不到案；甚至犯法既经议罪，竟公然纵之出洋，致令无处缉凶，案悬莫结。而地方官凡遇教民交涉之案，恐启衅端，先存戒慎；又不知外国例律，办理茫然，迁就定谳。是以平民受屈，伸理无从，积怨日深，群思报复，以致拆教堂，辱教士，及民教互斗之案，层见叠出。虽迭经大臣查办，或以相距太远，未悉隐情；或以律例不同，各执一是。讯断殊形周折，定案每致稽延。彼遂恃强多方要挟，有司既已革职，复请添开口岸；首犯既已抵罪，恣情另议赔偿。蔑理悖情，殊乖和约。如欲顾全大局，必须善筹良法，彼此遵守，永远相安。

第华民各具天良，稍明义理者从不为彼教所惑。凡进教者，或为财利所诱不克自持，或以狂病未瘳失其本性，或奸民倚为声势，或犯罪求为系援。必先有藐官玩法之心，乃敢作逆理拂情之事。夫教士虽属西人，而进教者固中国之黎民也。以中国之黎民准彼传教，已觉曲全和谊，大度涵容。惟令入教之人，开列姓名，报明地方官与该国领事注入册内，遇有事故，仍依华例照办，惟与领事会审。如无领事之处，专归地方官办理，然必须由地方官查无过犯，方准照条约保护。倘系现在案犯及先未报明注册者，概不作教民论，径由地方官自办，教士断不得过问焉。至各教士有干预公事，挟诈多端者，应议重罚，立即咨请该国公使饬遣回国，以儆效尤。

本朝自顺治中始许荷兰通商，洋舶遂辐辏粤东，垂二百年，初无领事兵船保护之事，亦未闻有华洋仇杀之端。推原中西失欢，实由于贩烟、传教。此二事本出于英、法，他国所无。英、法恃其火器兵船，挟官吏以制商民，积怨日深，禁而愈烈，使中国儿童、妇女不及辨其种类，闻声相恶。英、法实有自取之由。故近年两国稍有违言，各口洋商均虑变生不测，是非徒中国殷忧，抑亦西国通商之大害也。同治时普法之战,教人实启其端。拿破仑第三为教所误,国破身俘为天下笑。墺相安得拉讥法人甘为教奴。西班牙谓法独居恶名,受其实祸。美国论法国三次大乱,死亡数百万,职此之由。是教者又即法国之蟊贼也。他如印度拒额力士教,德国逐耶稣会,葡萄牙、西班牙皆籍教党财产入官,意大利封教堂七十馀间,簿录其产,罗马王遣教人驻瑞士,国人殴之,法国无如何也。法不能行其教于万国,而独施之中国,可乎?且各口洋商供亿教堂费用岁数百万,又因烟、教之故,中外相猜,各驻兵船费盈千万,即外国庸有利乎?

夫毕士麻克,泰西之名相也,实创禁教之令。理雅各,泰西之名儒也,尤以贩烟为非。原英、法之初心,贩烟将以牟利,乃自烟税列于条约,懋迁之局日衰。传教将以诱民,乃自教堂遍于寰区,仇杀之案日棘。地方官虽强与周旋,亿万姓倍深其怨毒,并波及于不贩烟不传教之各国,究何为哉?今欲中外相安,惟有会集万国公议妥商,劝令英不贩烟,法不传教。至保护洋商之责,我中国自任之,以恪遵高庙怀柔远人之成宪。庶几联络一气,中外一家,而各商既可免教堂供亿之繁,各口复可少减驻泊兵船之费。猜嫌悉泯,情好日隆,于中西之国计民生当不徒小补矣。

论出使

昔汉武帝诏举天下茂才异等,可为将相及使绝域者。可见出使之选,与将相并重。诚恐一不得当,遂贻远方口实。故孔子有"使于四方不辱君命"之训也。

今中国既与欧洲各邦立约通商,必须互通情款,然无使臣以修其和好,联其声气,则彼此扞格,遇有交涉事件,动多窒碍。是虽立有和约,而和约不足恃也。虽知有公法,而公法且显违也。是则使臣之责任不綦重哉。

为使臣者,非才德素著,胆识兼优,持大体而敦气节,达时务而谙西律者,断难胜任而愉快。何也?凡人之才既有所长,每有所短。或则胸无主宰,胆怯志疏,稍与为难,便思迁就。洋人知其底蕴,故为恫喝,大肆要求。或则自负通材,心粗气傲,洋人善于窥伺,投其所好,将顺欺蒙,彼遂予智自雄,信口允从,罔顾国事。及干吏议,另派大员,而西人藉口有词,诸多棘手,随则削弱,激则变生,而俾其国得行其狡诈,得肆其诛求,实使臣阶之厉也。惟有折之以理,驭之以术,服之以公平,持之以明决,勿堕其机谋而因小失大,勿轻于去取而避重就轻。就令桀骜难驯,智勇俱困,始折冲于樽俎之间,继争辨于坛坫之上。终至乎不行,则亦惟有谢仔肩之重任,防覆𬴂以辞官,毋轻失信于远人,肇衅端而误国。使臣之道,庶几乎尽矣。

查泰西之例,凡各国通商所在,必有公使以总其大纲,有领事以治其繁剧。又虑其威权之不振,势力之少衰,而商贾保护或有未周也,于是简其水师,盛其兵舶,往来游历,以资镇抚而备缓急。遇有事端则悉心办理,或有未协,转请各国官商妥为裁夺,此其大致也。迩来中国商民出洋贸易佣工者不可胜计,洋人每以为主客不敌,肆其欺凌,无由伸理。似宜照泰西之例,凡有华民寄居之地,亦设公使、领事,遇有欺凌等事,照会其地有司,悉遵公法以审是非,援和约以判曲直。倘华人有滋事不法者,亦循法惩办。庶贸易者既安其生理,佣工者复免其摧残。显以尽保卫商民之道,而默以寓守在四夷之规,即各邦亦得以坦怀相与矣。

然而不特此也。春秋时,贤士大夫必周知列邦政教之隆替,民情之向背,俗尚之好恶,国势之盛衰。必也全势在胸,然后能体国交邻,事大字小。今泰西数十邦叩关互市,与我中国立约通商,入居内地。此乃中国一大变局,三千馀年来未之有也。而词臣每鄙洋务为不屑谈。窃谓嗣后各国使臣宜兼二三品京卿,其胆识兼优者方膺简命,驻札外洋,庶几于各国政教之殊得而察之,洋人制造之巧得而知之。即其风土之诡异,人情之醇诈,与夫物产之蕃滋,皆得详访而备记之。外洋情形了如指掌,是一举而数善备焉。

顾或谓:“内患初平,元气未复,设官海外,经费奚筹?”不知华人到外洋营生者,每人岁中当纳税银一二员,交地方官以助经费。倘中朝自行设官保护,其银应归我国收用,华人亦必乐输。则以华人输资之多寡,供中朝设官之度支,固不须动筹国帑也。再星加波、槟榔屿、新旧金山等处,华人多则数十万,少亦不下数万,皆造有会馆,立有董事,尤应分设领事以抚循之。结纳董事,物色人材,令其团练壮丁,协同操演。择其尤者咨请总理衙门,给以顶戴,奖以银牌。鼓励优则思奋发矣。若外洋各华商欲请中国兵船巡游各埠,以为联络而助声威者,其兵船经费即由华商公派。庶华商得兵船之卫护,兵船赖华商之捐资。由此行之,则中外两有裨益矣。愚昧之见,未审当轴者以为然否?

惟是愚所虑者:住居外洋之华人,先有轻视中国之心,而反求庇于洋人。会馆董事,每自结党羽,争夸雄长,不愿受华官之约束,以致侵夺其权。故华官之前往者,辄多掣肘。此盖逆料我国家战舰不能远行,兵威不能远布,故有此欺藐也。诚能一旦振作有为,又何虞哉。

论水师

今夫保国之模,曰安内,曰攘外;而练兵之要,曰陆路,曰水师。陆兵则不惮关塞之崎岖,自足扫欃枪而清沙漠;水师须狎习风涛之险怪,始能御外侮而固海疆。从前发、捻披猖,迭经统兵大员倍加振顿,陆军则精练湘、淮,水勇则兼资闽、粤,用兵廿稔,大难卒平。非不立有良规,收其成效。无如后先异致,今昔不同。外患日深,强邻日逼。若复胶于旧制,罔变新章,恐以之制陆地则有馀,以之御海防则不足也。何则?方今口岸通商,防闲尽溃,凡所谓天生险阻,足以固吾圉而控远人者,皆有洋船驻泊,出没无常。而关河之要害,海道之情形,较之内地兵民,尤为熟悉,直不啻寝我卧榻,据我户庭。在中国几无可守之区,更无藉守之具矣。

不知有治人斯能行治法,知所短乃能用所长。彼夫恶虎豹而服其皮,取其温暖也。斥夷狄而师其法,取其利用也。昔法国拿破仑第一精于制造轮船,天下莫强,惟英国水师足相颉颃。其后欧洲各国竞相仿效,极深研几,日新月盛。虽曰奇兵守险,地利先资,善政宜民,人和足恃,然无炮台以守其要害,无轮船以击其往来,无火器以破其战船,无电线以速其征调,窃虑一朝告警,万里乞师,赴援之劲旅未来,而压境之强邻已至也。

且中国自道光年间海上交兵以来,沿海炮台悉遭毁坏。故论者皆以炮台为不足恃,然非炮台之无用,实炮之制不得其法,台之式不合其宜,守台不得其人,演炮不得其准。查西国炮台之式,下广上锐,或作尖锥三角形。台上四面安炮,迤逦起伏,首尾相顾。台下环之以池,其制与中国炮台迥异。凡海口重地,莫不森列炮台,严为防范,似重城池反不若其重炮台也。迩来江西、湖南,皆于城外添筑空心炮台,与城内相通,亦仿此意。窃谓嗣后沿海要隘,筑台必照西式之坚,制炮必如西法之精,守台必求其人,演炮必求其准。使与外洋之水师轮船,表里相资,奇正互用。庶海滨有长城之固,敌人泯觊觎之心。兵法云:"知己知彼,百战百胜。"倘知己而不知彼,则临事张皇,议战守而一筹莫展;知彼而不知己,则存心徼幸,轻尝试而百出无功。不知彼又不知己,小愤亦轻于一战,好谋非出于万全,其不至于丧师辱国者亦几希矣。

迩来洋人麇至,交涉纠缠,稍有违言,动开边衅。况俄人蚕食于西北,倭人狙伺于东南,祸变之迭乘,尤属端倪显著者也。中国海疆辽阔,防不胜防,更宜握要以图,自强不息。以水师为折冲之用,以陆兵为守御之资。查前代但言海防,在今日当言海战。考攻敌之具有四:曰铁冲船,曰铁甲船,曰转轮炮船,曰蚊子船。守险之具亦有四:曰炮台,曰水雷,曰水中冲拒,曰浮铁炮台。铁冲船宜于水战,转轮炮船宜于肆击,铁甲船、蚊子船宜于攻坚。此外如木轮船、田鸡炮船,皆在其次。而守险之具,又须视其口岸之所宜。无水雷则炮台不能守,无冲拒则水雷无所依。举凡难设炮台之区,又须恃浮铁炮台,即以铁甲战舰环峙海中,以资捍蔽,上置转轮巨炮,随岸上下,循环策应,相需为用,乃能相济以成。

间尝综计天下海防,莫如分设重镇,势成犄角,以静待动,以逸待劳。拟合直、奉、东三口为一镇,江、浙、长江为一镇,福建台湾为一镇,粤省自为一镇。编分四镇,各设水师,处常则声势相联,缉私捕盗;遇变则指臂相助,扼险环攻。

夫津门为京畿屏蔽,而要口则在奉、东。咸丰十年英、法犯津,其兵船辎重皆分驻于威海崆峒各岛。今津门虽屯劲旅,而奉、东二口并无牵缀之兵,是北洋之防未固也。江、浙仅设内防,长江仅立炮台,而外海尚无大队水师以备冲突控驭,是中洋之防未固也。闽省海口可守,而厦门之守则难。粤省逼近香港、澳门,与敌共险。台湾内地新辟,不善创置,适为他族所垂涎。是南洋之防未固也。

为今计,宜合直、奉、东三省之力,以铁甲船四艘为帅,以蚊子船四艘、轮船十艘为辅,与炮台相表里,立营于威海卫之中,使敌先不敢屯兵于登郡各岛。而我则北连津郡,东接牛庄,水程易通,首尾相应。彼不能赴此而北,又不便舍此而东。就令一朝变起,水陆夹攻,先以陆兵挫其前锋,后以舟师捣其归路。即幸而胜我,彼亦不敢久留;败则只轮片帆不返,则北洋之防固矣。长江之险,内守已严,能于镇江海岛亦照前设立水师,彼自不敢遽入长江,腹背受敌,则中洋之防固矣。台湾为七省门户,台地新开,更宜仿设水师于澎湖,以为闽省之重防,以杜敌人之窥伺。粤省则华夷逼处,洋舶纷屯,较他省似难为力。然而财赋充斥,人物精强亦如前,练兵简器,密设水师,尽能自固藩篱,不资援助。则南洋之防固矣。

其馀各省滨海要区,惟宜精练陆兵,严为防守。而水师又必须往来游弋,或会操,或会哨,分设电报,声息相通。至东、西各洋,宜每洋轮派一铁舰,巡游各埠,以资历练,以卫商民。且北省滨海地方,多积淤滩,南省多背山岭,舍舟深入,屯聚为难。地固非形胜所必争,土又非膏腴所毕萃。更可汰兵节饷,为四重镇厚集其势,专责其功,兵不致分守而力单,饷不致协筹而力绌。收防海之实用,不徒务防海之虚名。水师之强基于此矣。

然而用兵之要首在得人,经世之规尤须持久。盖洋人之所以雄峙海外、虎视宇内者,非徒恃其船炮之坚利,将领之精锐,而后能军也。盖先由养兵饷足,志专一而心不纷,而后能令出惟行,令行而后能少以制众也。况海面之水师,与江上之水勇迥然不侔。江则广艇、舢板、小轮船已为利器,海则非有铁舰轮船,配用巨炮,断不足与敌争衡。江则两湖、三江之人,皆可以召募;海则风潮掀簸,非闽、广、宁波沿海之人,往往呕吐委顿,不能便习重洋。江则支河小港一望可知;海则浩无津涯,非练习多年不能测浅深而定方向。即如江面得力之将弁,用之海上,亦深恐迁地弗良。今轮船虽迭已造成,未必尽如其术;枪炮虽迭经操练,尚难遽造其精。兵凶战危,措施匪易,心精力果,教训可成。惟能求艾于三年,庶可即戎于一日耳。

我皇上鉴前毖后,思患豫防,遏已著之兵端,消未形之边祸,惟有设立四镇。特考取水师中善于管驾、精于武备者,分为统帅,督练水师,加其廉俸,重其委任。而各省之水师提督,可以另派一统理海防水师大臣,专一事权,遥为节制。时其黜陟,察其材能。事不兼摄乎地方,权不牵制于督、抚。优其爵赏,重其责成。取西法之所长,补营规之所短。除弊宜急,立志宜坚,用贤期专,收功期缓,行之以渐,持之以恒。至轮船管驾将官,必须洞悉测风防飓,量星探石,辨认各国兵舶,识别各口沙礁者,方膺是任。兵弁亦须选年富力强及沿海熟识水性之人,配入轮船,随时操演,拾级而升。枪炮务求其准的,不事虚机;驾驶务极其精明,不求速效。更采西国水师操练之法,轮船战守之方,炮位施放之宜,号令严齐之诀。

截敌人之奔岸,练水面之阵图,察益加察,精益求精。庶几将尽知兵,士皆用命,振亚夫之旗鼓,岂徒破敌于寰中,庶允文之艨艟,不且争雄于域外哉!

论火器

原夫经世之道，保民莫先于富国，保富莫要于强兵。而兵不自强，善其事必先利其器；器非易利，有治法尤贵有治人。

方今中外通商，华夷错处，小则教堂滋事，各省纠缠，大则兵舶示威，多方恫喝。诚历代未经之变局，亦智人难测之危机。惟是欲善怀柔，格被既穷于文教；欲筹战守，备储端赖乎军资。此火器之亟宜制造也。

尝考西人构战，专用火攻，其器固以钢炮为良，更以德人克鹿卜炮为最。缘钢产莫佳于德国，而克鹿卜之制炼尤精。以故名噪诸邦，六大洲皆叹为不如，争相购办。其所制十二磅弹小钢炮，尤能制胜。盖炮体轻则易于运动，炮质坚则经久如新，子路准则易于伤人，炮身长而膛有来复螺纹，逼子运行，则命中而及远。所用开花弹，皆炼双层铁体，外裹四铜箍，已远胜于裹铅之弹。况他弹仅炸四十馀片，双层之弹可炸百数十片。计药不过一磅，其力竟及于数十里之遥，较之洋枪，杀敌多而用人少。此陆路山行之利器也。又有新制气毬小炮，弹配开花，制如后膛。其式与抬枪仿，略大而长；其用与搭提同，复灵而便。放平则击敌骑，侧上则击气毬，故有是名，与十二磅弹炮同功。此水陆近攻之利器也。他如旧制四十磅、八十磅、百二磅弹，极于一千磅而止。钢炮亦极于七十一墩而止。大率体坚路准，迅猛殊常，火炮中久推神品。独是身长体重，运载良难，宜防守不宜战攻，不若小炮轻利。然比之他国前膛炮式，其利钝相去霄壤攸分。此为水陆专防之利器也。查西国炮式甚多，何暇缕详以分轩轾。此三者，则首屈一指，独步一时，中外交推，绝非一人之私见也。

至于洋枪，从前皆用前膛。自美国林明敦后膛来复枪出，各国皆改制仿效。未几，德之马体尼枪，英之马体尼亨利枪，接踵而出，同制异名。今德国又新出后膛茅塞枪，装放愈便，每分钟可放二十子至二十二子，远及一千九百迈路，允为洋枪之冠。马体尼及林明敦次之。他国可勿论矣。要之洋枪必须后膛，其提装掯放远而且速者，乃能以快击慢，以少击多。其枪之机器，又须件数少而制造精者，然后易于修理。

且也放小炮用小粒火药，大炮用大粒火药，放水雷用棉花火药，各称其宜，而德之六角七厘药尤为耐久，力猛殊常。弹子之名，虽有开花钢弹、开花生铁弹、生铁群子弹、洋铁管散子弹种种不同，更无有出于德国双层铜箍之右者。至枪弹皆用子药，然必须外加铜托，方无迟误之虞，断不宜用纸托以图省费。

其炮架及后膛枪炮之后门火管各件，无论或买或造，均宜多备一副，倘或对敌失利，即拔出后门火管自行携去，纵为敌人所得，亦无所用之。按普国所用火器，专恃墨迭儿鲁士炮，迥与别炮不同，制度略如六门枪。四周有八轮皆可旋转，每轮纳弹三十七枚，一分钟可施放八轮，发弹二百九十六枚。炮形不甚广巨，其用极为迅速，八轮皆可以螺丝嵌入，不用之时，即可卸置。倘临阵败北，即分散委而弃之，非如前膛枪炮旧规之易于资敌也。

综言枪炮之用，在于命中及远。其所以远而能准者，不但炮子必合炮膛，枪子必合枪膛，且大于膛口数分而能不伤膛口者，由子之外面铅皮包裹，火着铅化，故子出而口不伤。子药交融，毫无外散，故能致远。子满膛口而出，毫无偏倚，故能取准。能事极矣！叹观止焉！

窃谓嗣后各省筹防，须派精明谙练之员采择枪炮，方不至为奸商中饱，为窳器混充。盖一炮有一炮之性质，一枪有一枪之规模。弹固分大小尖圆，药亦判铢两轻重。尤宜使归一律，庶免配搭错误，临事仓皇。兵凶战危，不可不慎。无如中国人材虽众，格致未精，每制一器造一船，我方诩为新奇，彼已嗤为陈腐，邯郸学步，何能精妙入神。惟有竭虑殚思，标新领异，进而弥上，青出于蓝，或不致倚人为强，而筹边有备耳。然而不特此也。国家整军经武，其所用枪炮，必须预定其数，先行制造，操纵自如。若一一仰给于人，购诸外国，倘一朝有事，局外之国或谨守公法，不肯出售；或敌国行贿反间，绝其来源。只奋空拳，何能御敌？惟有悬不次之赏，求绝诣之人，炉锤在手，规矩从心，庶几詟服百蛮，永清四海矣。

且火器不难于日用而难于不用，一旦阁置，朽锈随之。更宜责成该管弁兵动息不离，时加磨洗，稍有锈坏即罪其人，微特珍惜巨需，亦以应当机而期经久也。乃世之言安内攘外者，不过慎海防，修边备，简军实，选将才，几如老生常谈。而还问战守先资，尚无凭藉，辄欲与方张之敌，新硎之器，观兵海外，争胜行间，非蒙所敢知也。夫兵可百年而不用，不可一日而不备。强兵之要，首在理财；克敌之功，尤资利器。惟其殚厥心于平日，取精用宏；斯乃能作其气于临时，同仇敌忾。略陈管见，敢师舌击以参谋；博采众长，尤冀指挥而奏效。惟当事者俯加采纳，不胜幸甚。

论练兵

古人有言:"兵在精而不在多,将在谋而不在勇。"是以甘宁百骑能劫曹营,背嵬五百可摧金虏,皆由养勇于平日,故能敌忾于临时。又曰:"置之死地而后生,处之危地而后安。"故项籍之破釜沉舟而强秦锐挫,淮阴之背水列阵而赵国锋摧。盖必士卒有忘生敢死之心,斯为将者乃克操出奇制胜之策耳。又读苏洵所著《心术》,有曰:"夫惟义可以怒士,士以义怒,可与百战。凡战之道,未战养其财,将战养其力,既战养其气,既胜养其心。"夫"将欲智而严,士欲愚。智则不可测,严则不可犯,故士皆委己而听命,安得不愚?惟其愚,而后可与之皆死"①。昔孙子之教吴宫,穰苴之斩庄贾,田单之却燕军,勾践之破夫差,其术不外乎此。

今之战事虽与古异,战之心法仍与古同。所谓聚不义之人,激不平之气,授之凶器,使之杀敌也。然欲令不义者转而效忠,非术以制之,蔑以济矣。故为将者,规天时,察地理,揆形势,审机宜,运以精心,贞以定力,然后可以将兵。兵法曰:"杀士卒之半者,威加海内;杀十之三者,力加诸侯;杀十之一者,令行境上。"夫岂真嗜杀为哉?不过能制其死命之意也。故欲制敌人之死命,先制我军之

---

① 这段引文在《心术》中的原文是:"凡将欲智而严,凡士欲愚。智则不可测,严则不可犯,故士皆委己而听命,夫安得不愚?夫惟士愚,而后可与之皆死。"

死命。能与我俱死，而后可与之俱生。迩来用兵，全恃火器，彼此哄击，往往稍挫前锋，难资后劲。善将兵者，虽战阵之顷瞬息千变，运用之妙在乎一心。如陆营选北人充之，则骑射是其所长；水军择南人充之，则行船是其所习。然后汰其怯弱，选其精强。再参以兵法阵图，奇正纵横，穷研娴习。一经临敌，先列炮车环于三面，前队冲锋，奋施火器。继以步队，伏于两翼，使之前后策应，回合自如。虽弹如雨骤，炮若雷轰，惟有进前，万无退后。能制我军之死命，故克制敌人之死命也。

且古者师行敌国，乡导为先，诚以地理茫然，兵法最忌。故统兵大帅必先洞悉山川形势，由何处进剿，何处安营，何处设伏，何处可断其粮道，何处可绝其援师，地势敌情，了如指掌。绘图录示，使营中上下无不周知，洞若观火，朗若列眉。其心先已有恃而不恐，以故战无不胜，剿无不克。将兵之本，以此为先，而练器、练阵、练兵，犹为末着。查当日普兵破法，自统帅偏裨以迄队长，人人夹袋中皆有法国地理图一册，以为指南。举凡山川城市险要之所在，兵粮之所聚，戍守之所严，若者难攻，若者易取，披图具载，先已了然于胸中。上下一心，卒成大捷，此明验也。

今之为将者，不思练兵，专言募勇。其实兵之与勇，人同而名异耳。夫兵者正也，勇者奇也，有奇必有正，可暂亦可常，相辅而行，始克有济。而部卒之强弱，视乎将领之贤愚，训练严明，军饷足备，均入干城之选，有何兵勇之分。总之，有治法尤贵有治人，务宜慎选将材，任以军事。将额设水、陆营兵，严加挑选，分为三等：其惯于驾驶、能辨风云沙线者为一等，精于韬略、能识山川形势者为一等，膂力过人、工于枪炮击刺者为一等。不能入此三等者，悉行裁汰，就地另募壮丁补充。无论盐贩、渔户以及好勇斗狠之徒，弃之悉为莠民,训之可成劲旅。复汰额兵之疲弱者,以两兵之饷并给一兵,虽实得一兵之用,较之委靡不振、坐縻军饷者,其得失为何如耶?

查绿营旧制,马兵月饷二两,步兵一两五钱,守兵一两,非特无以赡家,抑且不足自顾。其入籍者悉老弱无聊之辈,无赳桓壮健之夫。承平日久,战阵不经,或旧额虚悬,或馀兵顶冒。营伍之废弛,由积渐使之然也。能勿亟加教养,使行伍重整,壁垒一新乎?至各营所需之粮饷、军装、枪炮、火药等项,固不可缺,更不可迟,宜每省各立粮台,派员专管,按月给足,不令营中自行采办,庶免克减挪移,上下舞弊。其一切操练,似宜仿照前法,妥立章程,随时演习。

考英国弁兵之号令,视十将军;十将军之号令,视大将军。以次递传,严明齐一。将军又以时按行各部,而策其勤惰焉。英之将士,平时多令学古兵法。设立韬略馆四处,其极大者在英伦都城之和立次等处。地方又有武书院,随营之医生、工匠、弁兵皆在其中。凡武职官员皆从韬略馆出,其兵弁技艺工夫皆从武书院出。而军装一律鲜明,军器并皆坚利。在中国未尝计及,似不欲以此律诸兵勇也。尝见身充行伍者,号衣垢敝,枪械朽锈。平时循例摆队,尚不足以壮观瞻;一旦临阵冲锋,更不足以昭神武。军容不整,识者忧之。

今夫定天下以武功,而治天下以文德。处治平之世而黩武,适为祸乱之阶;当战守之世而尚文,亦属危亡之渐。夫儒以治天下,农以养天下,工商以给天下,而无兵以卫天下,不能一朝居也。矧外患内忧之际,积薪厝火之时乎?考我朝兵额,满洲披甲、前锋、护军、骁骑校、巡捕步军等营十二万,绿营、健锐、火器等营三万,神机营则选锋之军。兵数较两汉、唐、宋、元、明不为甚少。八旗之制,寓兵于民,其法本善,乃太平久而锐气销,有兵之名,无兵之实。今欲其强而有用,宜设总理京营满汉戎政,以王贝子领之,设参赞戎政一员,以忠勋威望汉大臣当之,军事专以委任,其统领统带互用满、汉能员。绿营则须足七万人之额,时加训练;满营则复国初八万之旧,必经遴选然后入营。此外则简精锐以充军实,汰老弱以充屯田。营制一视湘、淮,步伐各遵西法。赏罚必信,教养兼施。我皇上复举行大阅典礼,以作士气,以肃军容。毋贱视弁兵,毋轩轾文武。增兵饷以资其衣食,选将才以专其责成,立军屯以持久开荒,并塘汛以分防合守,训水师以筹备海防,制轮舶以练习海战。经理得人,自收实效。强兵之要,当不外乎是矣。执政者其亟图之哉!

论民团

古者寓兵于农,天下皆因之。迨春秋以后,兵与农分,寖失古意。故制度不同而得失互见,是在当轴者因时制宜,参古酌今,诚无一定之善政也。南宋之括财,明季之加赋,皆因不识机宜,转为兵多所累,坐致积弱不振,识者病之。

我朝八旗兵制,深合三代遗风,绿营兵额五十馀万,诚使将领得人,固足以战无不克,攻无不取,以威民而惧戎。迨承平日久,营规废弛,兵气不扬,故发逆之乱,几二十年,陷窜十馀省。而藉以次第荡平者,全赖勇丁之力,文士之谋。至绿营额兵,则几如虚设,故言者有裁兵并饷之议,有以勇改兵之谋。意非不良,似尚未折衷于一是。诚能不拘资格,妥定新章,如绿营官兵有出缺者,即选哨官勇丁充补。凡缉捕弹压等事,厘定规制,以专责成,仍不失绿营之旧规,而得收勇丁之实效。更新去故,反弱为强,特转移间事耳。况武科选举不谙营制,而所习之技勇刀石又不适于用,远不如勇丁之合宜。今可于武试中别立新章,曰:能熟知韬略、畅晓戎机也,能明地理之险阻战守也,能制舟舰、枪炮、机器也,能造碉堡、营垒、桥梁也,能演放枪炮命中及远也。如此,庶朝廷得收取士之功,武科不致无人才之叹。

更仿"五家为伍"古法,使守望相助,众志成城。如湖州之赵忠节,绍兴之包义士,俱自捐军饷,训习民团,或力守孤城,或捍卫一乡。贼虽四面环攻,数年不溃。卒之粮尽援绝,守义捐躯,以上报乎国家。而溧阳、金坛之间所练团勇,在江以南颇有猛悍名。诚使处处团防,村村联络,则发逆何至披猖若是。

考德国军制,民除残疾即充伍籍。先举攻守之法,数年然后入群。遇有出师,责无旁贷。年二十始籍于军,三年充战兵,四年充留后守兵,又五年退入团练营。每岁两次演操,万一战兵不敷,仍备调遣。年至五十,止守本国,不列战兵。其传教及文学富贵人不入兵籍,如事值危急,出而教练,或充守兵一年,馀则团练以保地方。

法国章程,凡部民应效力者,悉籍为兵,不准出资雇代。自二十岁至四十岁,均充行兵或守兵,各兵分隶各群,后当行兵五年,当战兵四年,当留兵五年,当戍兵六年。战兵者,二十岁以上至二十四岁壮丁也。留兵者,已曾经历行阵退老休息也。行兵、戍兵均随时派驻各隘者也。除疲癃残疾不入兵籍外,更有免充兵丁数条,如:无父母之长子,例应留养幼弱者,免之;寡妇之子,或其父出外而子须留养其母者,免之;父年七十以上,子当留养,或长子、长孙、长曾孙,均免之;兄弟两人,长者免充,或其兄业已当兵,其弟亦免之;兄弟或有当兵受伤阵亡者,俱免;如已入水龙会及出外贸易者亦免之。

美国之民皆习武艺,有警则人尽可将,人尽为兵。

盖泰西各大国,不独寓兵于农,且寓兵于士、工、商贾。缓急征调,顷刻可集数十万。兵费不糜而兵自足。昔普国君臣卧薪尝胆,国人亦莫不知兵,卒以胜法。英、俄各国近复效之,精益求精,争雄海外。

今朝廷诚能谕饬各直省督抚、将军、都统,慎择知兵任事之员,认真教习。沿海州、县边疆等处,次第举行。先选什长百人,设局训练,教以刀、矛、枪、炮四种。一俟学成,各教其所辖之十人;十人学成,则各自教其家之人。使人尽知兵,同心用命。悉归地方官管辖,时同委员校阅,察其贤否,予以黜陟。如有才识过人,防御得力者,因材器使,或保官职,或给顶戴,以资鼓励。而民兵之未尝学问者,宜设塾师,五日赴局听讲乡约一次,并谈兵法阵图,及古来名将事迹、御敌立身等事,使忠义之心油然而生,咸思感奋。倘有寇警,随时随地有司可以檄调。诚如是,则士皆劲旅,人尽知方,转弱为强,在此一举耳。曷不试而行之也哉?

论治河

昔神禹之治水也:凿龙门,导积石,决汝、汉,排淮、泗,顺水之性,俾注诸海,而天下水患乃平。今之治河者,不过袭白圭故智,筑堤防,增坝埽。每逢秋决,则人力难施,所费金钱直如恒河沙数。故论者谓:河工一项,乃国家之漏卮,而官场之利薮也。

迩来各省漕粮悉由海运,期速费省,法亦甚良,然终不能无虑者。万一萑苻不靖,海道不通,各省漕艘难资转运。则不得不为未雨绸缪之计,图一劳永逸之功也。前明之善言治河者,若宋濂之浚淮导济、南北分行,徐有贞之治水闸、疏水渠,其说专主乎浚;刘大夏之堤荆隆镇安平,其用特言乎塞。所见各殊,均不宜于今日。夫河既失其故道,治之亦无常规,惟因地以制宜,庶因端而竟委。谨就管见所及,略陈其概,以备采择焉。

一曰探其源。河水当春夏之交,积雨伏汛,其势滔滔,一泻千里。堤防不固,冲决堪虞,全凭宣泄有资,俾得朝宗于海。昔人所谓多开支河,疏通海口,导而注之尾闾者是也。盖支河沙梗,海口淤浅,水不下注,泛滥为灾。况各处天气不同,地势亦异,宜探其近远,测其浅深,察其堤之坚松,侦其流之急缓。如河身或浅,必须深浚;河面尚狭,亦应开宽;而淤滩碍流,鸠工划削。势曲者,则仍其曲,以免冲刷之忧;势直者,则仍其直,以顺就下之性。至河之上游,最难设法,每逢淫雨,水从诸山挟泥沙而下,稍有停聚,淤涨因之。惟于山上多种树木,水可迟留,即山潦盛发之时,藉以稍分其势。且水必需拦,盖宜于山下锹塘,谷里开沟,引水入塘,暂为渟蓄,旋注诸河。倘本河不能宣泄,则开沟引归别河;若上游塘水必由本河通流,不能另穿别路者,可在本河两边开沟受水。皆用堰闸启闭,随时蓄放,庶河流迂缓不致横决。此法非徒杀水势,弭水灾,即被淹之地冀其燥干,无水之田亦资灌溉矣。然而治河之法尤有要于此者。考运河淤塞之由,其弊端总在黄河改向。昔日黄水济运,今则运水反以济黄。欲治此河,必须统筹全势,分别绘图,洞悉情形,方有把握。一由镇江至台儿庄六百七十里地,设法疏通;一由山东德州至天津六百里之遥,妥为整顿。大抵天然河道,遇潦则溢,遇旱则涸,故西法治河,以防旱潦为急务。其防旱之法,在乎设闸以蓄水;防潦之法,在乎建闸以泄水。甚至设立双闸,得力尤多。而开挖尚其次举也。近见河帅奏报,专求开挖,而筑坝建闸之事反从而略之,未免舍本逐末矣。查山东以西至新黄河接界之处,断非深浚可以为功,实缘河与海平,则应挖河以收海水,因势利导,挹彼以注兹耳。今运河反高于海,即使深浚,又安能使海水逆行乎?此探源之宜务也。

一曰购机器。河之泛滥恒由淤塞,欲免淤塞,先谋疏通。然泥淤积留,若照旧法治之,劳而且费,日久必将壅塞如故。如镇江之瓜洲口为漕船所必经,每年派夫挑挖,糜费劳民,而经岁依然淤塞,此明验也。为今计,宜仿西法用机器船挖起淤泥,即以淤泥填筑岸基,则力省而功倍。查荷兰治水之法,于岸设极大风车,直受海风旋转无停,自能运水归海。且凡近河海之处,皆筑堤防,有高至四五丈者。或于堤上开路达水,以备宣泄而资灌溉。凡水道洼下,中凹若釜,洪水陡发,积聚不流者,宜用荷兰风车,使水自归于海。多筑高堤,庶不至奔注横流,平陆顿成泽国矣。此利器之宜备也。

一曰简干员。治河之任殊不易膺。盖河道有分合之处,有起伏之源,有宣泄之归,倘兢兢然率由旧章,即廉洁奉公,断难奏效。其不肖者,则循行故事,虚糜国帑,侵入宦囊。故从前河工各员视为美缺,则其克减之多,苞苴之厚,不卜而知。窃谓治河之官,必须学有本原、才资干济者,方膺是选。倘其治有实效,俾资熟手,勿遽更调,爵赏优加,庶几底绩可期、安澜永庆矣。此得人之成效也。

一曰筹巨款。凡创垂大事,必先集非常之费,乃能成不世之功。盖降灾虽在彼苍,而弭灾端资人力。譬之风霜雨雪,造化实出以无心;而桑土绸缪,牖户先求其有备。务须力筹经费,实事求是,庶使程工坚固,水得依归。浩费在一时,利赖在万世。假如需资千万,则可以成功而民受其福,省此千万,则难免冲溃而民不聊生,得失重轻,必有能辨之者。此措款之宜亟也。

夫前代之法断不可以治今日之河,而此河之功又不可以为彼河之法。要在审时通变,因地制宜,运以精心,持以毅力。是否有当,敢请质之高明。

【附】浙江某君《专事堤工似利而有害议》

夫堤所以御水也,卫民也。卫民则利孰甚焉,曷言夫害?不知利之所在,有今昔异宜,高下异势,似利而实害者。当水之冲决,巨浪洪涛,有堤以阻遏之,使不得横行,以保我田畴,其利甚大,谁以为害乎?然而时殊势异,利之大即害之深也。试详言之。

水性就下,夫人而知之矣。直隶之水源派繁多,宣泄不畅,乃不事疏导,专事堤工。其需土也,势难挖河中之泥,则必挑掘就近田地。迨至明年，而堤上之土渐坍入河，又必掘田以修之。似此年复一年，堤身既高，河身亦与之而俱高。河身愈高，田地遂之而益低。加以浑水灌清，浊沙淤塞，势必致河变为田，田变为河。由是论之，非筑堤也，实填河也。河既填矣，高田数倍，水性之就下，安得不氾滥而妄行乎？

且访诸舆情，咸以谓小民之困于水者十之三，困于堤者十之七。当其决口以后，望洋而叹，田难耕种，不得不另谋生理，竭一夫之筋力，延数口之残喘。无何而派集民夫，分办堤工，少壮既胼胝从公，老弱则枵腹待毙矣。即使刑驱势迫，幸而竣工，新培之泥土未能胶固，而小民无知，一若堤防告成，足资保障，涸出之处，百计张罗，多方平垫，始得耕种。乃未及收成，而秋水涨决，万姓脂膏仍弃汪洋。低下之十数州、县，被水已十有三年矣。其专务堤工之不足恃也明甚。虽蒙大宪赈抚，而得不偿失，堤差仍难获免。某等查户来雄，周历赵王河北岸、大清河南岸下游一带，闻当道请拨漕米津贴村民，令其修筑，体恤民隐，不谓不至。但堤长八千馀丈，其间平险各工，水旱土方为数甚巨，虽有津贴，犹不能不资民力。查沿河二十八村，无非惙惙垂毙之民，求能自食其力者，百不得一，而欲强供斯役，不亦难乎？且闻收工之际，工房随役在在需费，一不遂欲，责其尺丈不符，缧绁加之，鞭扑及之。一邑如此，他邑可知。是以小民一闻筑堤，惶恐觳觫，甚于水火，流离逃徙，不尽不止。

呜呼！闾阎之财力丧于堤，田庐破于堤，家室散于堤。卫民之政反致殃民，有意斯民者，忍乎不忍？即如现筑任邱千里堤，发帑官办，似非病民之政矣。而安州为九河之汇，接连任邱西淀，当上游盛涨之时，清河之水，又因东淀淤塞，倒漾而西，水益堤高，其势益猛。小民急救燃眉，势必聚众挖掘，虽以邻国为壑，而铤而走险，有官法之所难禁者。年年耗此巨款,仍于大局无补,岂非似利而有害乎!

总之,夹河之堤,既填河而掘地;护淀之堤,实蓄患而防川。从前河深流畅,堤工一筑,可保数年。今河淤流闭,而岁岁修堤,反致层层阻水。即各处减河亦有名无实。以致旧涝难消,新水易满,明知堤之难恃,而不敢不修。乡村良懦,驱策难堪,下情莫达。加以此疆彼界,难免争讼之端,而不肖绅董,则又借此贪缘,视为利薮。凡此种种,笔不胜书,良由未清本原,通畅尾闾,而只于众水之腹,横加堵截,又何殊恶儿啼而塞其口耶?

然则居今日而筹水患,惟有广开新河,宣泄积涝,排决归路。庶堤一筑而永固,水虽大而易消。诚如是也,不将脉络贯通,害除而利兴乎?至如何分水之势,如何泄水之流,新河作何宽深方可无弊,则非履勘情形,未敢妄议。非然者,官民交困,伊于无底矣。尚乞有心国家者,急起而改图之。

此浙江某君因往直省放赈,目击水利情形,著有此议。言皆切实,虑极周详。至其杜患所先,亦惟是开支河,泄积涝,导归墟而已。治水要诀,原不外是。因其所见相同,附录于此,聊以备当事者之采择①。

---

① "此浙江某君因往直省放赈"至"聊以备当事者之采择",系郑观应对浙江某君论说的评论,可看作《专事堤工似利而有害议》附录的后记。

论虚费

窃谓:天道福善而祸淫,惟期积累;人世媚神而佞佛,专事禳祈。习俗相趋,牢不可破。

其他外省未及深知,即如粤东每于七月中旬,广设盂兰胜会。托言目莲救母,实则释氏愚人,旧例相沿。经坛礼忏,互赛新奇;灯采辉煌,务侈华丽。男女嬉游,为听笙歌彻夜;鱼龙曼衍,争看烟火凌霄。举国若狂,游人如织。偶疏巡逻,则祝融扇威;略失防闲,则宵小肆窃。流弊百出,糜费万金,岁以为常,官不知禁。

嗟乎!财源易竭,物力维艰。挥霍于乐岁,必至不足于凶年;消耗于妄费,必至有缺于正供。奈何将有用之财,而作此无益之举也。夫消灾莫如种福,娱神曷若济人?倘能移此巨资,广行善举:或开义塾,教育孤寒;或积义仓,备赈荒歉;或设医局,以活贫病;或立善堂,以栖老弱;或收埋骸骨,泽被黄泉;或抚恤孤嫠,名完清节。造无疆之德业,惜有用之锱铢,岂不善哉!

且世之所为虚费者,尚不止奉神一节也。冠昏丧祭,宜一循乎古礼,而勿徒慕乎浮华。至于丧事尤宜示之以正。孔子曰:"丧与其易也,宁戚;礼与其奢也,宁俭。"鼓乐喧阗于外,僧道趋走于前,此于哀戚之旨大相刺谬。往见富家大族,遇有喜庆之事,争相夸耀,务极奢靡,以为不如是不足为门户光。至有竭力贷资以饰观瞻而不惜者。凡此皆足以耗民之财，所谓不节之嗟者也。

　　为地方官者，宜示之以准则，限之以规条，戒之以纷华，导之以朴素。以贵贱为等差，以有无为节制。禁民间毋得妄费，一切胥归之实济，有不遵者惩之，有恪从者褒之。去漓归醇，黜奢崇俭，移易之权，本操之自上耳。事类转环，愿有心人维持颓俗；言如振铎，赖先觉者开导愚蒙。敢献刍言，不辞梼昧。

论廉俸

管子有言："仓廪实而知礼节，衣食足而知荣辱。"盖必安其心而无内顾之忧，然后致其身而为国家之用。

查泰西各国定制，官吏弁兵，厚予禄糈，俾敷支用。其人役一切，除给发辛工之外，复有公费使得应酬。既省供亿之繁，并杜陋规之习。即如巡捕为最下之役，每月工资亦给数十金，其馀概可想见。倘有违误政事、背理取财者，则按律严惩，即其人亦知为自取之尤，死而无怨。至所筹公费，总期经久而又防侵冒，则使之互相戒慎，纠察严稽。法甚善也。

我朝建官锡禄至优极渥，正俸之外加以恩俸，常编之外复给养廉。体恤臣工，无微不至，亦期可以杜陋习，肃官箴。无如风俗既尚奢华，供帐亦加烦费。京外各官所领廉俸已觉入不敷出，而又丁耗划为军饷，漕白绌于转输，扣俸折廉所得无几。故上司不得不取供亿于各属，各属不得不增陋规于胥役，胥役不得不吸脂膏于闾阎。况京官养廉，惟靠外官之馈送；武官养廉，惟靠兵粮之克减；督、抚、司、道，惟靠堂规节寿；府、厅、州、县，惟靠平馀杂耗。其馀内外大小文武衙署，皆有陋规。盐漕丁厘悉加公费，胥吏差役筹款承充。娼优屠博违禁者暗纳私规，船舶客商税厘外加征小费，此犹视为常事也。其尤甚者，侵吞则仓库可竭，掊克则富室可贫。贿赂公行,则是非倒置;苟且竞进,则举措失宜。吞蚀钱粮,遑计三军枵腹;浮冒赈款,不顾万姓啼饥。上下相蒙,孳孳为利。探其原实由支用不给,极其弊遂致祸患频仍。可知古昔盛时,重禄劝士,庶人在官者禄足代耕,诚不易之道也。夫士子半生辛苦始得一官,而使之事畜无资,终朝仰屋。贤者亦精销气沮,奋发难期;不肖者即豪夺巧偷,朘削靡已。是岂初心所欲为哉? 实出于不得已耳。

今欲整饬吏治,轸念民依,则当自京外各官酌加廉俸始。所有文武廉俸,悉复旧额,再详为分别,明定章程,另给办公之费,使无支绌之虞。嗣后再有罔上营私,则按法绳之。一切陋规,悉为裁撤,如有行之已久、一时碍难骤革者,全以充公。如此则民困舒而官方叙矣!

或疑:"国用未足,一旦骤增巨款,费无所筹。"不知廉俸裕则操守端,诸弊除则国帑足。荒田广辟,则吉梦维鱼;军饷无征,则太平有象。又何虑官谤之或速,经费之不敷哉!

论书吏

夫名心重于利者，每奉公而守法；利心重于名者，多舞弊而营私。署中书吏，求名不获，惟利是图，欲其公尔忘私，抑亦难矣！

比来胡文忠公办理鄂省军务，所立厘局，悉屏书吏而任官员，寄以腹心，收为指臂，用赖以足，兵赖以强。此足征经济之宏通，非拘浅者所能见及也。

今日书吏之权，已属积重难返。内自阁、部衙门，外而道、府、州、县，皆有缺主，每缺或万馀金，或数千金。营私卖缺，与本官无须见面，署中惟觅办事者潜通声气，朋比为奸。或同一律也，有律中之例；同一例也，有例外之条。其中影射百端，瞬息千变。或犹是一事，有贿者可援从前邀准之明文，无财者即查从前翻驳之成案。混淆黑白，颠倒是非，惟所欲为，莫之能制。即使上官觉察，按法严惩，而只能革署中办事之奸胥，不能斥外间把持之缺主。防不胜防，办不胜办，皆由例太繁而法太密，故得逞其志而售其奸耳。刓官衙如传舍，接任视事，多则四五年，少则一二年。其于律例不过浅尝，何能深知底蕴。若书吏则世代相传，专门学习，兵、农、刑、礼，各有所司。官有升迁，吏无更换。况既授以事权，又复限以资格，虽有材艺，荐达无由。而月中工食纸笔之费，所得甚微，若洁己奉公，其将何以自给哉？

今拟选用之中筹变通之法，请将律例专设一科，每年一考，士类亦得与试。其前列者又须察其品行，然后准充书吏，厚给辛资，人不在多，期于敷用。倘有颟顸不堪把持公事者，立予斥革，无或姑宽。若其办事勤能，持躬廉谨，则于期满之日，本官加结优保，准与正途并用。庶使咸知自爱，不敢舞文。然当此澄叙之初，须予以持循之准。所望当道奏请朝廷饬下军枢部院，遴选明通律学之干员，将《大清会典》、《大清律例》等书摘其要旨，别类分门，以律为纲，以例为目，纂勒成书，颁行天下。俾官吏共习，开卷了然，则事权不致下移，而吏治可望蒸蒸日上矣。

论招工

《书》曰:"民为邦本,本固邦宁。"故先王行仁政以济贫乏,严法令以禁游惰,所以保我黎民,不致流离异域者,意良厚也。

频年粤东澳门有拐诱华人贩出外洋为人奴仆,名其馆曰招工,核其实为图利。粤人称之为买猪仔。夫曰"猪"则等人于畜类。"仔"者微贱之称。豢其身而货之,惟利是视,予取予携。复闻猪仔一名载至西洋,税银一圆,澳门议事亭番官收费银二圆。而又恐华官烛发其奸,于是上下贿蒙,诡计百出。且粤省拐党先与洋人串通,散诸四方,投人所好,或炫以资财,或诱以嫖赌。一吞其饵,即入牢笼,遂被拘出外洋,不能自主。又或于滨海埠头、通衢歧路,突出不意,指为负欠,牵扯落船。官既置若罔闻,绅亦不敢申诉。每年被拐,累万盈千。其中途病亡及自寻短见者,不知凡几。即使抵埠,悉充极劳极苦之工。少惰则鞭挞立加,偶病亦告假不许。置诸死地,难望生还。

或谓:"猪仔落船,皆经番官讯问。不愿者立遣回籍,其飘然长往、绝无顾虑者,皆属情甘,似非势迫。"不知拐匪奸计百出,贿通上下。即使番官审讯,悉属拐党替冒,并非本人。一一过堂,释遣回籍之文,适以欺世。心狼手辣,踪秘术工。且其中不乏富贵之家单传之子,误罹陷阱,望断家乡,一线宗祧,于焉中绝。言之酸鼻,闻者伤心。

　　夫贩人出洋，本干例禁，亦为西律所不容。昔年有贩阿洲黑人为奴者，经英国上、下议院集商禁止。出资数千万，悉赎之还，尽行遣释。而严申禁约，弊绝风清，诸国无不称颂其德政。美国南北之战，其始以禁止贩奴而起，后卒设法禁绝，一视同仁。

　　今汕头等处诡秘难知，而澳门一隅，彰明较著。夫澳门本香山县属，即归洋人管辖，我朝宜申明条约，遣一介往责西人曰："贩人出洋为奴，实干例禁，各国共知公法具在。查历年运往外洋之人，皆我赤子，不少富家宦族，墨客寒儒。据生还之华佣述其苦况，几同地狱。然细核所由，半皆受骗于匪人，非真立有合同甘心远适。试为平心而论，易地以观，倘以此待贵国之人，其果能乐受否乎？贵国嗣后当饬地方官留心查察，并禁船主不得私行运往。如敢故违，一经访察，或被告发，船即充公，人即定罪。勿谓言之不预也。"如此则理直气壮，义正词严，洋人虽崛强性成，势必折服。否则是故违和约，显悖公法。正可暴其罪状，绝其往来，严立海禁，于澳门附近之处，设关稽查，不使一人一船得涉其地。即各国怵于大义，亦且抒其公愤，相与深恶而痛绝之。西洋人自知为公论所不容，势必曲从，永停贩运。是一举而除历年之积弊，片言而拯万姓之流离，造福良非浅鲜矣。当轴者尚念旃哉！

论医道

范文正公有言:"不为良相,当作良医。"诚以医虽小道,扩其心可以济世,精其业可以活人,甚不容轻视也。

自世风日下,牟利者多:或杂录方书,妄称师授;或粗通歌诀,辄诩家传。药未备于笼中,方遂亡于肘后。偶然奏效,便负神医,逞其聪明,高其声价。入门则先求挂号,出门则预付请封。舆金每计少争多,跟役亦追随讨赏。偶逢大症,以为奇货可居;先请他医,辄谓前方误服。贫富均苛谢步,亲邻亦较锱铢。行世半生,而受害者已不胜屈指矣。

夫医有至理,症列多门,须审其阴阳,辨其虚实。人分南北,气体既殊;药有异同,性味迥别。况脏腑经络之盈虚,血脉荣卫之通塞。寸口关尺有浮沉弦数之分,俞穴注流有浅深高下之异。差之毫厘,谬以千里。今以至精至微之事,行于极陋极浅之人,罔探岐伯之原,未窥仲景之秘。引轻作重,文过居功,欲望其生,转速其死。及旁观推究,辄诿诸死生大数,卢、扁难医,岂不惨哉!嗟乎!蒸民仰荷生成,而若辈忍加残害。一方试病,妙诩青囊;三指杀人,冤于白刃。言念及此,痛恨殊深。

尝闻西医所论,病症纷繁,通各国之内外诸证不下二千种。审察疗治,医者之职,大要分别体质、功用二端。盖人有皮肉筋骨,合成躯壳。其中实以脏腑,贯以血脉各管,所谓体质也。一物有一物之用,无虚设,无假借,所谓功用也。有体质之病,有功用之病,有体质、功用相兼之病。必先细心认明,方能施治。西国有医院听人学习,剖验死人,医师指授,助以图书。先讲部位功用,次论病证,次究药性。分别内科、外科、妇科、儿科,考试其能否,品第其高下。

　　鄙见宜表奏朝廷,略仿《周礼》设立医官之遗意,敕令各直省都会,殷户集资合建医院。考选名医,充院中之师。所招学生,须由院中掌教,考其文理通顺者,方准入院学习。不论贫富,俱当尽心传授,专工其事,精益求精。俟学习三年考取上等者,禀请地方官给以文凭,准其行道。如有医治奇症而见效者,报明医院,年终汇集刊刻成书,以启后学。将见太和翔洽,夭札不虞,手妙回春,心期寿世,则医之一道,岂不与良相同功哉!

论犯人

曾子曰："如得其情，则哀矜而勿喜。"此诚仁人之用心也。

盖人生不幸，父师失教；既无恒产以资事畜，复无技艺以给饔飧。贫困无聊，惑于匪类；及撄法网，横被官刑。土室高垣，暗无天日；赭衣黑索，惨受拘挛。禁卒则毒于虎狼，秽气渐蒸为疠疫。奄奄一息，困苦难堪。即幸而有痊，瘐死者已不乏人矣。彼奸、拐、命、盗，及怙恶不逞之徒，死何足惜。惟偶因一念之忿，一事之误，未经审绪，久被拘囚，昭雪无由，株连莫释者，为足悯耳。夫天之生人，原期用世，一旦愆尤偶蹈，才艺胥捐。况处积秽之区，受潮湿之气，有不因困而病，病而且死者乎！今夫国法固严，人命亦重。为上者果能平心听讼，毋轻刑讯，毋任羁留，如随园先生所云："狱岂得情宁结早，判防多误每刑轻。"斯真仁人之言，其利溥也。无如人心不古，法网难逃。一切押候幽囚，囹圄为满。虽狱官日给钱米，狱卒不减分毫，而犯系各囚，曾无一饱。且国家钱粮岁八百款，开销为若辈又复虚縻，似非节用之道。况小民则无知犯法，有司则循例鞫囚。或无意冤横，或有心罗织，厚集怨尤之气，大干天地之和。窃以为此等犯人，当开一线之恩，予以自新之路，善为处置，俾得自食其力，无促其生。

查泰西例录囚虽罚有轻重，律有宽严，而充工一端，实可补中国刑书之阙。盖莠民犯法，半迫饥寒，被拘益窘，虽期满释放，仍复空空妙手，谋生无术，故态易萌。若不预为代筹，将毕生不克自振。故凡犯人已定军、流、徒罪者，依律所限年份，充工作抵。如捆屦、织席等事，本所素习，则使之复理旧业。其顽蠢罪重者，则着其扫除垢秽，修砌道路。既用其力，酌给辛工，将来释放之日，稍有微积，尚可营生。是既治以应得之罪，又予以迁善之资也。至于牢狱羁所，又须宽其房屋，铺以地板，时常扫涤，不使潮秽，庶可免其染病，便其作工。

　　或谓："中国人心险诈，地方辽阔，虽严为防范，尚有脱逃，安能仿行西法乎？"不知高其垣墙，严其约束，资其衣食，课其事功，斯仁义交孚，咸生愧厉矣。至于重犯派当苦工，出外则伍耦相编，铁索相贯，健役相随。总之，宽严互用，临事制宜，正无庸鳃鳃过虑也。此法颇有合于曾子之旨，故臆论及之，司民牧者幸垂览焉。

论栖流

夫国以民为本,而民以食为天。故饥困流离之众,有时而起盗心,实由无术以谋生计,必不得已(梃)〔铤〕而走险耳。惟仁者利济为怀,痌瘝在抱,虑一夫之失所,思百族之咸安。无如生齿日繁,生机日蹙:或平民失业,或散勇逗留,或恶丐行凶,或流氓滋事。近虽设有养老院、育婴堂等处,然皆限有定制,难以兼收。以致贫无所归者,小则偷窃拐骗,大则结党横行,攫市上之金钱,劫途中之商旅。事虽凶暴,实迫饥寒。每因愍彼无知,辄至酿成大案。欲弭隐微之祸,须筹安置之方。曷若募集巨资,庶可抚留若辈。每省设局,取名栖流,拣举能员,派为总办。多置田产,藉给饘粥之资;广葺茅庐,俾免风霜之苦。容留无赖,拘束流民,教以耕耘,课之织造,各称其力,俾习其工。则病有所养,贫有所资。懦良者固无庸乞食市廛,强暴者亦不致身罹法网。非徒革面,直欲洗心。至于驯良之辈,少壮之人,督令开垦荒田,给以耕资农器,自食其力,俾立室家,庶边地不至荒芜,而国家亦增赋税。岂非一举而备数善哉。呜呼!广厦千间,谁践杜陵心愿;长裘万丈,遥钦白傅襟怀。聊志俚言,谨告同志。

论借款

昔周赧王欲拒秦师,军资匮乏,称贷于民,厥后兵溃无偿,人民哗噪,乃筑台以避之。至今传为笑柄。故中华以为殷鉴,向无国债之名。有之,自泰西各国始①。凡兴建大役,军务重情,国用不敷,可向民间告贷,动辄千万。或每年仅取子金,或分数年连本交还,隐寓藏富于民之义。如本国无款可借,则转贷于邻封,习以为常,殊不之异。

中国自同治六年间,左伯相以西征需饷,始借洋款。系沪上银行经理,由八厘至一分五厘行息,将各海关洋税拨抵,分年本利清还。该银行分售中外商人,每股计银百磅,岁纳息银八厘。况其借也,以彼国之磅数,折我之两数;其还也,又以我之两数,折彼之磅数。暗中折缺,吃亏甚多,经手者大获厚利。实以军饷紧急,相需甚殷,于无可如何之时,为万不得已之举耳。

考英、法、德、美诸大国,借贷行息多不过五六厘。而土耳其、波斯等国,则因公债过重,行息过多,致利权为他国所挟持,国势寝形贫弱。我中国舆图之富,矿产之饶,关税之盛,远胜泰西,帑藏多而借贷少,不必出八厘重利,即可借得巨款。闻中国之股分借券,

----

① 《易言》三十六篇本此处无"始"字。据光绪二十四年图书集成局《盛世危言二编》加。

中外人争购之,十不得一。每股九十五磅至九十八磅,涨至壹百零四磅,珍重收藏。由是观之,中国虽少出子金,仍能应手,从前筹借洋款,固办理不善,利息过多,嗣后即有要需,应向英国劳士、斋乃德博令等大银行筹商,自臻妥协。此两行专管各国挪借银钱事业,素有名望,人皆信服,常能以微息而借巨资,他处银行万不能及。

且闻洋人详言此事:如中国愿借银一百万两,不过到汇丰、丽如等银行说明所借之数,所给之息,指明某数口关税偿还,本利分作若干结,于若干年内付清云云。银行应允借银,收存文契,即将银如数兑交,此向来筹借洋款之局面也。该银行如果巨富,有款可贷,则此种办法尚属可行,无如仅能担承,实非东主。中国既与银行议定,银行即凑集允借之数,出具百两券票一万张,从一号编至万号。而买股者遂察看借银事务虚实,或买一张,或买百张。迨头结还款到期,何人之银先收,何人之银后付,不可预知。其故何也?盖券票之软强无定:券票软则本钱恐缺,人思速还;券票强则利息依期,人思久借。爰创拈阄之法,定还债之期,免银行袒护之谤。此等办法虽极公平,然而多股之人,必受破碎本钱之累。诚以是否收回全数,或收回半数,非到拈阄之日无从预知,断不能料理于先。收回本钱,复入股分,大为不便。倘将来再筹借款,须设法补救此失,始易通融。大凡借债于人,必先将不便诸事通盘筹算,稍有妨碍,势必增长利息,备受其亏。欲策万全,厥有二法:一曰立法借银,限定不移之年月,一次全还;一曰按结归款,先于券内载明第一结归还,或第二、第三结归还,俾东主得早为料理。且放债者,每乐闻某国借钱建造铁路、电线、开矿、治河一切富国之政,以其出息大而券票强,甚不愿出资以作耗财之事。尤恶借银以用兵,将银钱变作火药弹丸,散于枪炮之口,不能复返。则债主不但失利,成本将亏。听其言可深思其故也。

我国家量入为出本有常经。前时借债外洋，不过剜肉医疮，聊纾眉急，永行停止，固属有裨，即偶尔急需，而别款可竭力弥缝，仍以不借为上。万一悉索已尽，罗掘俱穷，司农仰屋而嗟，疆臣束手无措，不得不出此下策，稍济目前。尤须全局统筹，周详审慎。不必托中国银行经手，辗转图利，行息故昂。须先将从前流弊一洗而空，用昭大信。朝廷惟谕饬驻英公使，径向劳士、斋乃德博令等大银行熟商，则行息不过五六厘，可筹巨款。况中国素来守信，洋人自必乐从。倘重给子金，非特耗财，反令洋人疑中国难以清偿，转多棘手。惟如此变通办理，流弊悉除，方不为经手所蒙，而始获通财之益矣。愚昧之见，未审当轴者以为何如？

论裹足

尝思身体发肤,受之父母,不敢毁伤,古之训也。

自世风(风)日下,有剖心割股疗父母之病以为孝者,遂有忍心害理裹女子之足以为慈者,积习相沿,牢不可破。今人入花丛,寻香径,必俯窥莲步,再仰花容,彼美相遭小人下达。不知眉目之妍媸,关乎天授;弓鞋之大小,悉本人为。宋书称男子履方、女子履圆,唐史称杨妃罗袜,韩冬郎诗"六寸肤圆光緻緻",皆不裹足之明证,史册可稽。惟《辍耕录》言妇女缠足。道山新闻云:南唐李后主宫嫔窅娘,纤丽善舞。后主令以帛绕足,作新月形,相传为裹足之滥觞盖昉于此。夫父母皆爱惜其女子,独于裹足一事,早则五岁,迟则六岁,莫不严词厉色,大受折磨。以为移俏步,蹴香尘,他日作妇入门,乃为可贵。倘裙下莲船盈尺,则戚里咸以为羞。此种浇风,城市倍深于乡曲。以故世家巨室,争相效尤;而农人之女,樵子之妇,转无此病。古今来女子之所谓娉婷者,以其腰如约素,领如蝤蛴。可知燕瘦环肥,所以专宠六宫者,当更有胜人处,非欲其举止失措、行动需人,而后谓之美也。倘莲瓣不盈一握,榴裙纤露双钩,而颦效东施,丑同嫫母,又安见凌波微步使人之意也消耶?要之,后主乃亡国之君,矫揉造作,渔色宣淫,游戏支离,究何足为典要!

　　洎我朝膺符受箓,诞告万方,男令剃发,女禁裹足,法美意良,共宜恪守。今剃发虽遵国制,而裹足莫挽颓风。薄俗相仍,迄今未改。纵谓事关闺阁,无足重轻,曾亦思保抱提携,爱怜臻至,而裹足则残其肢体,束其筋骸,伤赋质之全,失慈幼之道。致令夫憎其妇,姑嫌其媳,母笞其女,嫂诮其姑。受侮既多,轻生不少。且也生子女则每形孱弱,操井臼则倍觉勤劳,难期作健之贤,徒属诲淫之具。极其流弊,难罄形容。

　　按五大部洲除中国外,裹足者绝无其人,悉使之学艺读书,持家涉世。即所出之子女,亦且壮而易养,足于先天。兹当以十载为期,严行禁止。已裹者姑仍其旧,未裹者毋辟其新。如有隐背科条,究其父母。凡缠足之女,虽笃生哲嗣,不得拜朝廷之诰命,受夫子之荣封。严定章程,张示晓谕,革当时之陋习,复上古之醇风,将见绿窗娇女,金屋佳人,不徒买六国之丝,平原争绣,抑且祝万年之祚,帝力相忘,未始非仁政之一端,刍言之一得也。

跋①

杞忧生初不知其何许人,继乃知其居铁城,氏荥阳,足迹遍南北,而旅处沪渎最久。其地为冠盖之往来,商贾所辐辏。杞忧生居其间,不仕不隐,亦吏亦儒,日交其贤豪长者,而与之纵谈天下事。时或慷慨泣下,击碎唾壶。今湘乡郭筠仙侍郎、吴川陈荔秋司宪皆赏识之。屡欲加以拂拭,拟招佐星轺以备谘访,而杞忧生悉坚辞弗往。日惟寄情素绌,肆志林泉,慨慕黄虞,读书自娱而已。沪虽弹丸一隅,而金气熏灼,诡幻百出,花月之光迷十里,笙歌之声沸四时。而杞忧生萧然一无所好,以圣贤宅衷,以豪杰立命,睠怀大局,蒿目时艰。每欲以一得之效献诸当事,久之成《易言》书,然未敢出以示人也。

去年春,余将有东瀛之游。杞忧生之友忽以书抵余,谓:"当今有杞忧生者,天下奇士也。胸怀磊落,身历艰辛,上下三千年,纵横九万里。每当酒酣耳热之际,往往举杯问天,拔剑斫地,心有所得,笔之于篇。此《易言》上、下二卷,固其箧里秘书、枕中鸿宝也。非先生则不敢就正焉。"余乃受而读之。于当今积弊所在,抉其症结,实为痛彻无遗。而一切所以拯其弊者,悉行之以西法。若舍西法

---

① 此跋系王韬所作。《盛世危言》十四卷本和八卷本将此跋附于卷末,标题为《易言原跋》。因此跋已附于此,故《盛世危言》十四卷本和八卷本仅存目。

一途,天下无足与图治者。呜呼!此我中国五帝三王之道将坠于
地而不可收拾矣。古来圣贤所以垂法立制者,将废而不复用。用
夏变夷则有之矣,未闻变于夷者也。诚如杞忧生之说,是将率天下
而西国之也。此书出,天下必将以杞忧生为口实。呜呼!是不知
古圣贤之在当时,天下事犹未极其变也;而今则创三千年来未有之
局,一切西法西学,皆为吾人目之所未睹,耳之所未闻。夫形而上
者道也,形而下者器也。杞忧生之所欲变者器也,而非道也。同一
航海也,昔以风帆,今以火轮,舟楫之制不同矣。同一行地也,昔以
骒马驾车,今则火缩风轮,顷刻千里,是车制不同矣。同一行军也,
昔以刀矛,今以枪炮,而枪炮之制又复日新月异而岁不同。同一邮
递也,昔以传驿,今以电线通标,瞬息往还,恍如觌面。车以达同洲
诸国,舟以通异洲诸国,电标以联五大洲而为一。此外如舆图、象
纬、医学、算学、重学、化学、光学、格致、机器,皆昔之所无而今之所
有,彼之所有而我之所无。试问此数者,使彼与我较,其为迟速利
钝,固不可同日而语矣。顾使彼仍居西海,我独据东土,如风马牛
之不相及,又复何害?无奈其实逼处此,日出其技而时与我絜长较
短也,且恃其所能,从而凌侮我,挟持我,求无不应,索无不予。我
于此而尚不变法以自强,岂尚有人心血气者哉?

　　故杞忧生之书,大抵发愤之所为作也。杞忧生参内、外之消
息,了中、西之情形,深悉天时人事,倚伏相乘。道不极则不变,物
不极则不反。否极则泰至,思极则悱生。诚能如杞忧生之言,自强
之道在此矣!而独奈何杞忧生言之谆谆而听之藐藐也。况乎前事
之不忘,后事之师也;前车之既覆,后车之鉴也。彼之厄我者非一
次矣。在当时,非不人人能烛外情,人人能明西务;未尝不思奋发
有为,讲求孔亟,以图攘剔,以奋武卫。及一旦事平,则悉忘之矣。

此杞忧生所以发上指而笔有泪也。诚使竭我之心思材力,尽我之智慧经营,以仿效其所长,安知不能出乎其上也?毋袭皮毛,毋甘苟且,毋域小就,毋惮艰难。内以治民,外以治兵,将、相极天下之望,督、抚极天下之选,储贤材,举牧令,裕财用。凡筑路、开矿、铸币、讲艺、制器、行军、防边、备海,一切悉加整顿,自然事变之来从容应之而有馀,安见天下事无所措其手也?

当今之世,非行西法则无以强兵富国。故西人在今日所挟以轻藐我中国者,即他日有圣王起所藉以混同万国之法物也。孔子圣之时者也,于四代之制,斟酌损益,各得其宜。曰:行夏之时,乘殷之辂,服周之冕,乐则韶舞。诚使孔子生于今日,其于西国舟车、枪炮、机器之制,亦必有所取焉。器则取诸西国,道则备自当躬。盖万世而不变者,孔子之道也。孔子之道,儒道也,亦人道也。道不自孔子始,而道赖孔子以明。昔者孟子距杨、墨,功不在禹下;昌黎辟释氏,功不在孟子下。今杞忧子论教一篇,功不在孟子、昌黎下。

呜呼!窥杞忧生之意,尤在睦邻御侮。夫树国威,尊国体,必先由自强始。自强非可徒托之空言也,诚能采杞忧生所言而行之,则得其半矣。我国家幅员之广,财用之富,人民之众,泰西诸国皆所不逮,苟能自强,何向而不济?若平时未能整作,斯临事不免张皇,议战议和莫衷一是,盈廷聚讼,筑室道谋:或虞邻国之难以侥幸于万一,夫邻国之难不可虞也,或以多难兴,或以无难亡。今者强邻悍敌,日从而环伺我,非我国之祸,正我国之福。我于此正可励精壹志以自振兴,及时而黾勉焉,而淬厉焉。耻不若西国,尚可有为也夫。诚耻不若西国,则自能及西国而有馀矣。否则夸张粉饰,玩愒因循,蒙蔽模棱,拘墟胶固,于西国之情,昏然如隔十重帘幕,又安望其言之入哉！

　杞忧子此书盖救时之药石也。上之人苟欲恢张四境，绥辑四邻，就我范围，破其狡诡，师所长，夺所恃，消桀骜于无形，著振兴之有象，则当必采而行之焉。惟是言之匪艰，行之维艰。尤赖上有人焉，以实行其言也。其行之要则在乎实事程实功，实功程实事，去伪去饰，去矜去蒙，去苟安，去畏难，去养（瘫）〔痈〕，去营窟，则天下事犹可挽回也。

　时天南遯叟久病垂死，长夜无聊，于药炉火边，倾汁磨墨，伸笔作此以抒愤懑，俾我杞忧生知天下尚有伤心人也。呜呼！一息犹存，尚思报国，十年徒长，深幸同时。苟此书出，而世尚不知杞忧生其人而行其所言者，则请杞忧生以后缄口卷舌，勿复谈天下事矣！且并以此书拉杂摧烧之可也。

　光绪六年岁次庚辰中元节曰，天南遯叟王韬跋。

珊溪生注^①

　　合读前后两册,援古证今,深明大略,直合贾长沙、陈龙川为一人,安得不令人叹绝。诸篇所论边防、船政、通商、传教各事,确然实可见诸施行,与空谭洋务、仅以自强御侮为口头禅者,有上下床之别矣。至言及吏治、戎行种种积弊,不啻禹鼎铸奸,温犀烛怪,阅之而不通身汗下者,尚得谓有人心哉! 珊溪生注。

易　言

二十篇本

《易言》自序

余质性鲁钝，鲜能记诵，长客四方，日与异国人相接。沪上为江海通津，冠盖往来，群萃旅处，达人杰士，往往获从之游。窃闻时论，多关大计，以为由今之道，变今之俗，宜览往古，法自然，诹远情，师长技，攻其所短，而夺其所恃。而泰西人久居中国者，亦时时申其论说，作局外之旁观。盖所谓事杂言庞，莫甚于兹矣。

夫寰海既同，重译四至，缔构交错，日引月长，欲事无杂，不可得也。异族狎居，尊闻狃习，彼责此固，我笑子胶，欲言无庞，不可得也。虽然，必有一是焉。江海不以大受而拒细流，泰、华不以穷高而辞块壤。今使天下之大，凡有心口，各竭其知，腾其说，以待辎轩之采，不必谓言出谁某，而但问合于时宜与否，亦应盛世所不禁也。

庚申之变，目击时艰，凡属臣民，无不眦裂。每于酒酣耳热之下，闻可以安内攘外者，感触于怀，随笔札记。历年既久，积若干篇，语焉不详，未尝敢以论撰自居。而朋好见辄持去，杂付报馆，又阑入近人所刻《闻见录》中。丑不自匿，尝用蹴然。《书》曰："言之非艰，行之惟艰。"言已不足重，况言之亦正不易。《诗》曰："君子无易由言。"东方朔曰："谈何容易。"是编所存，盖未免易言之戒，顾传而播者,非蒙初心,亦美芹献曝之愚而已。倘知言君子不以鄙野而教诲之,则幸甚。

　　光绪元年中秋日,铁城慕雍山人荣阳氏自序于海上偹鹤斋。

甋山菜园下佣识^①

　　慕雍山人志利济,久客江海,闻见恢廓,尝有所论撰,未尝以示人也。稿草散置,为友人持付报馆,又杂采入近人所辑《中西闻见录》。山人心弗善也。前年又有携至香港付梓者。山人尤之,而无如何,亟收板本归,且索诸转辗投赠之家,势不可尽。乃特加删改,旧目三十六篇厘并为二十,重自写本,以订前失。余获读之,叹其才,壮其志,尤服其进德修业之勤。怂恿另梓,以质曾见前刻者而取正焉。山人从之。其不欲问世,则犹前志尔。校印讫功,为识其缘起如此。甋山菜园下佣识。

---

　　①　本题是编者所加。此篇在原书中是排在目录后的。

公　法

公法者,万国之大和约也。中国开辟最先,建立最久,数千年来,更群圣人之经营缔造,而文明以启。自唐虞三代,迄于春秋,长为封建之天下,莫之或易。秦并六国,始变为郡县之天下,而历汉、晋、隋、唐、宋、元、明以迄于今,其间虽分并不常,亦莫之或易。其可得而变者,何也? 子孙之世守,疆土之离合粗迹焉尔。其虽变而亦莫之或易者,何也? 皆不得专礼乐征伐之权,皆有相维相系之势,而统属于天子则一也。统属于天子一,故内外之辨,夷夏之防,亦不能不一,为其号曰有天下,而实未尝尽天所覆、尽地所载而全有之,则固一国也。知此而公法可言矣。

公法者,彼此自视其国为万国之一,可相维系,而不可相统属之道也。可相维系者,合性法例法言之谓。夫语言文字,政教风俗,固不能强同,而是非好恶之公要不甚相远,故有通商之法,有通使之法,有合盟合会之法。不可相统属者,专主性法言之谓。夫各国之权利,无论为君主,为民主,为君民共主,皆其所自有,而他人不得夺之,以性法中决无可以夺人与甘夺于人之理也。故有均势之法,有互相保护之法。若是则内外之辨,夷夏之防,固国国皆有之,而交际之浅深,情势之暌合,亦国国得自制之。各私己而不失为大公,各因时而可通乎成法,莫约尚矣。故曰公法者万国之大和约也。

今者泰西各国，兵日强，技日巧，争雄乎海外，将环地球九万里之中，莫不有其车辙马迹矣！我中国亦广开海禁，讲信修睦，使臣之往来，不绝于道有年矣。又开同文馆，习西学，翻公法，博考而切究之。若是其明且详矣。然而所立之约，即其专为通商言之者，何矛盾之多也。一国有利，各国均沾之语，何例也？烟台之约，强减中国税则，而外部从而助之，何所仿也？华船至外国，纳钞之重，数倍于他国，何据而别出此也？外国人初到中国，不收身价；中国人至美国者何如？中国所征各国商货之入口税甚轻，各国所征于中国商货者，又何如也？闻鸦片在孟米，出口每箱征银六十磅，中国税银十磅。中国出口茶税，每箱仅征每百元之七五，不到一成，至英国入口所征不下四五成。试即茶与鸦片较之，其公道为何如也？合彼此而观之，公于何有？法于何有？而公法家犹大书而特书曰：一千八百五十八年，英、法、俄、美四国与中国立约，嗣后不得视中国在公法之外。又加注而申言之曰，谓得共享公法之利益。嘻！亦异已。

然则如之何而可也？曰：约之专为通商者，本可随时更改，以求两益，非一成不变者也。税饷通例，皆由本国自定，客虽强悍，不得侵主权而增减之者也。宜明告各国云：某年之约不便于吾民，约期满时应即停止；某货之税不合于吾例，约期满时应即重议。其不专为通商者，则遣使会同各国使臣，将中国律例，合万国公法，别类分门：同者固彼此通行，不必过为之虑；异者亦各行其是，无庸刻以相绳；其介在同异之间者，则参稽互考，折衷一是。勒为成书，大会诸国，立盟证明，而遵守之。敢有背者，各国合兵声其罪，视其轻重与其悔祸之迟速，援赔偿兵费例，罚锾而均分之，以为公需。必怙终不悛,然后共灭其国,存其祀而疆理其地,择贤者以嗣统焉。庶几公法可以盛行,而和局亦可持久矣。

通　使

昔汉武诏举茂才异等,可为将相及使绝域者。诚以出使之选,与将相并重,一不得当,即贻远方口实,非细故也。今中国既与欧洲各邦立约通商,情谊日密,然无使臣以联其声气,则彼此扞格。虽有和约,不足恃也。虽有公法,不能用也。

泰西公例,凡各国通商所在,必有公使以总其大纲,有领事以治其繁剧。虑其威权之不振,则简水师兵舶往来游历,以资镇抚而备缓急。事或未协,即彼此公议之,甚则请各国官商裁断之,期于必协而后已。此其大致也。迩来中国人民出洋贸易佣工者不可胜计,洋人每以为主客不敌,肆其欺凌,无由伸理。宜照泰西例,凡华民寄居之地,亦设公使、领事,遇事照会其地有司,遵公法以审其是非,援和约以判其曲直,华人有不法亦如之,以保吾民,以御外侮,以维和局,以张国威。使臣之所系,不綦重哉。夫通使者,古者邦交之道也。春秋时,贤士大夫周知列邦政教之隆替,民情之向背,俗尚之好恶,国势之盛衰,故能事大字小,各协其宜。今泰西数十邦叩关互市,入居内地,此乃中国非常之变局,三千馀年来所未有也。而论者犹鄙洋务为不屑谈,独何心欤!

或谓:"内患初平,元气未复,设官海外经费奚筹?"不知华人之到外洋营生者,每人岁纳税银一二员,交彼地方官以助经费。倘中国自行设官,其银即应自行收用,华人尤必乐输。则是以吾民输资之多寡,酌吾设官之度支,固不必别筹帑项而可足矣。即如星加波、槟榔屿、新旧金山等处,华人多则数十万,少亦不下数万,皆造有会馆,立有董事。苟设官以抚循之,物色其人材,训练其丁壮,以时操演,择尤咨请总理衙门赏顶戴,颁银牌,鼓舞而作新之,数年之后,资为外蔽,其利不更溥欤!且今各船厂制造渐精,兵舶渐多,可令巡游各埠,以为联络,而助声威。其经费即由各埠华商公派。庶吾官民,皆得兵船以为卫,而兵船亦得商资以为养,岂非两利欤?

或又谓:"各埠华人每求庇于洋人,其董事亦率自结党援,不愿受华官之约束,故华官之前往者,动多掣肘,其奈之何?"曰:此正以我兵力之不能及远,而逆计其权之不行也。诚如所议,固将就我不遑矣,何必虑哉?

传　教

　　呜呼！终必败中西和局者，其惟传教乎！何也？西人有求于中国者，不外通商、传教两端。通商虽夺中民之利，民犹习而安之。传教以歧华人之趋，使之各分门户，而交涉之案迭起矣。

　　泰西本基督一教，其后分而为三：一曰耶稣教，英吉利、德意志、丹麦、荷兰、瑞威顿、瑙威、瑞西等七国从之；一曰天主教，意大利、奥马加、比非利亚、法兰西、日斯巴尼亚、葡萄牙、比利时等七国从之；一曰希腊教，小亚细亚、欧罗巴之东、俄罗斯、希腊等四国从之。其教或合或分，有衰有盛，教士周游劝导，使奉其教，然互相争胜，积不能容。其在西方，亦以挠权结党，时逞干戈矣。尝阅《瀛海论》云：同治时，普法之战，教人实启其端。拿破仑第三为教所误，国破身俘，为天下笑。墺相安得拉讥法人甘为教奴。西班牙谓法独居恶名，受其实祸。美国论法国三次大乱，死亡数百万，职此之由。是教者又即法国之蟊贼也。他如印度拒额力士教，德国逐耶稣会，葡萄牙、西班牙皆籍教党财产入官，意大利封教堂七十馀间，簿录其产，罗马王遣教人驻瑞士，国人殴之，法国无如何也。

　　今中国既许传教，不得不按照条约为之保护。而莠民遂以进教为护符，作奸犯科，无所不至：或讹诈乡愚，或欺凌孤弱，或占人妻，或侵人产，或负租项，或欠钱粮，或推诿公事，或殴毙平民。种种妄为，几难尽述。传教者非惟诿为不知，甚且私心袒护：差提则匿之堂中，罪定则纵之海外。地方官恐启衅端，先存戒慎，又不知外国律例，无非迁就定谳。平民受屈，伸理无从，积怨日深，群思报复，遂致拆教堂，辱教士，民教互斗之案层见而叠出，犹不自知其非也。每遇大臣查办，或以相距太远，未悉隐情；或以律例不同，各执一是。定案因致稽延。彼更借以要挟：有司既已革职，复请惋惜之国书；首犯既已抵罪，再乞赔偿之款项。朝廷大度优容，小忿必忍；百姓天良尚在，唾面难甘。

溯自顺治中，始许荷兰通商，洋舶遂辐辏粤东，垂二百年，初无领事兵船保护之事，亦未闻华洋仇杀之端。推原中西失欢，实由于贩烟、传教。此二事出于英、法，无干他国。英、法恃其火器兵船，挟官吏以制商民，积怨日深，禁而愈烈，使中国儿童、妇女不及辨其种类，闻声相恶，英、法实有自取之由。故近两国稍有违言，各口洋商均虑变生不测，是非徒中国殷忧，抑亦西国通商之大害也。

诚欲彼此相安，必须善筹良法。夫入教之民，固犹是中国之民也。宜开列姓名，报明地方官，查无过犯之人，方准注册，照约保护。遇有事故，仍依华例惩办，准令教士听审。倘系现在犯案，及未报明注册者，概不作教民论。遇有过犯，径由地方官惩办，教士不得过问。外国教士所至之处，应归华官约束，有干预公事，挟诈侵权者，立即咨请该国公使，饬遣回国，以儆效尤。庶几猜嫌悉泯，情好日敦，外不致殃及西商，内不致贻忧宵旰，似与中西大局，尚亦有利哉。

贩　奴

粤东澳门、汕头等处,有拐贩华人出洋之事,名其馆曰招工,称其人为猪仔。猪仔一名载至西洋,税银一圆,澳门议事亭番官,收费银二圆。其党先与洋人串通,散之四方,投人所好,或炫以资财,或诱以游博。一吞其饵,即入牢笼,被拘出洋,不能自主。又或于滨海埔头,通衢歧路,突出不意,指为负欠,强牵落船。官既置若罔闻,绅亦莫由申诉。每年被拐累万盈千,其中途病亡及自寻短见者不知凡几。幸而抵埠,亦充极劳、极苦之工,少倦即鞭挞立加,偶病亦告假不许。其中不乏右族名门,单丁爱子,误罹陷阱,望断家乡,一线宗祧,于焉中绝。言之酸鼻,闻者伤心!

或谓:"猪仔落船,皆经番官讯问。不愿者立遣回籍,其飘然长往、绝无顾虑者,皆属情甘,非由势迫。"不知拐匪奸计百出,上下贿通。当番官审讯时,悉属拐党替冒,不独自称情愿者并非本人,即一二号呼冤屈哀求释遣回籍者,亦系故意妆点,以欺饰耳目。鬼蜮心肠,险幻至此! 华官番官纵极公乎明察,亦安能不堕其术中哉?

夫贩人出洋本干例禁,亦为西律所不容。昔有贩阿洲黑人为奴者,英国上、下议院集商禁止,出资千百万赎还遣释。从此严申条约,诸国至今称颂之。美国南北之战,其始亦以贩奴而起,后卒设法禁绝,一视同仁。今汕头、澳门仍蹈恶习,众口一辞。

夫澳门本香山县属,纵归洋人管辖,我国亦宜申明禁约,遣使诘责之曰:"贩人为奴,中国所禁,贵国禁否?各国禁否?公法具在,曾听许否?如谓贵国出价招工,华人自甘受役,试问立有合同契据否?能听我按名抽查,分别研讯否?纵使立有合同契据,试问载明卖绝死生惟命否?当时谁作中保,曾眼同本人亲属一一画押否?纵使契载卖绝,亲属画押,试问本人果系两相情愿,毫无逼勒否?纵使当时实无逼勒,试问即今种种苦状,本人与其亲属还情愿否?夫凡属人类,皆天所生而地所长。西洋各国,信奉天主,以为天主视人皆其子孙。故虽于蛮夷野人,待之刻虐,公法犹以为非,况我中国人乎?贵国能守本教,遵公法,则宜听我约。嗣后招工局所收应招之人,当造清册正、副两分,详载年貌籍贯并中保等,送华官盖印。临出洋时,听华官登舟按名查点,即以副册咨行当地领事官,于载到时按名查点。倘有拐贩顶冒等弊,船主照例加等重办,船没入官。其无领事官地方,不准招工。倘不听受此约,则是不惮畔本教而背公法,以与我中国为难。我中国与各国往来,务尚宽大,即利害小有出入,无弗优容。非弱也,失和必战,战必杀人,仰体天心,胜败皆所不忍。今乃视为可欺,虐我人民,岁以万计,屡戒不改,则是贵国逼我用兵,甘心自戕其民,以邀幸于一试。我中国惟有严立海禁,于澳门附近之处设关稽查,不使一人一船得涉其地。一面遍告各国,共举义师,声罪致讨。何则?中外各国,风尚政教虽殊,期于保民则一。且申戒于前,其直在我,公好公恶,此理终古必伸也。"如此立约措辞,彼自知为公论所不容,势必折服,永禁拐贩。是一举而除匪常之积弊,片言而拯万姓之流离,不但政体应如是也。愿当轴者急起图之。

交　涉

中外通商以来,滨海之区,西人履迹几遍。传教游览,并许深入内地。与有司接见,礼若嘉宾。中国之待西人,已如是其忠且敬矣。犹有时变生意外者,教民恃势,欺凌土民,积忿既深,能无报复?然一经启衅,查办维严,中国何负西人哉?西人返己自思,宜如何谦以持躬,恕以接物。

乃近日目见耳闻,凡西人所至之地,每以言语不通,律法不同,尊己抑人,任情蔑理。中国顾全大局,戒开边衅,官长稍从迁就,士民不敢抗衡。习以为常,愈无顾忌。如华船撞毁于洋船,反咎华人不知趋避,或诬华船桅灯不明,改重就轻,苟且结案。又如马车碾伤华人,反谓车来当让,大肆咆哮,扭赴公堂,亦仅予以薄罚。又如华人受雇于洋行,往往借端生衅,扣减辛工,并加殴逐。甚或持枪恐吓,酿成人命。官宪亦委曲调停,治洋犯以惧伤之例。其尤为惨酷者,寓粤西人串通奸匪,诱贩乡愚于秘鲁、古巴、亚湾拿等处,岁以千万计,伤天和而乖友谊,莫甚于此!他若华商负欠西人,一经控索,家产封填,甚且扰及亲邻。西人若有折阅,虽饶私蓄,循例报穷,仅将家具拍卖。外国税华货,进口从其重;中国税洋货,进口求其轻。华人商于西国者,按名纳款,岁有常规;洋人商于中国者,并无此费。华人厚待西人者如此,西人薄待华人者如彼,天下有此理乎!

　　夫轮船飞驰于河港，马车奔驰于通衢，无事而携军器，用人而扣工资，皆为西律所必禁。贩人出洋，例禁更严。倘华人援万国公法，反覆力争，彼将何词以对乎？中西刑法，原不相同，今遇交涉之事，华官以华法治华人，命案必抵，且偿以银；西官以西法治西人，仅议罚锾，从无论抵。华官稍持公论，争执条约，西官即回护纵遣，并薄罚而无可加焉，此尤事之大不平者也。

　　近有俄都书院院长马尔丹著论云：中英出、入口货约计四千五百万磅。英国获利可知。然驻华英商犹时时播弄是非，屡请英廷力胁中国。幸执政者洞悉情形，顾全大局，凡遇不平之事，概行批驳，并禁止领事武官非奉本国或公使之谕，不得擅调兵船至华。一千八百五十八年，额尔金奉使驻华，曾函致其妻云："自抵华后，日见英民在中官地方恣意横行，实有出乎情理之外者。皆因华民过于循顺，不敢抗拒，又过于愚蒙，不知控诉，以致时被凌辱"云云。曾文正公尝言："方今中国好言势者，专事羁縻，幸免开衅，然习于疲苶，不知振作。好言理者，又激于忠义，专主攘斥，然操之无术，决裂堪虞。皆非万全之策也。"老成持平，洵为笃论。诚遇交涉事件，折以和约之经，公法之理，可者许之，必信必果；苟有妨于国计民生者，官可弃头可断，此事终不可许。彼虽狡狯，其奈我何？若迟之以岁月，繁之以言词，牧令诿之督抚，督抚诿之总理衙门，总理衙门又诿之朝廷意旨，致洋人引为口实，反覆要求，或议罚赔，或议商埠，求益反损，亦何赖乎？

　　至于中国讼狱，尤当酌两用中立一公允之法。查西人构讼，两造俱延讼师，问官审断不公，讼师可辩可驳，疑窦毫无始克定谳。中国此时似宜参仿办理。有通中西律例、行品不苟者，大吏保奏，给以崇衔厚禄,使听总理衙门及南北洋大臣差遣。刑律则参用中、西,务期平允。或即以洋法治洋人,使无可避;更即以洋法治华人,使同于轻。每岁终将各案如何起衅,如何定谳,删繁就简,勒为成书,以备各国公览,兼资华人考证。则是非枉直无可遁藏矣。虽然,言之匪艰,行之维艰。苟非任事诸大臣洞悉外情,思深虑远,权刚柔以驭之,度德力以处之,则虽有良法美意,又安能见诸实事哉!

鸦　片

　　道光朝禁鸦片烟之议，其初操之过急，其后又纵之过宽，至今日而不可收拾矣。当议和定约时，若能坚执前说，宁许多开商埠数处，多与兵费数百万，而必不许鸦片入境，则彼亦必将曲从。何则？出产少而贩运中国者岁不过数千担，彼固易于改图也。吸食少而各省亦无仿种之蔓延，我亦尚易查禁也。此机一失，吸食日玩，贩运日多，仿种亦日盛。垂今四十年，遂为进口货之大宗，查洋烟先到香港，转运各口，岁计大土五万箱，小土四万箱，连金花土及在星加坡等处华人所销者八千箱。约十万箱。箱约价银五百馀两。除关税捐款外，洋商实得四百七八十两，是每岁出口银四千馀万两矣。直省惟江西各属尚无仿种，馀或数十州、县，少亦十许州、县，甚有如川、黔之全境皆是者。每岁共约贩运十二万箱。箱重百二十斤。连洋土共约二千六百四十万斤。以每人岁食六斤计之，以土十灰六，熬膏土约五成，灰约七成，层层折算，实每人日食二钱七分零。当得四百四十万人。而佣工小贩之辗转，依此为活者，约居食户十之一。其自种自吸者又几倍之。是每岁坐困于此，犯法伤生而不顾者，大都一千万人矣。

　　于是荐绅先生，莫不痛悔前此之失计，而思有以禁绝之。即英国好义之士，亦深以流毒中国，违背公法为耻，至于立会议禁，谒我使臣陈说利害。而英政府每持不能决。论者谓："英国数十年来恃此致富，不肯遽舍。"不知其煤、铁矿产之利渐不如前。而所属印度兵饷专赖此项支持。若我能代谋，使无大损，彼何惮而不为？且但禁洋土之来，而不禁内地之种，在我亦非全利也。虽然，禁之实难。夫每岁四千数百万金之漏卮，千万口之流毒，非一朝而遽然也。自海禁之开，因循苟且，为蛊日深，四十年于兹矣。其致病有远因，则施治无近效；其传染多变证，则用药少成方。闻每岁印度所出鸦片，英国官为经理，召商贩运，以时消长。今宜破除一切拘迂门面之见，略仿其法，借洋债，立官商，与英国约：岁减一成，十年减尽。不能则十五年减尽。由使臣召华商，按月自运入口，照英国税箱征六十磅，以补关税、厘金及局运一切之需。而逐年准所减值纳入卖价，以代英国偿印度为改种桑、茶、木棉之费；再加若干，以抵洋债之息。如有弊漏，由英国担保，加倍罚赔。其内地所种亦依此法。官收官运，省设总局，县设分局，按乡按图，责成绅董绘图贴说，编查种户亩分，严立禁令，逐年勒减，并酌给改业之费。不准一胥、一役下乡稍有过问，违即重治。绅董量给辛俸，事成酌保优奖。如有弊漏，官绅本户一体照兴贩私盐及故纵例，加等惩处。如是则期约满后，银不出洋，而烟价岁增，渐积至于倍蓰，则食户可冀日少，而禁令易行矣。

或谓："价昂则食少，食少则货滞，将不足偿债，如之何？"曰：果尔，则是食户之减成，多于岁收之减成，固所愿焉。虽小损何伤，况利权在手，何难随时酌剂之也。

或又谓："既禁食而减收，复昂价以取利，如政体何？"曰：减收原所以明禁种户，暗禁食户，但食户身家重者易禁，身家轻者难禁。昂价正所以为不禁之禁，使之动于利而知悔，不专恃法也。夫不专恃法,而其利仍归还息、改业、辛俸、运费等用,无非为民,何善政如之。

　　或又谓:"食户如是之多,果能禁绝乎?"曰:正惟徒禁无益,故必官收;骤禁无益,故必限年。诚使上下一心,全神贯注,需之以渐,持之以恒,不恤浮言,不惕小害,法行贵近,有犯必惩,则何不能禁之有?吾友金少愚尝言之矣,譬之欲停捐例,必先闭京铜捐局,然后中外咸知上意所在,决无转移也。故必政府左右无吸食之人,然后可禁部、寺;京官左右无吸食之人,然后可禁外省;疆臣左右无吸食之人,然后可禁僚吏;将帅左右无吸食之人,然后可禁弁兵;现任无吸食之人,然后可禁候补;幕府无吸食之人,然后可禁胥役;师儒无吸食之人,然后可禁士子;职官无吸食之人,然后可禁平民。若今各善堂暨各国教会相劝之禁,空言也。各省仿种之禁,徒为西商之驱,无利而转害也。烟馆之禁,塞责而已,末之又末者也。如是而曰禁,何惑乎终不能禁哉。

开　矿

　　五金之产，原以供人世之需。居今日而策富强，其惟开矿一事乎！查英、美版图之广不及中国数省，顾能富甲天下者，有矿师能知五金之矿，按法开采，必底于成，有机器以代人力，有铁路以资转运，故能普美利于无穷也。

　　中国五金之矿：云南出铜，年来洋人收取最大制钱，出洋熔销，故钱价日昂，宜设法禁止，并就云南等处开矿鼓铸。山西出铁，湖南、江西出锡，齐鲁、荆襄出铅，台湾出硝，是数处者，人皆知之。其实五金煤铁等矿，各处皆有，特以地产之深浅，体质之纯杂，层次之厚薄，矿穴之狭宽，人不得而尽知。且多封禁未开。推原其故，皆由向时矿务或以探穴未真，开硐未善；或以总办位尊望重，不能躬亲相度，委任亲昵，薄待矿夫，众工不悦，遂捏报矿硐将塌，请示填封；或妄称矿产已空，无从开取。上下相蒙，亏本停工，率坐此弊。此云南所以常有硐老山空之说也。

　　宜专请西国头等矿师设法探试。确有把握，则或议民采官收，或由部给照，仿牙帖之例，准民开采，或竟由官办，或拨防勇、营兵一体开采。果其官办也，总办宜躬亲探确，因地制宜，或专用西法，或专用中法，或参法中西。视其水口之远近，审其挖矿之井道，核其成本，筹其销场。毋任用私人，毋刻求矿役，毋铺张局面，毋厚给薪资。开矿之初,用款有出无入。除矿夫等照给工食外,其各执事,均宜薄给辛资。出矿后即行截止。按年核计售销实数,除提出成本利息及纳税开销之外,所赢馀利,宜以若干归厂主,若干匀分各执事以抵辛金,若干给各矿夫以充犒赏。每年将进支数目张贴工厂,使外内共知共见。庶几在厂诸人,均有后望,上下一气,无怠无荒。西人谓一国盛衰,可以所产各矿定之,岂欺我哉?

方今海宇升平,励精图治。凡有益于国计民生者,莫不次第举行,参仿西法。然但学西人之制器,而不学西国之理财。非富无以保邦,非强并无以保富,相需为用乃能相济有成。闻泰西各处之矿开采几尽,见中国矿产饶富,无不垂涎。与其拘泥因循,致生西人之羡,何如变通办理,藉充国用也哉!

铸　银

　　洋银之入中华也，自乾隆年间始，名曰洋钱。但制度不同，式样各异，初亦不甚通行。立约通商以来，凡洋人履迹所至，无论通邑穷乡，通用洋钱，而中国纹银，反形窒碍。非以其便于携带，易于辨伪乎？

　　今中国所行洋钱，不敷市廛之用，是以西国每年陆续运来，总在百万圆以外。西人知中国一时不能自铸，又禀请其国，开局铸造，以济中国之用，盖深知铸造洋钱大可获利耳。请以鹰洋论之：鹰洋每元计重七钱二分，运入中国，其极贵时，可抵规银八钱，即平常市价亦总在七钱四五分之间。是其利至厚、其用至便，了然可睹矣。

　　夫钱有金、银、铜三品，其行于世也，统为国宝。自应一国有一国之宝，不应悉用他国之宝也。中国何不自行鼓铸，列年号于其上，名正言顺，独擅利权。若购自外洋，每圆加银多则七八分，少则亦三四分，不亦失其厚利乎？

　　或谓："自行铸造，经费过多。"不知每圆所加之银，其息已厚；且银由外洋铸造，尚有铜、铅搀和其中，以搀和所馀之数，移作铸造之费，已绰然有馀裕。是所昂之价，即所溢之利也。但西人好利而守信，故成色均归一律；华人嗜利而寡信，故流弊遂至百端。道光中，言官陈洋钱之害，廷旨饬筹平准之法。时侯官林文忠公抚江苏，见民间洋价日增，遂铸七钱三分银饼以代之。初亦甚便于用，未几而伪者、低者日出，遂使美意良法废而不行，可为太息。

窃意：中国如铸银钱，须仿宝泉局事例，严定章程，仅准户部设一专局，功罪攸归，非但不许民间铸银，并不许各省官员开铸。迨户部铸成之后，颁行天下，令其可缴钱粮，可作捐款。凡上之取于下者，此项银钱不加平、不扣色，悉照市价。则流通必畅，而洋银之利，自不外溢。如申江钱业之做空盘，暗贴西商之利，其害更甚，往往欲将市上银洋，一气收尽，抬价居奇，以致坐贾行商，莫不暗贴重利，以补彼封闭银行之费。倘银由中国自铸，其弊必不至此。试观直隶藩库之钱粮银锞，每以二两为率，银色甚佳，江西之方宝亦然，他省均不能及。可见事有专责，则弊无由生。举而行之，诚裕国便民之大计也。

税　则

中国自道光二十二年大开海禁，与各国通商立约以来，洋人各货进口纳税后，即准由华商贩运各地，过关只按估价，每百两加税不得过若干分。维时当事不知中国税额轻于各国四五倍或七八倍，故立约甚轻也。

迨后天下多事，始创榷货抽厘之制，藉资军饷。厘捐最旺时，岁收二千万。今虽稍减亦有一千五百万。取于商者甚微，益于国者甚大，较之按亩加赋，得失悬殊。无如法久弊生，或因办理不善，或因设卡过多，避重就轻，遂订子税之约。查初办厘捐时，洋人之货亦在各子口征课，尚无异说。迨咸丰八年十一月，中西重订条约，始定洋货、土货愿一次纳税，可免各口征收者。每百两征银二两五钱，给半税单为凭，无论运往何地，他子口不得再征。其无半税单，逢关过卡，仍照例纳税抽厘。斯乃体恤洋商，恩施格外，较之华商其获利厚矣。华人之黠者，往往串通洋人，互相蒙蔽。有代华商领半税单而取费者，有代洋商用洋船装运洋药各货者，有代用护照包送无运照之土货者。诪张为幻，流弊滋多，洋税厘金，交受其困。况洋人所辖之香港、澳门，无征收厘税之例，商贾多乐就之。为今之计，不如裁撤厘金，倍增关税。其贩运别口者，仍纳半税，则洋人无所藉口，华商不至向隅，似亦收回利权之要道也。

　　曾考泰西各国税额,大致以值百取二十或取四十为制,最多则有值百取百者。美国于进口货税,值四征三,商虽非之,然不能违;亦有全不取税者。盖于轻重之中,各寓自便之计。如烟、酒等物,外洋征税极重,在中国列肆卖酒者尚需纳规领牌。今中西和约中,凡进口之吕宋烟、洋酒,竟充伙食,概不纳税,查中外通商章程第二款:凡有金银,外国各等银钱、面粟、米粉、砂谷、面饼、熟肉、熟菜、牛奶、酥牛油、蜜饯、外国衣服、金银首饰、搀银器、香水、碱、炭、柴薪、外国烛、烟丝、烟叶、酒、家用船用杂物、行李、纸张、笔墨、毡毯、铁刀、外国自用药料、玻璃器皿各物进口,皆准免税。泰西俱无此例,尤属不公。

　　今宜重订新章,一律加征。又如中国各种烟酒、珠玉、古玩等物,本非日用所必需,虽加数倍,亦不为过。查旱烟、水烟、皮丝、净丝、黄条、青条各种,中国岁销数百万箱,亦可谓巨矣。而土货出洋者,税宜从轻。庶我国所有者,轻税以广去路;我国所无者,重税以遏来源。守我利权,富我商民,于西国商政并不刺谬,亦无虞其阻挠也。

商　务

欧洲各邦以通商为大经济。凡利之所在，百计图之，藉商税以充国用。查英国进口货税，较出口倍重，三百磅以下不税；而本国船钞，比他国稍廉，务保其商船畅销土货。惟岁核各商所盈之利，约八十分取一，略如中国户税。如有关于商务者，必使议政院官商议覆，而后施行，并设商部专理其事。商埠要区，俱设公使领事；屯泊水师兵舶，以资护卫而壮声威。遇有事端，恃为挟制，或请开口岸，或勒免厘捐，诛求无厌，必遂其大欲而后已。

中国商民株守故乡，乏于远志，求如洋人之设公司、集巨款、涉洋贸易者，迄今尚鲜其人。去款日多，来源日绌，窃虑他日民穷财竭，补救殊难。然既不能禁止通商，惟有自理商务，核其出入，与之抗衡，以期互相抵制而已。

中国出洋之货，以丝、茶为大宗。今印度等处皆植桑、茶，出数与中国相仿。年来中土之货遂难畅销，后或并此失之，中国利源不几竭乎！宜令地方官广劝农民，于山谷闲地遍种桑、茶，勤加经理。其缫丝、制茶之法尤须刻意推求。如有胜于寻常者，优加奖赏。务使野无旷土，农不失时，则出数愈多，价可酌减，用广销路。再如东南各省多种棉花，西北广牧牲畜。若用机器制造洋布、羽毛、呢绒等物，则一夫可抵百夫之力，且省往返运费，其价较外洋倍贱，而获利倍丰。或疑用机器以代人工，恐攘小民之利。不知洋布、羽呢，本出外洋，无碍民业，仿而行之，藉分彼之利权耳。

今闽、粤人贾于星加坡、旧金山各处者不下八十万人。其中或流寓百数十年，已隶英、美户籍，然皆奉大清正朔，服本朝冠裳。倘亦简派领事，显示抚循，隐资控制，则华人有恃无恐，各职其业。凡中国所需于外国者即可自行制造，外国所需于中国者，并可自行贩运。收回利权，扩我远图，将使洋人进口日见其衰，华人出洋日征其盛，富国裕民之效，可操券而得焉。所虑者西人多财善贾，利之所在，必争趋之。若华人力与争雄，彼将减价相敌，拼折资本，势必彼此亏绌，无裨大局。欲救其弊，须开其源。

按公法，凡长江内河商贾之利国人专之。如欧罗巴之来因河、多拿江，尽人皆得开设船行，以其分属于各国也。美国之米西昔比江，帆轮之利，土著擅之，以专属于一国也。他如巴西之阿麻沈江，虽发源于秘鲁，入巴西支分派别，兼注依瓜朵耳国、委内瑞拉国，以贯注巴西数千里之遥。昔有客请立船行，而执政拒之；嗣因商旅萧条，爰除前禁，以广招徕，操纵之权，仍自掌之，不以假人也。今者洋船往来长江，实获厚利，喧宾夺主，害不独商。宜俟中西约满之时，更换新约，凡西人长江轮船，一概给价收回。所有载货水脚，因争载而递减者，酌复其旧，则西人罔敢异词。更于长江上、下游间，日开轮以报市价。庶长江商船之利，悉归中国。西人保险公司有数种：有保屋险，有保船险，有保货险，有保货水渍之险，有保人生死之险，其章程甚详，获利均厚，亦宜招商仿办。为民为国，胥于是乎在矣！

国 债

昔周赧王军资匮乏，称贷于民，厥后兵溃无偿，人民哗噪，乃筑台以避之。至今传为笑柄，故中国独无国债之名。

若泰西各国，凡兴建大役，军务重情，国用不敷，可向民间告贷，动辄千万。或每年仅取子金，或分数年连本交还，隐寓藏富于民之义，而不欲授利权于异国也。中国诚欲法此，宜明示天下：凡所借百姓之款，准由各海关银号按年清利。其票据可抵纳关税、田税之需。或委员有勒索者，一经指控到官，严行究办。倘事至京控，或经别省督、抚审究，其中有袒庇情事，科以重罪。民间有借款至百万者，有司宜格外优待，不准借事勒捐，以示鼓励。必本国无款可借，始转贷于邻封方为妥善。

考英、法、德、美诸大国，借贷行息三厘半，多不过四五厘。而土耳其、波斯等国，则因公债过重，行息过多，致利权为他国所挟持，国势寝形贫弱。我中国舆图之富，矿产之饶，远胜泰西，帑项多而借贷少，不必出八厘重利，即可借得巨款。闻中国之股分借券，中外人争购之，每股九十五磅，涨至一百零四磅，外国之债股分单，时有长跌，即俄国之钞票，亦有长跌也。珍重收藏。由是观之，中国虽少出子金，仍能应手。

据驻英公使云："嗣后筹借洋款，应向英国劳士、斋乃德博令等大银行筹商,自臻妥协。此两行专管各国挪借银钱事业,素有名望,人皆信服,常能以微息而借巨资,他处银行万不能及。且闻洋人详言此事:如中国愿借银一百万,不过到汇丰、丽如等银行说明所借之数,所给之息,指明某数口关税偿还,本利分作若干结于若干年内付清云云。银行应允借银,收存文契,即将银如数兑交,此向来筹借洋款之局面也。该银行如果巨富,有款可贷,则此种办法尚属可行,无如仅能担承,实非东主。中国既与银行议定,银行即凑集允借之数,出具百两券票一万张,从一号编至万号。而买股者遂察看借银事务虚实,或买一张或买百张。迨头结还款到期,何人之银先收,何人之银后付,不可预知。其故何也?盖券票之软强无定:券票软则本钱恐缺,人思速还;券票强则利息依期,人思久借。爰创拈阄之法,定还债之期,免银行袒护之谤。此等办法,虽极公平,然而多股之人,必受破碎本钱之累。盖以是否收回全数或收回半数,非到拈阄之日无从预知,断不能料理于先。收回本钱,复入股分,大为不便。倘将来再筹借款,须设法补救此失,始易通融。大凡借债于人,必先将不便诸事通盘筹算。稍有妨碍,势必增长利息,备受其亏。欲策万全,厥有二法:一曰立法借银,限定不移之年月,一次全还;一曰按结归款,先于券内载明第一结归还,或第二、第三结归还,俾东主得早为料理。且放债者每乐闻某国借钱建造铁路、电线、开矿、治河一切富国之政,以其出息大而券票强,甚不愿出资以作耗财之事。尤恶借银以用兵将,银钱变作火药、弹丸,出于枪炮之口不能复返,债主不但失利,成本将亏。"驻英公使之言如此,可深思其故矣。

我国家量入为出,本有常经。前时借债外洋,不过聊纾眉急,永行停止,固属有裨,即偶尔急需,而别款可竭力弥缝,仍以不借为上。万不得已而出此下策,尤须全局统筹,周详审慎,不必托中国银行经手,以免辗转图利。但谕饬驻英公使,径向劳士、斋乃德博令等大银行熟商,行息不过五六厘。中国素来守信,洋人自必乐从也。

西　学

　　泰西各国学校规制大略相同,而布国尤为明备。其学堂自乡而城、而郡、而都,各有层次。乡塾分设各处,由地方官捐建经理。国中男女,无论贵贱,自七八岁起皆须入学,至十五岁为小成。乡学之费,每人限七日出一本纳,城学之费,每月出一喜林。本纳、喜林,皆西国银名,每喜林约中国银一钱六七分,每本纳约中国钱二十文。如或不敷,由地方官捐补。至大学院学业繁重,果能诣力克副,听其肄业,院费每季不过出十五喜林。美国人不论贫富,皆入皇家书馆读书。其经费捐自房租,每百两抽银十两。学以序分,不容躐等。女馆则兼组纂、女红,设有专条。塾中分十馀班,考其勤惰以为升降。其沉沦末班不能迁升首班者,不得出院学艺。乡塾之上有郡学院,因材授学,专教物理、重学、史鉴、历算、他国言语文字及艺术所必用之书。再上有实学院,院有上、下,分十三班,考工计程,以定进止。院中师长,上等皆进士班考选者当之。实学上院考列首班,则选大学院肄业。下院考列首班,入技艺等院。再进有仕学院,大抵十八岁以上方能就学。每考仅十馀人,入选则赐文凭入大学院,次等入师道、格物、武学等院。

　　大学院之掌院,必名望出众、才识兼优者方膺此任。院中各种书籍、规仪器物无一不备。一经学,二法学,三智学,四医学。经学者系论其教中之事。法学者考论古今政事利弊异同,及奉使外国修辞通商有关国例之事。智学者格物性理文字言语诸事。医学者首以格物统核全身,及内、外诸部位,次论经络表里功用,次论病源制配药品,次论胎产接生。

技艺院者,学习汽机、电报、采矿、陶冶、制练、织造等事。格物院与技艺院同条共贯,大抵多发源于算学。算学则以几何为宗,器料齐备,使学者讨论而穷究之。其最要者为力学。化学考核甚微,又格金石、植物、胎卵湿化各物化生之理。观天则有测步镜仪,而算学为最要。

船政院,为行船航海之学。武学院课式与实学院同,但多武艺、兵法、御马诸务。通商院,则以数学、银学、文字三者为宗。更有农政院、丹青院、律乐院、师道院、宣道院、女学院、训瞽院、训聋喑院、训孤子院、养废疾院、训罪童院。馀有文会、夜学、印书会、新闻馆。别有大书院九处,书籍甚富,尽人可以进观,但不能携书出院。每岁发国帑经理,生徒入院,肄业三四年,听其去留,岁出费银十五磅。

至管理各大学院,每省派有主院两员。诸院悉隶文教部。使国中人民无弃材,各有裨于公私,以广其用,诚法度之至善者也。

夫欲制胜于人者,必尽知其成法,而后能变通。能变通而后能克敌。且彼萃数国之人材,穷百年之智力,掷亿万之资财,而后得之,勒为成书,公诸人而不私诸己,广其学而不秘其传。今中国所设之同文院、广方言馆,历有年所,而诸学尚未深通,制造率仗西匠,未闻有别出心裁,创一奇巧之兵船,造一新捷之火器者。诚能将西国有用之书,条分缕晰,译出华文,颁行天下,各设书院,人人皆得而学之。以中国幅员之广,人才之众,竭其聪明智力,何难驾出西人之上哉?而奈之何甘于自域也。

考　试

　　泰西取士之法，设有数科，虽王子国戚亦与考试。如欲当水师将帅者，无不兼习天球、地舆、测量诸学；编入行伍，以资练习。文案则自理，枪炮则自然；即至贱至粗之事，皆不惮辛勤而毕试之。及功成名就，致仕闲居，亦不废立说著书，以期传于后世。至矿师、医士，无不明于格物，通于化学。讼师亦须深明律例，考有文凭方准行世。无论何学，总期实事求是，坐而言者，可起而行焉。

　　中国之士专尚制艺，举凡人情、风俗及兵、刑、钱、谷等事，皆非素习，一旦临民，安能称职？

　　然则文科可废乎？曰非也。惟须分别四科，择尤表荐：一曰考证经史、疏通疑义以觇学识，二曰策论时事、昌言无讳以征抱负，三曰兼试文章诗赋以验才华，四曰审问疑难例案以考吏治。拔取其尤，量材授职，精其选而不必广其额。又令内外臣工，博访下僚及草野有异才者，疏荐之。先观其言，随试以事，庶怀奇沦滞者，望风奋起矣。

　　武科向以骑射技勇见长，而世之习武者，武经尚属茫然，一旦临敌，将何恃而不恐？迩来荡平小丑，建立大功，皆非武科中人。所习非所用，是其明征也。

　　然则武科可废乎？曰否。今战守之事，藉以出奇制胜者，不外乎水师、火器。诚能于武科中，列三等以考试之：一试山川形势、军法进退以观其韬略，二试算学、机器制造以穷其造诣，三试测量枪炮高低命中及远以尽其能事。其兼集众长者，不次超迁，文武并用。专工一艺者，量材授事，以广旁求，干城之选，庶几得之乎。

虽然，西学尤不可不讲也。宜行令直省书院，特设一科，敦请精通泰西之天算、地舆、农政、船政、化学、医学之类，及各国语言、政事、文字、律例者数人为之教习。或即以出洋官学生之学成返国者当之。其学徒选自十岁以上，二十岁以下，已通中外文理者为之。就其性之所近，专习一科。期满历试上等者，听赴京都同文馆或总理衙门考验。名列上等者，或给以经费，赴外国大书院学习三年，或径派赴总理衙门、海疆督抚，或船政制造等局当差，或充出使各国随员。其在院膏火经费，略仿龙门书院章程，官为筹备。如此则风气渐开，十年之后可收实效。

曩者派令幼童出洋，万里从学，法良意美，亘古所稀。然髫年稚齿，知识未开，血气未定，一染外洋习气，则性情心术转或支离。不如就岁科两试所录文武俊秀，择其有志西学、年二十岁左右者过稚则气质易染，过长则口音难调。为之。庶文理通达而速效可期，身列胶庠而咸知自爱，既有以开材智之源，复不悖于圣贤之教，而诸生之数奇不第者，亦得别出一途以自效。归后愿就职者听，愿就科举者亦听。诚两益之道也。

狱 囚

曾子曰:"上失其道,民散久矣。如得其情,则哀矜而勿喜。"此诚仁人之用心也。

盖人生不幸,父师失教;既无恒产以资事畜,复无技艺以给饔飧。贫困无聊,惑于匪类;及撄法网,横被官刑。土室棘垣,暗无天日;赭衣黑索,惨受拘挛。禁卒既毒甚虎狼,秽气又蒸为疠疫。盖斩绞以下轻犯本无死法,而久系瘐毙者往往有之。其冤惨可胜言哉!近闻直省州、县多设有自新所,以处例无专条、无可办理之轻犯。法诚善矣!倘能推而广之,略仿泰西之法,使军、流以下,皆得自新而自赎,则保全必多,办案亦易。既善持夫政体,又广积夫阴功,当亦仁人所深许也。

查泰西例录,囚虽罚有轻重,律有宽严,而充工一端,实可补中国刑书之阙。盖莠民犯法,半迫饥寒,被拘而生理益穷,满释而依然妙手,欲缓须臾之死,难免故态之萌,若不预为代筹,毕生不克自振。故凡已定军、流、徒等罪犯,依律所限年分,充公作抵。如捆屦织席等事,本所素习者,使之复理旧业。其顽蠢罪重者,则令充一切猥贱劳力之役,如除秽、砌路之类。皆酌给辛工资本,派董经理,俾资糊口外,量留有馀,于释放日汇总发还,藉谋生计。斯既治以应得之罪,复予以迁善之资,谁无天良,应知愧励。至于牢狱羁所,又必宽其房屋,勤其扫除,不使湿蒸,不使破漏,以免染病而便作工。

　　或谓:"中国人心险诈,地方辽阔,严为防范,尚虑脱逃,安能仿行西法乎?"不知各犯之在内执业者,仍高其垣墉,严其约束;而其在外当工者,亦伍耦有稽,出入有节,铁索相贯,健役相随。但于法外施仁,原不因仁废法,正无庸鳃鳃过虑也。

铁 路

夫水则资舟，陆则资车，民生自然之利也。西人本此意而精求之，水则有火轮船，陆则有火车路，以便往来，以利转输，诚亘古未有之奇制也。中国版图广大，轮船之利亦既小试有效矣，独火车铁路，屡议无成，窃未见其可也。

昔美国西北余山郡濒海旷远，自数年前设铁路，近通东郡，遥接金山，由是百货流通，商贾辐辏，户口增至十有八万。德、法构兵时，德提督谓法使曰："如战则我国可于十四日中，在边境集军十万，粮械具备。"后果践其言，获全胜。盖明效大验如此。今俄国精于制造，若自彼至此，筑成铁路，一旦用兵，不半月可达英国。若于印度筑成铁路，至云南边界，则五日可达，而我征兵调饷，动需岁月，急递甫行，敌已逼境矣。可不惧哉！

考西洋铁路，其始或数十里、数百里接续而成。今若仿造，而虑经费不充，可先择要道小试之，俾民间习于见闻，共知其利，然后招商承办，逐渐推广。又闻外国有行军铁路，宽径尺馀或二尺，地面不必铺平，下植木桩，架以铁楞，用则搭，不用则卸，仿而行之，运兵载粮似更简易。火车以美国之式为最廉，工价则中国较廉，故旧金山车路，皆雇中国人造。至铁轨需费尤巨，必须仿照自造，若购之西国，则先失利矣。

且自漕粮改行海运以来,轮船往还费省而效捷,彰彰然矣。而议者或虞海道不靖,欲复河运旧制,劳费无等,不遑恤焉。夫苟劳费无等以复河运,何如移之以开铁路之为愈也。盖尝访诸西人,其利有五:所得运费除支销各项及酌提造费外,馀皆可助国用。其利一。偶有边警,征兵筹饷,朝发夕至,则平时各省兵额可以酌减。其利二。各处矿产,均可开采,运费省而销路速。其利三。商贾便于贩运,贸易日旺,税饷日增。其利四。文报便捷,驿站经费亦可量裁。其利五。已有五利,而无一害,复何惮而不为耶?

或者谓:"夺铺驿夫役之利,一害也。庐舍坟墓,当其冲者必拆毁,二害也。猝为敌所乘,祸发倍速,三害也。"不知铁路之旁,本有马路。火车所拖各车之货物、文件,应于所过某处截卸者,仍需当处人夫、车马接运,何害之有?凡遇山巅水曲之不能避者,梁空可行,庐舍坟墓,亦犹是也,何害之有?各国兵轮、商舶,海道畅通,苟有龃龉,必先封堵,何至于铁路而疑之,且独不可宿兵守之乎,何害之有?往昔议造轮船时,群疑众难,几几不成。既而毅然举行,至今已十年,所谓疑难者安在耶?铁路之利,倍于轮船,正可为殷鉴矣。

电　报

　　电报昉于美国，虽山阻海深，顷刻可达，故各国多效之。英国电报设于王家，商民欲通信者收其费，岁以所入济局用，往往致赢，而军行出奇制胜尤为捷要。昔普、法构兵，普人行军处遍设电线，而尽毁法人所设，遂以败法。盖兵贵神速，所谓先发者制人，后发者制于人，莫电线若矣。

　　国家版图式廓，各省距京师远或万里，近亦数千、数百里，而沿海要害及东三省、内外蒙古诸部落，顷复番舶畅行，强邻逼处。夫兵难隃度，瞬息万变，一旦疆场有事，飞章之告，庙算之颁，动经数日，而彼以电线指挥，捷如影响，恐未易与从前新疆、西域回部诸役可以遥授机宜者同日语焉。津沽为近畿水道门户，宜先设一电线，达两江、吴淞等处，由是而闽、浙，而粤东，凡属海疆及西北际边诸关隘次第举行。平时与民共之，以便商旅、佐饷需，有事乃守以专员，审察其往来，使无误漏。其通商口岸，更设爹厘风以佐之。爹厘风者，某国新制，略如传声器，而亦藉电以行，数十百里间劲气直达，不假书函，如晤对焉。各国商埠多用之，收费尤广。

　　夫轮船、枪炮等物，中国仿行有年，损益犹或参半，电报则有益无损，何不一试之耶？或疑："路长费多，筹措匪易。"不知电行海底，费固不资，若设于旱道，纵越江湖，亦不甚巨。或又疑："转辗翻译,难免漏泄。"不知近有电报新书,纯用华文,且可随时密改号数,如空谷传声之法,则即经理者尚不知某号为某字,况他人乎? 是皆不足虑也。

船 政

今欲维时局、扩远图、饬边防、简军实,上则固我疆圉,屹雄镇于海防;次则富我商民,通外洋之贸易,乘时发奋,思患豫防。其必以船政为急先务矣。

计自闽、沪设厂仿造轮船以来,华人颇能通西法、造机器、充船主,日进不已,厥功甚伟。盖费千万之帑金,积十年之功力,靳而有此,而议者犹谓机器可废,工厂可停,独何心哉?虽然,欲收制船之效,必先筹养船之资。考西洋船制,有商船、有兵船。以兵船之力卫商船,即以商船之税养兵船,是以船虽多而饷无缺。兵船长而中狭,商船短而中宽,其轮机之明暗,吃水之浅深,需煤之多寡,截然不同,而各适于用。今闻各厂所造乃合二者而参用之,运载既不逮商船之多,战守又不如兵船之利,两求其便,转致两失其宜,甚非计也。且华匠纵多巧思,粗窥奥窔,而限于闻见,未能曲畅旁通,成本既多,程功又缓,一船甫就,而西人已别出新奇,远胜旧制,如是而欲其相敌,盖亦难矣。

为今之计,宜选上等华匠,及出洋幼童之聪颖者,亲赴外洋各厂,参互考证,有能精通制造,自出胸臆者,优给廪饩,奏保官职。他日艺成返国,神明变化,用广其传,且即以综理厂务,使工匠之贤否,经费之多寡,烛照数计,洞悉隐微,庶几造艺用人,无欺无滥。

往年中国特设轮船招商局,夺洋人之所恃,收中国之利权,洵为良策。然各厂不能造新式之船,其价又反贵于外洋,所以租造者至今寥寥。盖洋厂机器日新,价廉功倍,以故群商趋赴。往往有华商集资附入西人公司股分,不愿居华商之名者。良以华商创始不得其人,官亦不为提倡。即提倡矣,而一归官办,枝节横生,或赢或亏,莫敢过问。果能开诚布公,释其疑畏之隐,由众商公推一人总司其事,官局、商局并行不悖,将见源源租造,迭出不穷。商船既盛于懋迁,兵船亦资其接济。兴商务即以培船政,榷商船即以养兵船,强富之基,不外是矣。

且泰西船政,有专门名家之学,其法须先通数国言语文字,并娴天算、地舆诸术,官为考校。如涉大海,则应随处皆知船在经纬线若干度、若干分,及各处风信、潮汐,各国海口船旗,以至礁石之有无,水势之深浅,如遇大风雨,则应知如何驾驶,如何趋避,如何测验表度,风雨表也。如何措置器机。必皆合法,然后充副舵工,阅历有年,再考较之,升为正舵工。如果心灵手敏,游刃有馀,可操全船之权,方为船主。如有失事坏船,则选择一二老练船主,会审其坏事之由。果该船主操置不善,则缴其凭,褫其职,入其罪,籍其家产,赔偿船费;倘人事已尽,天实为之,则船主与舵工免议。查西例大伙、二伙、三伙、船主、舵工,皆先到水师衙门考取执照,方可任职。今中国虽仿此制,然恐总管、统带,或未明其理,或不惜其才,因一事之抗差,一言之犯上,小则降为伙长,大则褫其功名。且或学业虽优,而拙于酬应,吹毛求疵,互相抑置。自非得精研西学、知兵之大帅,专其节制,齐其号令,公其赏罚,每年会操一二次,察各船主之勤惰,驾驶之利钝,以训练而黜陟之,正未易作人材而收实效矣。

抑又思之:自外洋入口通商而后,不特占各路商船之利,兼侵内地商民之利。使华商能租造轮船,出洋贩运,渐次推广,固塞漏卮,而华商得与洋人岁时相接,声气相通,利弊情形见闻真切,遇有交涉事件,亦可调停折服,弭息祸源。

　　闻华人之经商、佣工寄寓于外洋者,计吕宋一岛约四五万,新加坡、槟榔屿诸岛约数十万,美国旧金山及其近埠约十四万,越南西贡等处约三十万,古巴、秘鲁各十馀万。其他若日本,若新金山,若太平洋檀香山,数或逾万,或不及万,均建有会馆,设有董事,特以路远势孤,每为彼国所轻侮。曩日闽中船政局"扬武"兵船游历东南洋各岛,吕宋客居华民鼓舞欢呼,至于感泣,谓百年来未有之光荣。一埠如斯,他埠可想。况西洋通例,虽二三等之国,皆有兵船游弋外埠,名为保护商人。堂堂天朝,何难办此。似宜照会驻札各国公使,如各埠华民,有愿得兵船保护者,当自筹岁费,报明领事,请公使转咨船政酌派兵船往来镇卫。或一年或年半更调他船,藉资游练。其一埠不能养一船者,即数埠共养之。如是则厂局有养船之费,海疆有战守之资,中外有声势之联,商旅有利运之益,一举而数善备焉。

水 师

自道光年间海上用兵,炮台悉毁,论者遂以炮台为不足恃。不知非不足恃也,炮之制不得其法,台之式不合其宜,守台不得其人,演炮不得其准耳。西国炮台之式,下广上锐,或作尖锥三角形,台上四面安炮,迤逦起伏,首尾相顾。台下环之以池,其制与中国炮台迥异。凡海口重地,莫不严密布置。今宜于沿海要隘,多筑炮台,悉如西式,环之以水雷,护之以水中冲柜,海岸断续之区补之以浮铁炮台,使与外洋之水师战船相表里。水师战船四:曰铁冲船,利于水战也;曰铁甲船,利于攻坚也;曰转轮船,利于肆击也;曰蚊子船,利于环攻也。

守具既备,合直、奉、东三口为一镇,江、浙、长江为一镇,福建台湾为一镇,粤省自为一镇。四镇各设水师,处常则捕盗缉私,遇变即同仇敌忾。曷言乎直、奉、东为一镇也?津门为京畿屏蔽,要口则在奉、东。咸丰十年,英、法犯津,夷船辎重,皆分驻威海、崆峒各岛。若仅防津门,而奉、东二口并无牵缀之兵,是北洋之防未固也。今宜以铁甲船四艘为帅,以蚊子船四艘、轮船十艘为辅,与炮台相表里,立营于威海卫之中,使敌先不敢屯兵于登郡各岛。而我则北连津郡、东接牛庄,水程易通,首尾相应。彼不能赴此而北,又不便舍此而东,则北洋之防固矣。曷言乎江、浙、长江合为一镇也?

江、浙仅设内防,长江仅有炮台,口外尚无大队水师以备冲突,是能守而不能战,不能战即不能守矣。宜如北洋例,立营长江口外,并于镇江、狼山诸要害分驻水师,使彼不能遽入长江,则中洋之防固矣。曷言乎闽、粤分设二镇也?台湾为七省门户,台地新开,群思窥伺,更宜仿设水师于澎湖,以为闽省之重防。粤省华夷逼处,洋舶纷屯,较他省尤宜防范,一体设立水师重镇,则南洋之防固矣。其馀各省滨海要区,惟宜精练陆兵,严为防守。以水师往来游弋,或会操,或会哨。分设电报,声息相通。至东、西各洋,宜每洋轮派一铁舰巡游各埠,以资历练,以卫商民,收防海之实用,不徒务防海之虚名而后可也。世之论者因持守外洋不如守海口,守海口不如守内河之说,辄谓船厂可停,水勇可废。不知水陆形势,彼此既有短长,则趋避之术亦顷刻而万变。墨西哥为美利加洲强大之国,惟未于沿海设备。西班牙遂屡以兵舶扰其海滨各口岸,待其师劳力竭,财耗民讧,一举而歼之。今若置外洋海口于不问,则设有师其故智,疲挠我师者,既难节节设防,人将处处抵隙。前明倭寇,殷鉴不远,固未容偏执一说耳。

虽然,精练水师亦甚难矣。海面水师与江上水勇迥然不侔,江则广艇、舢板、小轮船已为利器,海则非有铁舰、轮船,配用巨炮,断不足与敌争。江则两湖、三江之人皆可召募,海则风潮掀簸,非闽、广、宁波沿海之人往往呕吐,委顿不能便习重洋。江则支河小港一望可知,海则浩无津涯,非练习多年,不能测浅深而定方向。即江面得力之将弁,用之海上,亦恐迁地弗良。水战阵势避撞、放炮诸法,精蕴甚多,详见上海制造局所译《水师操练兵船阵法》。书中西人谓:水师之事,非在书院朝夕讲求,多历年所,难资纯熟。宜设水师学堂,聘师教习,选闽、广、江、浙十六岁左右,体充性敏、文理通顺者,学习洋操步法,历练风涛、沙线诸事,以备考用。

今轮船虽渐制造,未必尽如其术;枪炮虽经操练,尚难遽造其精。惟有于设有四镇之前,考取水师中善于管驾、精于武备者,分为统帅。至轮船管驾将官,必须洞悉测风防飓,量星探石,辨认各国兵舶,熟识各口沙礁者,方膺是任。兵弁亦须选年富力强及沿海熟悉水性之人,配入轮船,随时操演,拾级而升。加其廉俸,重其委任。四镇水师提督外,另派一谙练水战阵势者,为统理海防水师大臣,近日轮船碰帆船甚多,宜设一水师衙门,明定章程,颁示天下:如有碰船之案不易结者,会同西官审断。专一事权,遥为节制,时其黜陟,察其材能,事不兼摄乎地方,权不牵掣于督、抚。优其爵赏,重其责成。取西法之所长,补营规之所短。除弊宜急,立志宜坚,用贤期专,收功期缓,行之以渐,持之以恒。十年之后,有不能争雄于域外者,无是理也。

火　器

工欲善其事,必先利其器。况兵凶战危,死生存亡系焉者乎?

西人专用火攻,其器固以钢炮为良,更以德人克鹿卜炮为最。缘钢产莫佳于德国,而克鹿卜炮之制炼尤精,以故名噪诸邦,五大洲争相购置。其所制十二磅弹小钢炮尤能制胜。盖炮体轻,则易于运动;炮质坚,则经久如新;炮子合膛,则线路有准;炮身长,而有来复螺纹,逼子出膛,则命中而及远。所用开花弹,皆炼双层铁体,外裹四铜箍,已胜于裹铅之弹。况他弹仅炸四十余片,双层之弹可炸百数十片。计药不过一磅,其力竟及数十里之遥,较寻常洋枪杀敌多而用人少。此陆路山行之利器也。又有新制气球小炮,弹配开花,制如后膛。其式与抬枪相仿,略大而长;其用与搭提同,复灵而便。放平则击敌骑,侧上则击气球,故有是名,与十二磅弹炮同功。此水陆近攻之利器也。田鸡炮可击铁舰,在丛林泥城之内测量远近,向高施放,子落船面,无不炸裂伤人。盖铁船面薄易穿,旁厚则不易穿也。七十二吨钢炮,久推神品,惟身长体重,宜防守不宜攻战。至非尔后膛炮,有螺丝纹,可分两节,临用装合。按普国所用火器,专恃墨迭儿鲁士炮,迥与别炮不同,制度略如六门枪:四周有八轮,皆可旋转,每轮纳弹三十七枚,一分钟可施放八轮,发弹二百九十六枚,炮形不甚广巨,其用极为迅速。八轮皆可以螺丝嵌入,不用之时,即可卸置,倘临阵败北,即分散委而弃之,非如前膛枪炮,易于资敌也。此水陆专防之利器也。

至于洋枪,从前皆用前膛。自美国林明敦、秘薄、马地尼后膛枪出,各国皆改制仿效,出奇斗巧。未几德之马地尼,英之士乃大及马地尼亨利,法之查治布接踵而出。今德国又新出后膛茅塞枪。美国出七响至三十四响后膛枪,每分钟可放五子至二十二子,远及三百六十丈至八百丈。要之洋枪必须后膛,其提装施放远而且速者,乃能以速击迟,以少击多。其枪之机器,又须件数少而制造精者,然后易于修理。

火药则小炮用小粒,大炮用大粒,放水雷用棉花火药,各称其宜,而德之六角七厘药尤为耐久力猛。弹子之名,虽有开花钢弹、开花生铁弹、生铁群子弹、洋铁管散子弹种种不同,更无有出于德国双层铜箍之右者。枪弹皆用子药,然必须外加铜托,方无迟误之虞。断不宜用纸托以图省费。炮架及后膛枪炮之后门、火管各件,无论或买或造,均宜多备一副。倘或对敌失利,即拔出后门、火管自行携去,纵为敌人所得,亦无所用之。此又运用之要道,不可不知者也。

惟火器既日出日新,购用宜慎之又慎。慨自防海以来,各省采办军火,皆未能择善而从。甚或勾通洋行中人,加价报销;或外洋制造不及,即以旧货装饰混充;或先定者出货有期,后定者肯出重价,遂以前定之货,腾与后定之人。委员之受累,军营之误事,庸有既乎。宜派精明枪炮之员,亲至外国,或函至外国枪炮厂,详考细择,方免欺蒙。且一炮有一炮之性质,一枪有一枪之规模。弹固分大小尖圆,药亦判铢两轻重,尤宜使归一律。更换新式,亦宜通行更换。且所用枪炮,必须预定其数,先行制造,操纵自如。若一一仰给于人,购诸外国,倘一朝有事,局外之国,或谨守公法不肯出售，或敌国行贿反间，绝其来源，只奋空拳何能御敌哉！

　　至所置火器日久阁置，朽锈随之，更宜责成该管弁兵动息不离，时加磨洗，稍有锈坏即罪其人，庶不致耗巨款而收实用也。兵无利器与徒手同，器不命中与徒器同。自海疆有事以来，不讲求用炮之人，施放之地，与攻炮、守炮之别，陆炮、水炮之宜，纷纷以购炮为词，以铸炮为事。或发数百炮而中一炮，或发十炮而中一炮，未闻足以拒敌，而适以资敌也。

民 团

寓兵于农,古之良法。后世民团,亦差近之。近如湖州赵忠节,绍兴包义士,自捐军饷,训习民团,捍卫一方,始终不屈。又如澧州五福团,岳州平江团,四川中江团,江苏溧阳金坛团,及河南、广东所练民团,无不实事求是,胜于招练多矣。

考德国军制,民除残疾即充伍籍。先学攻守之法数年,然后入群。遇有出师,责无旁贷。年二十始籍于军,三年充战兵,四年充留后守兵,又五年退入团练营。每岁两次演操,万一战兵不敷,仍备调遣。年至五十,止守本国,不列战兵。其传教及文学富贵人不入兵籍,如事值危急,出而教练,或充守兵一年,馀则团练以保地方。法国章程,凡部民应效力者,悉籍为兵,不准出资雇代。自二十岁至四十岁,均充行兵或守兵,各兵分隶各群,后充行兵五年,战兵四年,留兵五年,成兵六年。战兵者,二十岁以上至二十四岁壮丁也。留兵者,已曾经历行阵,退老休息者也。行兵、成兵均随时派驻各隘者也。除疲癃残疾不入兵籍外,更有免充兵丁数条,如:无父母之长子,例应留养幼弱者,免之;寡妇之子,或其父出外而子须留养其母者,免之;父年七十以上,子当留养,或长子、长孙、长曾孙,均免之;兄弟两人,长者免充,或其兄业已当兵,其弟亦免之;兄弟或有当兵受伤阵亡者,俱免;已入水龙会及出外贸易者,亦免之。

凡受伤残疾之兵，皆给衣食，以终其身。

　　盖泰西各国，寓兵于士、农、工、商。有警则人尽可将，人尽为兵。缓急征兵，顷刻可集数十万，兵费不縻，而兵自足。昔普国君臣卧薪尝胆，国人亦莫不知兵，卒以胜法。英、俄各国近复效之，精益求精，争雄海外。

　　朝廷诚谕饬各省督抚、将军、都统，慎选知兵任事之员，认真教习。沿海州、县边疆等处，次第举行。先择什长百人，设局训练，教以刀、矛、枪、炮四种。一俟学成，各教其所辖之十人；十人学成，则各自教其家之人。使人尽知兵，同心用命，归地方官管辖、征调，时加校阅，察其贤否，予以黜陟。如有才识过人，防御得力者，或保官职，或给顶戴，以资鼓励。而民兵之未尝学问者，更为设塾延师，五日赴局，宣讲圣谕、乡约一次，及古来兵法阵图、名将事迹、御敌立身等事，使忠义之心油然而生。处处团防，村村联络，声势相应，休戚相关，而国无筹饷之艰，兵无远调之苦。将见士皆劲旅，人尽知方，转弱为强，在此一举。

南游日记

《南游日记》自序

自泰西火船、铁路之制兴，无险不达，无远不通。于是士之适四方者，每以周览地球为一大快。盖于是而后得以见所未见、闻所未闻也。余甚慕之，顾以公迫未遂也。

今春法夷侵我越南，彭大司马督办粤防，奏调官应来粤，檄往西贡、暹罗侦探敌情。窃维法人自巴黎来华，水程二万馀里，宜亦不可久恃，而顾能兼并藩疆，煽乱区夏，惟见其势之张，不见其气之馁者，则以西贡为之屯聚、为之转运也。然则我今日之欲图法，不于西贡是图而谁图哉？虽然，非易易也。法人自咸丰九年夺取西贡，设大帅镇抚其区，经之营之，二十年来无少间日，阳与邻邦和好，阴怀兼并之心。暹罗、缅甸各岛，不知合从，徒堕彼族縠中。苟能幡然变计，同事中国，力御外侮，非独法不足惧，而英亦不敢雄视南洋矣。

余此行：首西贡，次暹罗，次金边，更欲由西贡乘轮船游新州、广义、会安等处；入河内，出海防，返廉州之北海。欲穷中越交界沿海形势，备悉夷情要领。惜谅山起衅，所历未周，被阻而出，则此中不无快快也。然法人之巢窟，藩服之（谈）〔设〕施，大略规模，粗在于是，其亦筹边者千虑之一得乎！若例以地球之壮游，则固远愧乎此。

光绪十年岁次甲申孟秋月，香山郑官应谨识于羊城应元书院之熔经铸史斋。

彭玉麟识[①]

陶斋仁弟宣勤王事,奔波南洋,往返各岛二万里,从谋远略假虞之计。无如时移事易,今昔不同,谋虽成而不能行,诗以贻之,尘吟坛哂政,同深慨叹也。衡阳彭玉麟识于海南军次。

远涉沧溟万里舟,一腔热血耿中流。洪涛百丈凭夷险,壮志千寻足智谋。拔剑有歌悲易水,击锥无地劈秦沟。归帆满载艰辛重,惆怅英雄愿未酬。

---

① 标题为编者所加。

龚易图识①

陶斋先生岭南倜傥磊落士也。家居濠镜，久客津、沪，见义勇为，迭受知于醇邸、李宫傅伯相。本年彭大司马奏调来粤襄办营务，予适权藩篆，把握既久，颇证心源。初读其《南游日记》，忠愤之气，溢于楮墨，以为功名中人耳；今乃知少慕道术，若李青莲访元丹邱，数十年罔懈。曾在兖赭罗浮遇师授真诀，而乏黄金购灵药，大还未成。姑溷迹市朝，效汉少翁、唐孙真人。予亦有志于炼形者，安得腰缠十万，相与筑室潜修，拍洪崖肩，携安期生朝游碧海暮苍梧，化身亿万以救世，而生平之愿庶几共遂乎！夫神仙出于忠孝，而又英雄才子之归宿也。抱朴、纯阳其明证矣。爰赠以七律四首，并志交谊。侯官龚易图谨识。

出门已见气如虹，湖海交游干济同。卉服均函中国泽，布帆欲振大王风。遥持汉节思回日，直瞰蛮荒冀建功。冠冕文章沧海使，扶桑回首旭曦隆。

海上烽烟忽报秋，日南有客凭危楼。条陈利害赵充国，奉使安危博望侯。转侧邦君心未定，行边都护愿难酬。但看问俗兼筹笔，抵却书装几汗牛。

---

① 标题为编者所加。

不计功猷不计名,仗持忠信压潮生。片帆虎穴经营苦,只手蛟宫出入轻。玉节绣衣宣壮略,金戈铁马动军声。何如舍却兵家事,回首天边月正庚。

当年臭味契如兰,谁意仙机订玉坛。所愿翻身腾宦海,但求得地饵真丹。君为先导吾何怯,事有因缘侣不难。一贯天人期得一,何须重理钓鱼竿。

南游日记

　　光绪九年夏,法兰西欲兼并越南海防,因借端与越南开仗。我国念越为藩服,力与理论,不合,遂出师助越。法国亦使兵船扰我海疆。朝命兵部尚书彭玉麟宫保督办广东海防,奏调官应回粤差遣委用。时官应在沪总办轮船、电报、织布三局,兼办神机营采办军械及侦探军情。官应本不能行,惟叠奉电旨催即前往,遂将各差事禀辞南、北洋大臣,交卸南下。

　　十年正月望抵粤①。奉宫保札委会办湘军营务处。旋奉督、抚宪张、倪札委,赴香港与英兵总理论提炮事。宫保又委会同办理沙田捐事。

　　五月,宫保欲谋袭法属西贡,绝其储粮之区,密委官应潜往西贡等处察看地势民情,并委问暹逻国王有无借兵助法。五月十八日辰初,过南石头谒宫保于防次,以启程告,并请功牌赏给吕成。谈甚久,慰劳备至。官应起。叩辞。宫保曰:"宜慎密,毋贻国家羞。"官应肃容对:"君事不密则失臣事,机不密则害成易。义宜凛矣! 事之成否不可知,官应岂敢宣泄。"返行台着仆役捡行李,邀罗宇弥同行襄理文件。未初,附"保安"轮船,伍惠南来送行,并请往

―――――――――

①　郑观应抵粤确切日期为光绪十年二月十八日。

港。前约吕成在此舟相会,至则寻觅不见。吕成自少贸易南洋,往来暹、越,豪侠仗义,徒党甚众,曾在西贡屡与法人为难,曾为陈说恢复之计,井井有条。余深契之,欲收为国家之用,厚赠资斧,使深入暹、越扼要之地,探勘情形。此处不见,殆先期而往乎?夜间大雨如注,舟过虎门,莫能仰视,且天气炎蒸,殊难安枕也。

十九日　　辰巳大雨

寅正抵香港。计省河至此行三百八十里。随请伍蕙南购上舱船票,附搭法公司"益须时"轮船,巳正过舱,蕙南辞去。午正开行。

船周身长一百一十七蔑,每蔑合华尺二尺四分。阔十六蔑,深一百零四蔑;机器合七百匹马力,每昼夜行三百英里,每英里合华里三里三分。烧煤三十八墩,装货客一千八百墩。全船船主一人,大副、二副、三副、四副各一人,司机器四人,医生一人,水手三十六人,火手五十人,管银钱帐务一人,管事三人,伺候中外搭客者二十八人,华十四、洋十四。厨房火手七人,管火食者三人,华一、洋二。做面食者二人,屠手一人,木匠四人,伺候中外女客者洋妇二人,扯旗者四人,司炮者三人,船面巡更者三人,管绳索者一人,做华食者一人,斟油者十五人,凡一百七十二人。客舱分五等:凡头、二等,舱中所设床铺被褥、面盆水杯等物大略相仿,惟食六品、三品为稍异耳;三等舱则多人共聚,三等叠榻而居,高者四层,人得一榻,烹饪不如二等之精美矣;四、五等住船面,不能入舱,四等食麦饼牛肉之属,五等则自携糇粮食之。客房夹中为客厅,几案相对如长廊,客房凡百二十间。每日辰初茶食,巳末早餐,午正点心,申初晚餐,戌初茶食。早晚餐时预先半刻鸣钟,届时再鸣,搭客俱就席坐,肴膳多牛、羊、鸡、鸭、鱼、虾之属,佐以桃李枣糕,听客随意取食。船中规条甚肃:不许大声疾呼,不许赌钱掷骰及房外梳洗,不许随带军器,一犯其禁，即被呵斥。

初开行时，水犹碧色，至酉初，则深黑无际矣。傍晚船颇簸荡，宇弥及仆从率呕哕狼籍。余坐立如常，时出舱面徘徊，与英商闲话，藉可照料也。

二十日   间有微雨南风大作

午正，牌示行二百七十六迈。合华里九百一十里。由香港往西贡计程九百十一迈。舟人初持南南西针行四百二十迈，转正南针行三百一十三迈，又转西南针行一百零九迈，又转西针行三十一迈，又转北针行三十七迈。是为西贡海口。

舟中有华人名高坤者，久于是船，因与访问法事。坤曰：此中有教士号神甫者，寓中国二十年，遍历十八省，曾语船主曰，两广、云南实中国富强之区，又地势利便，取此三省，不惟霸主东南，并可横行中国，特不取安南，无以为屯兵之所，乃安南取之甚易[①]云云。余思法人如此居心叵测，尝闻其私议欲先取安南、金边，蚕食暹罗、缅甸、滇、粤等处，成一外府，与英之印度争雄海外。惟恐中国兵多难胜，拟以水师扰我各口，分我兵力，即踞台、琼为取煤驻足之处，又使教民内犯，招土人以当前锋，其心可谓毒矣。查安南之亡，虽曰法兵之强有以制之，亦缘教民之众有以应之。吾省自道光以来，教士横行，无业贫民，半入邪教，倘若诱而为乱，未见不蹈安南之覆辙也。筹思辗转，心益耿耿不安。

邻房有日本人，名大川平三郎，不解华言而能英语，自云善以机器造纸，此番游历欧洲，将遍考制器利用之学。余甚壮之，作二诗以赠，异日倘游日本，则多一东道主人矣。

[①]　原底稿在"乃安南取之甚易"后，有"而黑旗如此顽梗，诚出意想之外"。

二十一日　　晴上午风盛未刻息

午正,牌示行二百九十二迈。未初风息,船就平稳。(弥)〔罗〕宇弥亦坐定早膳。遥望北岸安南平定地方,大山重叠,耸峙水滨。见水手携一书信箱置于船傍,日本平三郎谓英邮政局人曰:"日本讲求西法,惟于邮政一事,日有精进,丁丑年结算不过收银八十一万三千七百七十八元,除用只馀四万五千八十三元;及观己卯年,已进至一百四十二万四千三百五十元,除经费一百三十四万七千七百二十二元外,实馀银七万六千六百二十七元。查其经费:计邮局大小官员及雇西人数名,统共一万零八百七十三元,此外皆助三菱公司及商务局各处学校等经费,其数甚巨。是为利益之一大宗也。初创时,英、美两国尚有书信馆,越年尽已撤去。凡西人书信,均交日本寄递,而邮政利权全无渗漏矣。"平三郎复问我:"中国曾设邮政局否?"余曰:"此固各国应有之权,而东方诸国虽小,独能伸其大权,收其全利,我所未能者。非日本果强于中国,但办事之留心与不留心耳。"

二十二日　　辰刻大雨风起微凉

午正,牌示行二百八十一迈。未初,抵头顿山。有望楼高竖法旗,西贡见之,即知本公司船已抵头海口。头顿山系芹(涤)〔滁〕江入海之口,为西贡第一门户,距西贡水程不过四十里,而纡回曲折约九十馀处,阔仅十馀丈,惟幸水痕尚深,故轮船亦可缓缓而进。两岸率皆平洲,洲上草树丛生,青葱密茂。又时见渔舟逐队往来洪波巨浪之中,乃忽得此山纡水缓之处,顿使人忘其为浮海之客矣。日夕停轮,以沙滩多浅不敢前进。

二十三日　　阴晴相间

卯初,抵西贡。辰初,邀宇弥登岸,入中国招商局,晤商总张沃生沛霖,促膝接谈中外之事,各相咨访。早餐肴膳精洁,风味可人。

午初,出游花园,园去招商局约二里外,马车瞬息而至。园前一大池,中有一岛二艇,白鹭约三四十,翔集蒲藻间。从左入,一铁房蓄二虎,其侧四柜:一贮狐,一贮狸,一贮蛇,一贮豹。久视皆沉卧不起,岂其性之独驯乎?抑久锢而使然也?行二十餘步,有亭翼然。亭侧广植花卉,多不悉名。亭中大树约十餘株,张以铁幔,间为四室,中养禽鸟约数十种,飞鸣相得,忘其在樊笼中。室中水沟蓄一鳄鱼,长丈餘,状甚粗蠢。亭外茂树森森,俨有古昔列树表道之风。旋从右出,过其天主教堂,欲阅自来水井,重门锁闭,不得入也。回车历见总督署:有兵官房,有审事衙,有养病房,有法兵房,有土兵房,或则高耸,或则宏肆,令人览之不尽。返招商局已未末矣。沃生复留晚餐,肴膳较早更为丰腆①。戌正返舟,沃生送至舟中,留茶而别。

是日搭客约四十餘人,多法兵头,有一画、二画、三画、四画者,

---

① 原底稿在"肴膳较早更为丰腆"后,有被删去的如下一段话:"细问此间新政近日若何,曰:我国新与法和,彼侪喜出望外,谓全越疆土概归其属,滇、粤两省均可通商,中国利权将来必为所握。然不扫灭黑旗,终是梗塞道路。三日前已在此简选精兵八百,调攻保胜。法兵登舟之日,父兄妻孥莫不涕泣以送曰:此去恐不生还矣。将收尔骨焉!哀号之声不绝于道。余曰:黑旗亦犹人耳,何法畏慑至此?曰:永福之勇敢善战,法人深恶之,又深佩之。昨阅彼国新闻纸云:不畏岑毓英,不畏潘鼎新,望见黑旗兵,未战先寒惊。又曰:此人倘难速灭,亦即须设法招降,免为中国所用。夫彼国视永福如此其重,而黄桂兰、赵沃乃欲以隶卒视之,不识英雄,妄自尊大,宜其丧师辱国至于此极也。如朝廷又不给刘永福以爵秩之赏,征伐之权,恐军械粮饷不继,终难抵御,从此忠臣义士闻者寒心,泰西各邦更轻视我国矣。或谓永福纪律不严,终难防溃事,为帅者当推诚布公,虚心以教之。"

又有带病者,询其所由来,云自东京返国。余聊与周旋而已。热甚不能安寝。

二十四日　　晴南风大作

辰初起轮,循旧路出芹滁江口。午初,过昆仑山。山周围约百里,为西人入西贡之总门户,法人取西贡后,即以兵戍守此山,上建一炮台,常以兵了望各国往来船只,华人在西贡犯罪者,辄流之岛中,使之开垦荒地。近闻该岛已有二三千人,十年后当成一部落,又可建立通商埠头。西人之设险守固,国与开土聚民固无在不用心也。午正,牌示行六十四迈,距新加波尚五百八十馀迈。

二十五日　　晴南风未息

午正,牌示行二百八十八迈。西贡附舟之客,法兵头中又有教士五人,每餐船例必对席同饭。教士时以语相盘诘,余以贸易南洋应之,幸未为其窥破,然终日不安也。自是日记不敢在舱外写矣。

二十六日　　申刻大雨

午正,抵新加波。登岸入招商局,晤总办陈昡音,名金钟,伊祖福建漳州人,居此地三世,现为暹罗领事。叙寒暄毕,余以来意告。昡音怃然曰:"越南亡矣,中国败矣,和议成矣,吾何知焉,吾何知焉。"余曰:"君不必为是悻悻之言也,君虽为暹罗之官,实中国之人也,中国受辱于西人,平心论之,君独不受辱乎? 官应破浪乘风,不远万里而来,以为君识大体,力任时艰。今法人逞其强悍,据安南,灭金边;英人肆其阴鸷,踞印度,夺缅甸,并侵海疆南洋各岛。此皆假通商、传教为名,实则心怀叵测。越南已受其愚,须早合从以御暴。

若暹罗犹迟疑瞻顾，不联缅甸以事中国，将来必蹈越南覆辙，不为英乱，定为法灭。况中国现已励精图治，数年来，练水师，制铁舰，王师英武，何难远近交攻，四讨不庭。且计暹罗之罪有三：暹本中国藩属，多年不贡，其罪一；别国之人在暹不收身税，专收华商之税，其罪二；昔年暹王郑昭系中国人，已受中国敕封，今暹王之祖系其相臣，郑王误服蛊毒不能保护，反弑以自立，其罪三。似此藐视中国，理宜兴师问罪，按照公法有谁敢保护乎？君既食其禄，而不分其忧，乃如是悻悻以拒人哉！且君不有函以相召乎？曾几何时而前言之顿弃也。"呟音见余色厉，乃改容谢曰："吾〔非〕^①不知尊中国也，但恨君民之气不达耳，富强之策不兴耳。如必欲图之，则吾有术也。然必蓄三年之艾，而后可起沉疴；且必有破格之酬，而后可共大事。"余曰："其术若何？"曰："即与暹罗通商而已。诚能通商，则奇谋秘计可得而措矣。"余曰："愿闻其详。"因屏左右，属耳约数百言。余心乃沛然莫御矣。余曰："然则余其暹罗一行乎？"曰："可。但不可以是告暹王也，告，则吾计破矣。明日有轮可即行乎？"余曰："君速具书为官应先达来意，余即往矣。"呟音即援笔草奏一通，余亦料理行装，嘱宇弥将一切情形禀达宫保。子正就寝，汗出不息。

二十七日　　午间大雨

辰起封发各处信函，检点旧稿，属宇弥校订，缮写一帙，寄呈新莅粤督张香帅。满腔心事尽在数稿中^②。清检礼物致送暹罗君臣。

---

① 原底稿脱"非"字，据《盛世危言后编》卷五《禀报督办粤防大臣彭宫保在西贡金边暹罗等处察探法人情形》一文补。

② 原底稿在"满腔心事尽在数稿中"后有"此公前实有无穷冀望也"。

未正登舟,舟名"希翘巴",系英商蓝烟通公司船,专载货物,往来孟角、新加坡两埠,其制小"益〔须〕时"一半。该公司共有轮船四十馀号,来往中西各埠,获利甚厚云。戌初启轮,傍斜仔六坤而进。

二十八日

横风大作,舟极震撼,寝馈不安。有同舟德人布郎问曰:"贵国鸦片每箱捐税若干?"余曰:"每箱不过数十两。"布曰:"西洋鸦片税则,最重每箱捐至千馀元,西贡月销六十四箱,月征膏银十万元,新加坡月销五十二箱,征银八万元,较之贵国所征约加十倍。查印度所出鸦片,由官收卖,凡民欲种莺粟者,报官丈地,由官发本辟种,一俟收成,尽数缴官;官为扣除领本并征税额,馀则悉归种户。旋将莺粟发官厂制成鸦片,运口拍卖,每以五箱一拍,书价最昂者得,一时之久可拍卖五千箱,诚关印度度支巨款。然欲禁鸦片来华,似非彼此推诚筹办,归官收卖,每岁递减不可。欲禁吸食者,必须请朝廷颁示天下,已吸者宽以年限,如逾限尚吸者,则视为下人,不在衣冠之列,或冀畏而不吸也。"余曰:"此论予旧作《易言》早已详及之,无如当道不能认真严办耳。"

二十九日

雨细风狂,舟播如昨。酉初,浪涌入舱,箱笼尽行推倒,呕吐大作。顿闻叫喊之声,询为机器将坏,中心甚觉皇皇。俟停轮修整,逾五刻开行。

闰五月初一日

风势颇减,而舟尚掀荡,盖缘船底平宽,不能破浪之故。亥初,抵湄南江口,水浅不能入口,遂停宿于此。

初二日

寅正潮涨,船遂鼓轮而进,江道纡曲,约四十馀里至孟角,是为暹京。舟抵岸,振成栈郑庆裕以车马来迎,余即寓其栈。行李必须税关验看方准搬运。是处沿江两岸地势平衍低洼,居民多于水滨架屋,铺板为地,搭寮为栅,屋小如舟。曾阅《瀛寰志略》所载:湄南河势缓而散,田畴藉以肥沃,农时掉舟耕种,秧莳毕而河水至,苗随水长,不烦蓐溉,水退而稻熟矣。今之所见,殆不谬也。

初三日

晨起,遍观振成火砻机器厂,颇宏敞。询庆裕:“资本几何？每日出若干米?”庆裕曰:“资本十万元,每日可出白熟米二千石。”工省而利多,足见机器之利溥矣。查暹罗火砻机器厂计有六处,出米之盛可知矣。

初四日

清检礼物分送暹罗国君臣,午正邀庆裕往谒暹国王弟利云王沙。现官钦马门军机中书,兼管度支稽查银库务。延至申正始出。彼此握手为礼,以通事传话。余曰:“本道来此,奉我国兵部尚书彭命,问安贵王。现因法兰西并灭越南,我国恶其狼贪,出师伸讨,外间风闻有贵国助法攻越之说,其传言之误乎? 抑确有是事乎? 谨此致问。”彼覆曰:“助法攻越,敝国实无此心。今春二月,法领事曾向敝国言,欲借兵偕往东京助战,敝主已力却之。其领事已覆书法廷,上国可以无虑。”余曰:“贵口不助法人,本道佩甚,然贵国臣贡我朝,世已二百年,世守恭顺,中外皆知,今既不助法以攻越,其复修贡职乎?抑助中国以图法乎?"彼覆云:"贡职不修,敝国无罪。在昔二十八年,敝国遣使修贡,入广东境,途中遇盗,劫掠我贡珍,杀伤我贡使;翻译国书又多删改,敝国之意无以上达伸诉。自是以来,不敢效贡上国,无得以此相责难。惟助中图法,敝国甚愿,然必须订立条约,方能措手。拟派敝领事陈金钟赴粤东、天津,与彭宫保、李傅相商议条约,上国其许我乎?"余曰:"贵国果能知幾,我大臣必能体谅。"各相慰劳而别。

初五日

邀庆裕往谒总管华人事务刘乾兴,籍广东嘉应州。示以来暹之意。言毕,邀乾兴同谒外部尚书公必达,递与陈金钟书,并请贵国君臣书复,以便我国施行。彼覆云:"即刻不能定约,须禀敝君方可定见,君在此候数日何如?否则我覆书于金钟亦可也。"忽传英领事至,余不便多言,起身告别。

晚间庆裕邀宴,同席者吴明峰、梁松岩、蔡芝岩、吴镜轩、陈子华诸君,皆潮州人商于暹者。酒酣,俱以暹罗苛待华人相告,欲请中朝设立领事。余曰:"诸君既不堪其虐,可具禀来,俟回粤东将请宫保代奏也。"

初六日

辰刻,刘乾兴来回拜。余以华事两端相询,所答皆非所问,意趣既不相投,衣冠悉更暹制。乾兴广东嘉应州人,其父贸易暹罗致厚资,遂入暹籍,现官丕也,总理华务,其二子亦居三、四品官,其女选为王妃,亦客民之桀黠者。语以华事,漠不关心,亦大可怪也。

中国殷商在暹罗多承充巴士。巴士亦即包揽货捐之名。如富而有才者，愿改暹装娶暹女为室，暹王方准予三品职官。闻昔年有福建富商黄多，改暹装，竟升至首相，今其孙亦官户部尚书，不自知其本来姓氏籍贯矣，因暹俗有名无姓云。

初七日

吕成到，谈暹事甚久。午初，乾兴以车马来迎，入佛寺观剧，皆番女所演，甚不耐观。佛寺左为戏台，右为经院，番僧诵经约三四十人，询其故，曰："今有王宗室已故，停柩在此，一面请僧诵经，度亡魂升天，一面以番女演戏，使亡魂行乐。三昼夜后即将其柩焚化，拾其骨烬为立浮图"云。未初返寓。

初八日

晨起倚楼，见男女浴于河滨。盖南洋工人早晚必须沐浴，不然即病也。郑祥盛过谈暹事甚久，并云暹城之西有高塔可以眺远，须有执照方准登临。遂托领照同往一游，以舒眼界。祥盛系公必达随员，五品职衔，开有机器锯木厂，凡富商大贾、暹相与之声气相通，备悉商情利弊也。申刻，赴王晋卿花园粤商公宴，同席者：叶道昭、吕成、钟福如、龚佐良、陈子坡、冯勋南等。戌刻，席散回寓。

初九日

早辰起，记昨宵梦有人持帖来拜，帖上似有数名，余认不清，惟上一名写"杨宝昌顿首拜"字样。余整衣见之，叩说贵台远来，有失迎迓，稍坐即别去，余亦醒。不知何兆也

未初，福州郑长盛来见，余问："暹地华人计有多少？"郑曰："华

人在暹罗纳身税者约六十万,不纳身税者约百二十万。其本国民亦不过二百万,华民约略与之相等。"因进言曰:"华民如此其多,按照公法,定当设立领事保护华民,现在各国或数千人或数十百人,无不设立领事,独我朝不设此官,是以华民受其苛虐,无处申诉,此亦中朝之缺事也。请为我民陈之。"余闻之恻然,曰:"尔不必多忧,俟回广东将力请宫保出奏也。"

暹罗地图甚少,数觅不得,因托振成洋匠美士坚代觅。是晚问伊领事借来暹图一幅,订以明日归赵,遂取纸笔照式模出,睡时已丑正矣。

初十日

郑庆裕、刘乾兴邀游王城,其中屋宇率矮小,仅容出入。朝外有兵房数处,循此前进,是第一重门,左为刑部署,右为兵部署,养象所、铸银所均在。门高不过七尺。两署侧多兵房,兵约千人,悉效西装。乾兴引入博物院,所设山珍海错古今器具物类,新加坡而不及香港之繁备。又导入佛寺,门外金塔林立,阶下列石人数十,肖各国官状。墙上悉绘古今战图,循阶上进,佛殿以铜砖甃地,顶上佛一躯,系水晶所镂,下二躯及左右佛俱金铸。凡窗壁墙柱,莫不以黄金涂饰,彼国富丽之观,于斯为极。由此而进为第二重门,即朝房宫殿,非有宣召不得擅入。余至此返。随适金和利机器砻米栈大宴,主人甚多,潮商公请也。子初归寓。

十一日

辰刻,刘乾兴、林遂昌系乾兴副司具帖请是晚饮宴。戌初往。肴核仿佛潮州风味。乾兴所居楼房高敞,装饰辉煌,铺设桮椅器具皆仿西式，所用槟榔盒、茶壶、茶杯，皆金制，盖暹俗凡三品以上官方许用也。暹王因地方荒寂，故广招富商入籍，以冀遍造屋宇，振兴商务，与其国计民生均有利益也。闻乾兴有轮船两艘，运货往来香港、石叻等处，并设米砻机器云。子初，返寓就寝。忽呕吐大作，兼腹痛梦遗，辗转思之，余本无病，骤然得此，岂席间中蛊耶。

十二日

晨兴，强起作书辞乾兴高塔之游，并谢公必达宴，皆昨夕所约也。辰刻，呕吐又作，精神困倦，刘乾兴、郑源盛来，以病不得见。庆裕见余病势，相谓曰：莫是昨晚吃了降头，华人谓之蛊毒。请以符水化解何如？余曰："余来异乡不悉土俗，如能起病不须服药，任君为之。"少顷邀一僧来，嘱随手摘一树叶递彼相看，僧令盛清水一盆，对水画符诵咒，引余坐椅上，即将符水从头淋下，口中喃喃不绝，淋后顿觉身心爽然，不料符水之力有若是之效验也。明日欲返新加坡，随托庆裕觅舟。暹官闻余行，即晚利云王沙致送程仪，为燕窝、象牙、豆蔻，公必达送燕窝、胡椒、砂仁，刘乾兴亦送胡椒、砂仁、黄蜡。

考乾隆五十六年，暹罗君为缅甸所杀，酋长郑明原籍潮州人倡义起兵，恢复境土，寻前王子孙不得，暹人遂推郑明为王，在位十五年。一日误服番僧符水，忽发狂病，杀戮宫女毒责和尚，国人恶之。一酋官丕也名放山，将郑明囚禁缢死于纲义劳，意欲自立。今暹王之祖，时拥重兵攻剿缅甸，闻此逆耗，遂反兵孟角，诛放山，遂统有暹国。传三世至光绪十年，共历一百零三载。又云郑明为今暹王祖所弑。二者未知孰是。

暹俗：凡王家之女不嫁外人，率以兄弟伯叔自相配耦。今暹王之后,乃其胞妹,二王之妃,乃其侄女。上有好者,下必有甚焉。窃不料其宜室宜家之好,竟纳同胞同气之亲,真谚所云便宜不落外方矣。闻之不禁笑倒。

暹之博戏有字花赌,约略与粤东白鸽票相似,其风甚盛,每年约规费九十五石,每石计八千匹,每匹四钱,合华银三十万零四千两。每日有两次,每次入注者可收七千匹或一万匹之多。暹罗官分五品:一品官名丕也,二品官名怕,三品官名联,四品官名门,五品官名坤。其无品者皆小官。国分东、西、北三大部:首相名札格里,俸五十斤,管北部,现为王叔纣花麻虾麻拉署理。如上河、老仔、八柳、大城、吧垄、比沙绿地方,共八十郡,约与缅甸、老挝相近。内相名加刺封,俸二十斤,管西部,如六坤、宋仔、炸本、马暖地方,共五十二郡,约与槟榔屿、柔佛相近。外相名公必达,俸二十五斤,管东部,如针狄门、蛮婆、塞东、塞北乌地方,共三十二郡,约与越南、金边相近。南面濒海,无属,故不设官。此全国规模之大略也。查暹罗丁方通里二十五万迈,平原四分之一,夏天多水,地土肥美,物产丰饶,层峦耸翠,花木时春,每年出口米三百三十馀万担,估值银五百馀万。又山产柚木,质具巨而坚,堪供造船及梁栋之选,运售东西两洋,销路颇广,并各木料,每年出口约值七十馀万元。胡椒出口约二万馀担,黄牛、水牛出口约五千馀头,鱼干出口约值三十馀万元。馀如燕窝、犀角、象牙、槟榔、椰子、黄蜡、豆蔻、药材等物,难以悉计。物产日增,富强可致也。

暹罗天气昼热夜凉,数日一雨,民多赤脚露身,惟腰围幅布,从脚膝裹紧,反束于后。男女皆截发。官束装,衣仿西式,裤样如民,鬼帽鬼鞋,不伦不类。平辈见礼如西人,若卑辈见尊长,跪答或蹲伏而过,不敢与尊长抗行平立云。孟角邻近地方,华人约六十馀万人。迤西唐卞、西郎、孟邻、胡椒党等处约二十馀万人；迤东针狄门、孟去瑞、北鸟、坤端、瑞西等埠，约六七万人；南洋大横、小横等处约数千人。合计在百万外。

暹罗崇奉佛教，梵宇金塔，城市乡村无处不设，自王侯以至士庶，必以曾披剃为僧者方称为上等人。国俗：子弟年二十一岁时，即入寺为僧，或数年或数月，然后返俗娶妻。如二十岁前已娶妻者，亦须为僧数月，其入寺之日，乘以龙椅，鼓吹前导，往来戚友，俱以重礼相遗，偕送入寺，就方丈落发，方丈问曰："尔为僧，尔父母、兄弟、妻子愿否?"曰："愿。"然后为之剃度。是日大具筵席，戚友俱欢呼畅饮，恍如中华夺得科甲之荣。落发后三日，黎明即起，沿门托钵，施舍之家，无不预储精饭以待僧领去。施者必合掌为礼，名曰敬佛。其贫寒子弟无力为此者，则于七八岁时送入寺中，伺候方丈，兼习贝叶经典籍以读书，其还俗与否，听其自便。惟暹人性懒，和尚日多，国弱民贫，职是故欤！

暹罗与金边连界之处，大鱼湖侧有小部落号吴歌，饮食衣服悉同暹俗，惟元旦日父子兄弟仍说滇话。询其所自，则云吴逆世璠败后，部曲流亡于此，故度岁犹效滇音，示不忘本也。其生齿不甚繁衍，至今户口不过二三千云。

暹罗各货税厘，悉招在暹置有产业、或有船往来暹地之华商承办，给以职衔，准其设立监房，惩治偷漏。其税之最重者烟、酒二项，上年因此而致富者均为暹官。近来饷重，承办者有亏至数十万，乃阴求相府设法弥缝之。按此法利少害多，如关税悉归西人承办，则将有印度公班衙之害举国相授矣。

暹民凡归某部所辖者，于手腕上刺字以别之，每年须轮流到该部当差三月，或当兵或服役不等，如出外佣工贸易者，即量其入息，酌捐免役之费。

暹罗在越南之西,向为中国藩属,与缅甸接界,数十年前,国本贫弱,较诸越南尤甚。自泰西通商中国之后,复在东路南洋各岛渐次开辟,暹王急与各国订约通商,又遣使臣往泰西修聘,欲联邦交,借为援系。今王尤笃好西法,亲驾兵船巡视南洋叻屿、东印度诸处,以扩识见,并遣其弟贵戚就学欧洲,有欲图自强之意。惟其赋性柔懦,难于振作,拘守旧制,位分过严,且王亲贵戚弄权纳贿,市恩私门,是以虽改从前之习,尚未见富强之效也。

老挝部落

柳老挝今名柳国,古名南掌,地方延长约二千馀里,部分数种,有乌肚、红肚、白肚之异。乌肚者,以针刺肚,用墨涂之;白肚者,以针刺肚,用粉涂之;红肚者,以针刺肚,用朱涂之。红肚臣贡于暹,白肚为暹所并,乌肚分两部,一属缅,一属暹,总其数亦近百万人。土产糯米、臼石、柴牛角、象牙、狐狸皮、枳梗、藤黄等物,五金矿产随地皆有。俗信符咒。男女服饰与缅甸相近,属暹之乌肚,地名长买,为柳番大都会,居暹北境,直接云南。去岁英吉利与暹罗立约于此通商。距云境不过三四日。此外有长东、长生等处,皆乌肚地方,其红肚、白肚两部,则华人罕到,莫悉其名矣。

数柳之外,另有一种山番名美,自古不通中国,亦不与邻部往来,其地北接红肚柳,南界西贡、金边,西邻暹罗,东近越南,方舆约四五百里,自为部落,不归他国管辖云云。

暹罗到金边路程

暹罗都城曰孟角,坐轮船一日至针狄门,由针狄门坐牛车三日夜至八度茫,由八度茫坐牛车四日夜至瓣南边,是为金边都城。

暹罗南洋中所属之部直接新加坡,其部名有甲力,有六坤。法人前与暹约,从甲力开通土腰,以便轮船驶行西贡。近又改议,以甲力、土腰太宽,必多经费,不如六坤地形仄狭,易于开通。暹罗又允其议。但不知何时兴工,果尔,则法往来西贡、东京,较由新加坡又近四五日路程。此虽不及苏彝士河擅地中海、红海之要,而南洋有埠,不买英煤,其利益正复不少矣。

十三日

辰刻,邀庆裕适影相馆,购暹王兄弟后妃及王城宫殿各图,共二十馀纸。归来整束行李,适吕成来送,余嘱以:尔由陆路往越南,会商金边二王越南旧相如何,并可将所历途径逐一注明,到粤时详细告我。吕成允诺。余遂于午刻登舟,舟名"沙理王",未刻开行。舟中一法人,询其所来,系西贡管理电线者。先是,西贡至金边法人设有电线,金边至暹罗电线则暹人所设,此来盖为修理两国电线,彼此藉以通报云。

十四日

风浪大作,寝食不安。舟抵角子场停轮过载。自孟角至此水程约六十迈。此处山环水绕,波平如镜。

十五日

过草市岛,风稍息,与丹国船主、美国商人论中外交涉情形。船主曰:"以现在欧洲大势论之,水师之整,属地之多,惟英为最。陆军之精,土宇之阔,以俄为冠。法则凤主齐盟,俗强悍而人勇鸷。普则乘时崛起,勤训练而尚权谋。四国地广兵雄,船坚炮利,纵横海外,各有兼弱攻昧之心。然而欧洲之比利时,仅四百里;卢森卜仅百馀里，弹丸蕞尔，卒能自存者，赖有均势之心法，联盟之公会耳。"余曰："夫公会之法，不论国之大小，秩之尊卑，立约订盟，互相联合，共推国最强富、地处冲要者为盟主，其馀计户口之多寡派兵戍，量土田之饶薄制船械，各国立带兵官一员，兵多者数员，并推智勇兼优德威素著者一人以为统率。每国简择公使一员莅于盟主之都，有事则集众会议，合选公使数人分往各国聘问，并交易有无，藉通声气。如会内失和，盟主约同盟各国示以大义，妥为调停；会外失和，则恳请友邦排解之。若不得已而用兵，则同忧患而共扶持，当如我国春秋时管夷吾一匡天下纠合诸侯之义。试观五印度各国，大者数千里，而终遭兼并者，无公会以援系之也。日耳曼各邦小者数十里，而至今尚存者，有公会以维持之也。未知信否？"船主曰："然。考欧洲各国有君主、民主、君民共主之别，均立议政院，上下情通，果欲仿行，必须遵照新章，始有实效也。"余曰："我朝化育万邦，控御八极。现下高丽、暹罗风气日开，富强可望；廓耳喀、缅甸虽安固陋，尚堪自守。应简使臣分赴各国，晓以利害，怵以祸福，使之联合各邦，举行公会。其关埠已为他国所据，而政事人民尚能自主者，与之；其不能者，摈之。循守公法，代为整顿，普告诸国，准与我立约，如高丽故事。想英、俄、德、美自称礼义之邦，谅无不允。则公会成矣。公会一成，为之立约通商，别国虽有阴谋，莫敢首祸。我为设公使以抚绥之，练水师以镇卫之，屏藩一固，而操纵自由矣。"船主曰："事须速行，缓恐无及。惟闻中华之事，议论多而成功少，弗洞悉泰西情形，徒守旧时法度，终恐因循顾虑不能行也。"

十六日

酉初，抵石吻。闻法事又将决裂，借端要挟。果能如愿，当出其不意,毁其老巢,使无驻足也。复将所虑开仗愚见,具一节略寄禀宫保采择。

一、各处绅商怨恨神甫、牧师、教民久矣,此时与法开仗,尤恐教民倚势作奸,绅民不辨何教,认属人人尽拘而杀之,则传教之国,如英、德、美必与中国理论,谓中国不能保护,彼藉口调兵保护为名,踞我内地,侵我利权,以为索赔地步。各省督、抚,宜通饬地方官,照会各国公使、领事,传谕各国神甫、牧师等,即日一律回居租界,各国洋商亦不得任意游行,诚恐内地绅民怨恨法人,不辨何国之人,株杀无辜,如违被杀不究,勿谓言之不先也。

一、中国与法开仗,各国商务未便停止,则各国轮船仍然往来直、奉、江、浙、闽、粤各处口岸,深入内港,法船见其有瑕可蹈,或于早晚张别国旗帜,俟飞过炮台,即易本旗以掩人耳目,或于黑夜偃灯下旗鼓轮前进,外无铁舰拦截,内无电灯远照,不辨真伪,未敢轰击,即使放一空炮止之,彼已潜越炮台之后,内外夹攻,势难立足,是我之所以制敌者反为敌所制矣。今亟宜照会各国,往来船只,止准停泊海口,或设栈驳运客货,或用华船过载,不得闯入内河,误受水雷火炮之击。

一、法船来自西贡,所带煤炭、粮食不多,势必随时采办,如我省禁令森严,奸商未敢贩卖,彼必往香港、澳门、新加坡、槟榔屿、麻六甲、小吕宋、日本等处置办,闻香港、澳门、日本均有法船招人当兵,运子药粮食等事。今总署亟宜关照各国,饬谕商民,毋得私相接济,故违公法,免事后移文责难,致伤国体。

一、华商所设各处旱电报之处,宜归华官办理,不准传递商报,泄漏军情。如上海、吴淞、福州,英、丹电线公司,可照公法委通晓中外文字可靠之员常川在报房掌管,凡有往来之报,必须看过,如无碍军情方准传递。

一、中国与法开仗，法逆欲蹈越南故辙，胁中国之人以攻中国，藉中国之粮以困中国，谣言四起，乱党倾心。今各省大宪亟宜通饬地方文武员弁，如有私助法人：或当兵，或服役，或代购军火、粮食、煤炭等件，一经拿获，立正典刑，其父兄亦并拘押，坐以谋叛之条，庶足警奸徒而消内患。

一、中国与法开仗，我轮船之炮及炮台之炮，或未响而人先走，或十响而不得一着。北宁、谅山之役，泰西莫不笑中兵之无用。然已往者不可挽回，而未来者尚能整顿。今各督兵大帅，亟宜札饬各统领及轮船炮台，所用炮手认真讲求，不时打靶，各统领大帅常订期会阅，如测量不准、打靶不着①，则将官平日之疏忽不能御敌可知，亟宜革退，或记大过，使知畏惧。各勇必须耐劳敢死，能筑营垒，能挖地穴，能放地雷，能放卧枪。如操演不力，浮开药码等费，即以罔上营私治罪。

一、海滨各炮台宜设望台、电灯、远镜，不时瞭望，以免仓猝敌至，措手不及。因闻本国兵船于黑夜进口，炮台误为敌船，几乎互相攻击。

一、法人如已开衅，拟请定赏格，悬示各口，不论军民人等能破敌者，一体给奖。惟各省租界必须派兵保护，如在别国属地，或香港、澳门等处之法人、法船，不得伤杀，免生枝节。

十七日

晨起作书致盛杏荪、经莲珊两君，论长江沪粤电报、机器织布

---

① 原底稿在"打靶不着"后有"或统领带兵数百人，时出不意，鸣鼓击营，以验有无准备。亦被践入"句。

两局事务。余上年承当道及同股诸君禀请南北洋札委,办理数年,今事未告成,即奉彭尚书奏调来粤,襄理营务,不克即回,殊深抱歉。只得将苦衷表白,恳两君设法成就,毋致贻讥中外,则幸甚矣。

十八日

中法失和,张振帅拟劝华南洋华商集捐助饷。据郭秀荪等云:此处华商,因早年回家为其乡人及本家捏词勒索,已无还乡之望,且已捐赈数次;近闻官军粤西之败,未与法战而溃,甚为愤愧;况各岛又不设立领事保护华人,似难劝集云云。

午刻,接许定伯来书云:神机营委定利枪六百杆。余已奏调来粤,势难兼顾,诚恐贻误军事,即禀覆神机营可否札委盛杏荪观察接办,并械托定伯善为我辞焉。

十九日

拟条陈时事五策,上粤督张香帅,以冀整顿世局。因出《美国水陆军制工艺学堂章程》及《清查沙田议》、《边防管见》、《罚赌款规》,均付宇弥酌改缮发。不知能否疏行。

余平日历查西人立国之本,体用兼备。育才于书院,论政于议院,君民一体,上下同心,此其体;练兵、制器械、铁路、电线等事,此其用。中国遗其体效其用,所以事多扞格,难臻富强。阅美国报所载英、德、法、俄、澳、美六国富强之略,凡各国立国之先后,人民之多寡,国中之贫富,国债经费之如何支销,土产工艺之为如何征入,莫不为之清列,录后以备查核。

英立国有八百六十年,而其人民计共三十四兆三十万零五千人,其富共四万五千兆,国债共三千八百兆,而每年之费共四百一十五兆,土产所值每年有一百二十万,而工艺所出则每年四千兆。

法立国共一千一百年,人民共三十七兆零一十六万六千,其富共有四万兆,国债一千兆,国费六百五十兆,土产二千兆,工艺二千五百兆。

德立国一千一百年,人民四十五兆三十六万七千,富二万五千兆,国债九十兆,国费一百五十兆,土产一千八百兆,工艺二千二百兆。

俄立国三百五十年,人民八十二兆四十万人,国债一万五千兆,国费六百兆,土产二千兆,工艺一千三百兆。

澳立国一千一百年,人民三十九兆一十七万五千人,其富一万四千兆,国债二千兆,土产一千兆,工艺一千五百兆。

美立国一百年,人民五十兆零一十五万,国债一千八百兆,国费二百五十七兆零九十元,土产七千五百兆,手艺八千兆。

以上六国,人民、财赋、国债、国费、土产、工艺,于此参观,亦可知其大略也。然其工艺之多,土产之盛,国人之富,亚洲远不及矣。

二十日

拟往槟榔屿一游,属店友雇船,随即登程。申刻启轮,舟名"翘沙",系蓝烟通公司船,装货可三千墩。该公司船年盛一年,现在往来中英南洋各岛约有六十艘。如招商局事事认真,何难与之颉颃,惟官商声气不通,动多掣肘,逐来谣言日出,如傅相不力任仔肩,顾全大局,反不如日本三菱公司之胜矣。

二十一日

晨起,披阅《易言》,觉昔日见闻,以今日证之,多未透澈。忽刘仆来告曰：舟中工人约三百馀名，形同乞丐，内一王洪盛，系湖南善化人，自言前在广东庆字营充当什长，因不耐苦，告假外出，被友引到香港，云现南越募华兵月饷十六元，可于彼处投效。允之。遂驱我登舟。此来并不知为何地矣。余闻之恻然。因告船主，白其冤代为赎出。

是晚闲行船面，星稀月朗，抚时感事，不禁凄然。

二十二日

卯正，抵槟榔屿。许心美、胡紫珊以小舟来迎，登岸寓中国招商局。即开源栈，系胡紫珊管理。略为料理，拟往小叭喇访富商郑嗣文。是晚即坐"太平"船前去。

二十三日

辰刻抵叭喇，登岸寓嗣文宅。（邀）午后邀往（游）锡矿一游。厂约五千人，悉以机器汲水，工人掘土一二丈始见沙石，锡质即杂其中，取沙倾入水沟，用锄陶汰，沙随流水漾去，锡质尽沉于底，将锡质入火炉熔炼成条，于是有锡可售矣。郑云："叭喇本巫来由属地，因华人到此开矿，为水界互相争斗，土酋无力压伏。驻石叻之英督说曰，我子民在叭喇不相安，理应设官治理。遂设官于此。自是叭喇归英属，不归巫来由矣。"

锡矿工人每早六点钟起做工至九点钟，名为一大限。一点钟至三点钟亦名为一大限。两大限合一工。每工价银二毫二三分，其饭食出自矿主。例定，一月做足二十四工，如不足按日折扣还工银一毫。有勤力者从九点钟做至一点钟，多做六枝骨香之久，名为两小限，给还工银一毫三四分，所谓公司工者是也。矿主出伙食，各工人做出之锡售得银一千两,除还矿主火车机器银二百两及伙食银外,其银悉归该工人摊分,所谓十抽二是也。

二十四日

辰刻,偕嗣文访丹围俶尔赐现华文政务司,即上年香港大北电报公司总办,谈片刻出。余急欲返屿,嗣文偕陈泰官、刘世钰送余同来槟榔屿。二点钟开行,十一点钟抵埠,仍入招商局。

二十五日

喉痛头晕,服药稍愈。本埠有赛花会,每岁一兴,余来适遇其时,胡紫珊、郑嗣文挽同一游。会中排设花果草木菜蔬之类,极其蕃盛。会以三日为度,董其事者洋商六人,华商三人,巫来由一人,公为品评:视其物之贵贱以为优劣,优者奖银五十元至三元不等,使劣者自愧不如,亦鼓励树艺之一道也。凡游会者须买票方入,每人票价一元。

二十六日

拟即返新加坡,是日无轮舶开行,改订明晨。承各友再三挽留,余以军务倥偬,非吾人流连之日。又拟往西贡一行,深恐法人禁止上岸,即以询之张沃生。

二十七日

早起,郑嗣文偕胡紫珊驾车遨游,片时至其公馆,具酒以待,饮后,即行登舟。郑嗣文、许心美、刘世钰、陈荔琴均送至舟中,须臾别去。午刻启轮,未刻出口,引水过船去。

二十八日

早膳同舟者排坐，互相问答，均属英籍华商。余此来欲劝南洋华商急公好义，出奇制胜，无如富者皆入英籍数世，不思故乡，间有心者无力，有力者无心，未能遂我志愿扫此妖氛，愤懑无已。未刻，舟泊麻六甲，登岸一游。该埠出西米多华商家居，有城址一所，询系荷兰所建。盖麻六甲本荷兰所属，因该地与孟加拉相通，英吉利羡之，以亚齐一岛相换，故此岛今已属英云。

二十九日

辰刻抵新加坡。属宇弥书信四通：一致心美，问所商之事；一致嗣文，道谢程仪；一致荔琴，问沃生回电如何；一致暹罗亲王利云王沙，询其能否相助剿法。晚间与宇弥商往西贡、金边等事。

六月初一日

决计往西贡一行，买定法公司船票，船名"米江"。午刻登舟，酉初启行。阅叻报所论法事，辄深感慨。尝考法兰西本古奥卢地，民有三种：曰伊伯尔，曰塞耳通达，曰白耳时。皆北狄野蛮之部居多。自克鲁米以权诈创业，中易姓六七君，或君主，或民主，或君民共主，各奉其党，自相拥立，政亦屡改。然其风气轻剽，人心骄悍，每喜锐进，而不能持久，奋虎视之势，逞蚕食之谋，千馀年来如一日。故拿破仑第一屡败于英国，破身俘死于荒屿，平日血战所侵之地，悉为列邦所复。拿破仑第三以小忿兴师，为普人所挫，丧师失地，以致丹城下俯首求成，并偿普人军费银五千兆福兰格，割地二省，因之括取民间，加征税额。十馀年来，爹亚、麦马韩等相继立为总统,俱励精图治,得以残喘复续。近又故态复萌,侵凌多斯尼斯,睥睨马达加士加,胜负未分,贪心难遂。今又听信奸民流丐之言,集饷调兵,航海东来,踞安南,取金边,进窥缅、暹,藐视中华,更欲觊觎台、琼,并扰滇、粤,勒索兵费,以思一逞。且法人近日之亲俄甚于昔日之亲英,以冀相助为虐,而日本、葡萄牙亦暗中接济,是皆心存叵测,大可虑也。

初二日

午正,牌示行一百九十迈。波浪较前少定,宇弥亦洋洋如常,相与语曰:"此番到西贡,中法交兵与否尚未可知,然法人猜疑较各国特甚,我与君充作商人,君既言语不通,任我与之周旋而已。"宇弥深诺。舟中法兵头一画、二画、三画者约十馀人,询之则巴黎来西贡听候总督调遣。有华人刘佐不时以茶水来,余问:"此船所载何物为多?"曰:"军械多,下舱装大炮二十馀尊,中国如不允和,将以此为战具也。"余曰:"中法和约已成,汝勿乱言,恐船主闻之责汝。"

初三日

午正,牌示行二百六十四迈。同舟有教士问我何往?余曰:"往西贡。"又问:"尔何处人?来此何事?"余曰:"某广东人,向在南洋贸易。今自新加坡来,将往宏泰昌探听行情,以便买卖。尔解华语,尔曾寓居中国乎?"彼笑曰:"贵国十八省,吾足迹几遍,所收教士殆千馀人矣。"余愕然,乃托疾不敢与谈。

初四日

寅初,过昆仑山。辰正,抵芹滀江口。遥望头顿山,早已高竖法旗。宇弥持针盘于夹板上点数湾曲。午正,抵西贡埠。雇车上岸,箱笼物件法捕概行查检。同人身上亦解衣遍搜,凶恶之状,咄咄逼人。随入宏泰昌,晤张沃生,询我辈到此要纳身税否,张曰:"住此三四日,我为照料,可不必纳也。"晚间与沃生细谈,问法廷消息究欲如何,张曰:"法事曾袭侯深见其微,其致李傅相书,无一虚语。今虽百端要挟,实不能持久。现在马达加士加与埃及两国边事俱未停妥,德国之仇未复,中华之衅又开,绅商老成颇多訾议,如中国御备有法,操纵有方,彼多不出于战也。惟越南全境尽为所并,法竭五六年之力以经营之,火车、轮舶必交萃于滇境,而暹、缅亦将为英、法所有,财雄势大,在彼时恐中国边防之力不能支矣。君归去当以此为急务也。"余闻之,不禁皇然恐,艴然怒!

初五日

遍访吕成不遇,想已往龙赖等处去矣。拟到金边一游,承沃生偕往,即电报其子帝孚备接。申刻登舟,酉初启轮。船容八百墩,卧房甚小,搭客又多,甚觉烦闷。其路则循芹滁江入澜沧江云。西人近呼为湄江。

初六日

辰刻,入澜沧江口。江面阔八九里,两岸平原旷野,荒渺无垠。午刻,过美拖。自头顿山至此一百迈。未刻,过墨岩;酉刻过排弹。皆沿江之埠头也。

初七日

卯刻,过永隆,辰刻抵沙的。是处炮台二:一名天南,一名天遁。法兵百馀名,参办官一员守之。盖此地为金边水陆往来总汇,故炮台夹立。自进江口至此始见居民,每村人家或百馀户,或二百户不等,率皆矮屋低檐,大有洪荒初辟气象。是晚丑正抵办南边,是为金边都会。

初八日

卯正,张沃生子帝孚以马车来迎。沃生邀同宇弥登岸,入金边鸦片公司,帝孚现为该公司总办,以伊父信来,照料倍臻妥善。余拟谒金边酋,商之沃生,曰:"法国禁令森严,初灭金边,深恐外人窥伺,若知中国有员到此,必有不测之虞。君亦乔作商人,略观风景而已。"余由是不敢前往。日晡步游佛寺,规模制度,与暹罗同,其塔之多而高,则暹罗不及也。江边一炮台甚宏敞,法兵三百守之。晚间与振声细论法取金边之故,沃生曰:"金边地方五六百里,向为暹、越交属之部,其王狃于简陋,不取一士,不养一兵。咸丰八年法人取西贡时,见金边近在肘腋,取之足以广地,不取适以养痈,因遣使说于王曰:'尔为我属,我为尔护。'金王愚昧无知,以为法能保护,可与暹罗、越南相抗衡,愿即立约。法人于是通商设埠,置戍添兵;金王于是受其挟制,不能振作。至今岁举全越而兼并之,威加南服,又何地不可以侵。故遣一介臣来,欲将金边土地人民租税概为管辖。金王不敢违意,惟唯唯而已。今王虽存而权已去,国犹是而政已非,不胜有今昔之感矣!"余窃叹南洋藩属为地不小,土产钱粮较之西北荒寒多十数倍,乃咸、同以来,惟于西北极力恢扩,而藩服边疆坐视封豕长蛇,侵吞殆尽,亦未始非筹边之失策也。噫!安得壮士挽天河,一洗此垢恶哉!

初九日 　　大雨数时

沃生邀同出游,过金福和店小坐,访问金边土产,对曰:鱼、米为大宗,棉花、豆蔻次之。金属有大小鱼湖,百水荟萃,春夏水涨,鱼悉入湖,秋冬水涸,而鱼堆积盈丈,居民随意俯拾,不劳网罟也。返寓,沃生告曰:"东京现有电音来,报中法和议决裂,不免兴戎,法已下令封禁各处海口,毋使华人往来,长者若流连于此,将不得归,请即裁之。"余曰:"势已如此,余胡不归。"请即雇船以待。沃生曰:"今晚有船出西贡,可即检束行李。"酉初登舟,戌初启行。

初十日

辰刻,出澜沧江口。适法兵船两艘入港,大者约四百马力,小者约二百马力,询之,云此船常游弋西贡、金边者也。酉初,抵西贡,进宏泰昌。张沃生属耳曰:"昨日陈金钟有函来,不知何事,君自启观之。然君可速归,不得再过东京。近日中法失和,不免启衅,故各海口稽查极严,河内海防闻已出示限华商几日回籍,逾期即不准往来。此间亦万不宜久留。我亦为君定法公司舟,明早开行。"余启陈函视之,则欲我返新加坡,有至要事相商云云。余闻法事既如此横逆,陈函又似有转机,只得再往新加坡。宇弥亦力为怂恿。是晚,想及国事,扼腕无已,衣裳颠倒,不觉东方之既明。

十一日

晨起盥漱未毕,沃生曰:"法船将开,可启行矣。"余如其言,随即登舟。舟中之人无非法之兵官教士,或来自中华,或归自东京,且闻有华人杜姓为法总兵,现在附船归法,奏陈机密事宜。余见如此，告宇弥不宜在房外谈心，写日记，如有访问，当以同作米商答之。宇弥叹曰："此番来洋何如是之相厄也。"余曰："君且宽怀，人生自有天命，此侪何能违天以害我哉！"

十二日　　辰初大雨

早膳在房，与宇弥博论时事，互相唱和，消遣世虑。宇弥亦以筹办海防宜从南洋下手，然非公忠体国深谋远虑之士，无能为也。

十三日　　晴申刻微雨

晨兴，谓宇弥曰："此去新加坡不远，吾侪当可免祸，君且出舱面呼吸凉风，宣达清气。"午正抵坡。仍寓招商局，与金钟细谈。金钟曰："如此如此，可以设施。"余即以电音禀宫保，电费虽昂，而神速无比，军务倥偬之时，万勿能废此也。

十四日

早膳后，同金钟评论时事。金曰："中国如欲整顿边防，缅甸、暹罗二者不可偏废。缅君无道，杀戮兄弟，前王子奔入印度，英人畜之，将欲效秦伯纳公子重耳故事，则缅全国皆归英辖矣。缅君深患之，近已召法人立约通商，藉以牵制英人。而条约所立，法人拟由河内开铁路直走阿瓦都城。夫一英在缅，缅已不支，再加之以法，缅之亡在旦夕矣。缅亡，则中国云南恐不可收拾矣。君为中国官，当熟筹而深计也。"金钟此论虽为中国计，亦为暹罗计。缅亡，而暹亦亡。惟中国不及早绸缪，而滇、粤亦危矣。

午刻出拜领事左子兴。谈顷，即邀出游，观英炮台一周，真有形势天然之概。大炮约三十馀尊，分列两层，上层子可击五十里，下层子可击二十馀里。台中穴土为房，以储火药，门户洞开，兵士皆可由地中往来，台中竖空心铁桅，高七八丈，以为升旗之用，桅内有铁梯，梯尽处四围环以铁网，名曰望楼，置上等千里镜，时常以兵士瞭望各国往来船帜，百里之外一览而知。故某国之船未至，而某国之旗已高竖矣。若骤以兵舶乘之，亦无能逃其远鉴，舟未抵岸，而炮已碎其舟矣。西人之扼要守险，吾中华固未能及之者。子兴又言："新加坡新开山开垦荒土者悉皆华人，大半被骗而来，俗谓之猪仔。佣工之苦，惨不忍言：每早卯正起至戌初止，不得稍有休息，或有违者，监工人见之，即杖以木棍，每年毙棍下者殆近千人。吾痛恶之。前年初到时，接有此案，即为行文柔佛斯旦、巫来由人谓其王曰斯旦。英波利士，波利士犹中国之州县。请其惩办，而二处率以含糊了之。以故杖者自杖也，毙者自毙也。吾心恻恻，而莫可如何。"余曰："吾华设立领事，按照和约，凡属华事自归华官办理，何为展转移文以资缪辖。"曰："领事之设约有三等：上者有独断之权，人不得而问焉；中者有会审之权，人不得而欺焉；下者不过遇事调和而已。吾华领事则遇事调和者，人许我听之，不许我亦听之，无独断、会审之权，是以莫可如何。当日订约之时，秉政诸公竟未顾念及此，使小子适逢其厄，不得援手斯民，予怀甚为负疚。"余曰："君既有此隐恨，何以不达之劫侯？"曰："某前曾具禀，谓不更约不能行。惟查此辈之来由，皆由厦门、汕头、香港贩载而来，君为粤东人，又办粤东防务，何不面陈地方官，榜示通衢，告以猪仔之苦，毋得妄听人言，以遭拐骗。贩猪仔者许人告讦，严密查拿，似可稍绝来源。"余曰："昔年已将猪仔拐贩情形沥陈当道，请为严禁，不意此风仍未绝也。余手中无权，何能禁止，意所欲为者，不止此一事也。"相与感叹而别。

十五日

陈仲哲备马车邀游柔佛,骏马双驰,雕轮四转,两点钟已抵柔
佛境。中阻小江,适万恒成先以小艇相待,渡后即入恒成小憩。柔
佛酋前年道经上海时,余曾设宴款洽,今来其部,礼当修谒,使人探
之,则已出游他处矣。遂留荔枝二桶,候函一通,托恒成代为致意。
绕山一观,归来已暮。忽西商递来电音云:法人已调集水师,限中
国二十四点钟定议,否则即行攻犯福州。余闻之,刻不安怀。窃恐
法人如此猖逆,倘不与战,何以立国!然默度吾华水师战舰难以对
敌,倘有疏虞①,而要挟更无穷矣。可若何!顾后瞻前,终宵不寐,
只得归去再作良图也。

查新加坡一岛,周方约一百七十华里,本巫来由斯旦柔佛所
辖。道光间,有英官男爵者航海东来,道经此岛,见山川秀茂,系泰
西轮船往来必经之地,形胜可守,甚欲得之。故向斯旦租地,岁纳
饷银,设官治事。斯旦亡,徙其酋于内地,自此不纳租,极意经营,
招徕闽、粤人辟荒锄秽,修平道路,疏浚内江,轮舶马车四通八达,
中西商贾云集于此。三十年来,已成海外一大部落。聚居华民合
坡埠山内计约二十三四万人。福建籍居十之七,广东籍居十之三,
商贾家资,上者二三百万,中者五六十万,下者亦数万。而发逆馀
党联盟拜会者亦有数万人。有犯法者,英官拘其会首究之。赤贫
无依者悉入内山开垦。华民之外,有土人,有西洋各国人,有暹罗、
缅甸人,要皆不及华人之众。土人名巫来由,一名牧拉由。浑身黧
黑,自顶至踵无半寸白肤,男女皆裸体赤脚,腰间围以花布,名曰水

---

① 原底稿在"倘有疏虞"后有"福州之破未可知,而琼州一岛必为彼所据矣。彼据
琼"。

幔帷。维男子剃发,多光头,或裹以红白巾,女子披发或蓬首,或挽髻。维吉宁女子鼻梁穿孔,系以铜环,两耳亦穿三四孔,饰以金银钿花。华民贫者亦多纳土女为室,中国礼教不可得而闻焉。游玩之所,有博物院,有公家花园,有自来水井,宏富美丽,珍奇异巧,莫不各炫其长。其富商自造园亭,若兰生园,恒春园,其结构之工,亦与公家相敌,而其所列之物,间有胜于公家者。园中所植之果,若绿铃、山枣、波罗皆甘酸而味美,内地橙梨无以过之。英国所设有总督、臬司、知县兵官各署,有英兵、土兵各房,炮台三,升旗桅二,全坡守兵八百名。自英辟土以来,从无匹夫揭竿为乱者,盖其法制禁令,有足以慑服之矣。驻坡领事凡十五国,署前各竖国帜,华则龙旗招展,黄色飞扬,华民深羡之。土产燕窝、海参、降香、胡椒、绀蜜,若金锡亦间有之。进口货税以鸦片、洋酒为大宗,每岁额征银一百二十四万元,全坡制用,胥恃乎此。该坡天气四时炎热,去赤道北仅一度二十分,合华里三百零四里。故终年无寒凉之时,着衣不过单夹而已。地虽炎燠,而三四日必沛以甘雨。故树木阴森,花果繁郁,四季不凋。华人称为海外乐土,良不诬也。

柔佛酋本巫来由种类,始居新加坡,道光间英吉利夺据新加坡,遂率众渡江而北,都于江边,去坡约六十里,名为新山。其地方约三四百里,计有小港七十八处,时有浅水轮船往来贩运货物。该处土产,以绀蜜、胡椒为大宗。山内辟荒者多粤东人,其数不下十万,土人不过几千而已。其酋所入税款,烟、酒约五十万元,椒蜜约十二万元,合诸杂税共有百万元。兵刑不设,官职不修,每岁享此巨款,任意遨游,不谓海外竟有无事之君也。

十六日　　西刻大雨

晨起,嘱友觅船回粤。致函金钟,邀其同往。金钟覆云:"中法既已开仗,暹罗通商之事,南北洋大臣必无暇谋及,俟两国和议成后再行来华。至相商之事,君以诚心相委,自必以诚心相报。"余深感之。惟十三日电报宫保,拟邀金钟同来,今既从缓图,恐劳宫保悬望。又前电传之意,语未详悉,不得不再禀报,使宫保早为筹防。因又以二十三字由电局飞达粤省。适仲哲来告,现有英公司船过本坡,专往香港,可速整束行李。余心绪茫茫,百端交集,各友处均不辞行。申刻径行登舟,酉刻启轮。

十七日　　晴

午正,牌示行二百四十迈。舟名"添土",客货四千七百墩,较前次所附之"益须时"船更为宽大。舟中搭客有英兵官四人,兵百五十人,询其所之,则云往中国更换防兵,以回本国。盖英制驻华之兵三年一为轮代也。

十八日

午正,牌示行二百七十迈。傍晚风浪大作,同人多呕逆不能起,偃卧舱中。忽闻钟声连叩,而船中上、下人等俱纷纷跳登船面,有匆遽之状。余强起出舱望之,有挽水龙者,有持水喉者,有执斧者,有拉水者,均踊跃争先,无敢或后。询是操演救灾,以期有备无患。其号令严肃,部伍整齐,亦足见兵制之一班也。

十九日

午正,牌示行二百八十迈。天气酷热非常。宇弥倦卧不起,无人与谈。适见英兵官弈棋,余少读西书,略谙其法,因与对弈二局,一输一赢①，一笑而罢。其弈法仿佛中国之象棋。

二十日　　辰刻大雨

午正，牌示行二百七十六迈。是日为英礼拜，巳初，船主兵官传呼水手兵弁毕集船面，操演行列步伐，逐一验其衣帽，问有病无病。操毕，入大舱内，各持书端坐，听教士宣讲耶稣。逾时散。申正，过七洲洋。

二十一日

午正，牌示行二百八十迈。遥望北岸，岛屿星罗，若隐若现，燕子于飞，倏来倏去，万顷汪洋之中，忽见家山风景，不禁喜极欲狂。戌正，抵香港停轮。英国送来信云，法人于十五日潜攻台湾，夺取基隆云云。余闻之不胜懊怒，徘徊舱外，徒唤奈何！

英兵官士挖铁素与相识，谓曰："君何如是之愤愤也。"余曰："法人夺我基隆，焉得不愤。"曰："君不必愤也，贵国求自强而已。

----

① 原底稿在"一输一赢"后被删去如下一段话："弈罢，兵官问曰：'中国近与法国失和，余想中国此时尚未富强，还宜忍辱包容，励精图治，如普之报法。'余曰：'我国家本以仁义治天下，不忍生民涂炭，今法人反复无常，勒索无厌，上下愤激，思出一战。如果开仗，我国家受亏固多，而英国亦贻累不浅。盖中国各口洋商轮船，英居十之六也。'兵官又曰：'法人船坚炮利，中国无战舰水师，将何以御之。'余曰：'彼长于水战，我长于陆战。我当俟彼上岸，埋地雷以轰之；或诱入内地，设伏兵以歼之；或择入口两岸狭山测量高下，就其地势筑通数孔，预藏火药，俟敌船驶进，复于上流用杉排硫磺引火之物以焚之；或敌船在口外停锚之际，密遣渔夫潜将水雷系其船底以摧之；或于炮台左右筑伪台以疑之；或相海口之山凿开一洞，上通一眼，以红毛泥污光，套以钢壳如巨炮，外铺草木，出其不意，俟敌船过时交击之；或用迷药炸弹、火箭水雷、鱼雷环攻之。彼整我散，彼动我静，虚实互用，奇正相生，势必至风声鹤唳，草木皆兵，以慑敌人之胆。吾有何畏彼哉！吾欲仿西法，集一公司，招洋商入股，雇洋船树我国旗号，劫其粮船商舶，彼又安能尽起倾国之兵来此对垒乎？'兵官愕然，乃无言而退。"

若不自强,无论一基隆,即千百基隆亦将为他人所取矣。"余曰:"君何如此之轻中国也?"曰:"吾非轻中国也,往时在伦敦,默察中国地方如是其广,人民如是其多,物产如是其盛,以为无敌于五大洲,而乃事事受制于泰西,窃所不解。迄自贵国游历一周,而知我邦之制胜固大有在矣。请君释畛域之见,而畅言可乎?"余曰:"古人有言,苦言药也,甘言疾也。君果事事忠告,是吾国之药也。君何辞焉!"

曰:"今法人凭凌贵国,所恃以御之者,曰战舰、炮台、水雷、枪队。即以四者言之,海上用兵,全凭铁舰巨炮,驾驶得人,今中法失和,调来铁舰、水雷、蚊子各船,纵横莫御,缘其兵官皆由大书院出身,久经战阵,胆识俱优者也。闻中国武员读书甚少,驾驶者鲜谙风云沙线、天文地理;且在德国所购之铁甲船未到,而快船蚊子木质,其馀长龙、快蟹、红单等船,仅堪往来内江,势难冲风激浪,倘遇法船,几如虎之驱羊、鹰之扑雀。此贵国之战舰不足以御法也。夫既不能御之于外洋,即当御之于内河,然内河所恃者惟炮台,我欧洲炮台随时推陈出新,有转轮铁炮台,有凿通山洞炮台,可抵巨炮,可避炸弹,其形圆椭,其式下广上锐,或作尖锥形,或作三角形,四面炮位,迤逦起复,如环无端,台中高竖铁桅,顶设望楼,置千里镜,时以兵士了望,敌舟在百里以外无不一目了然。今中国所筑之炮台,门户显露,炮位不准,施放不灵,又无望台远镜可以望远。倘法船以巨炮遥击,烟焰蔽天,横飞直犯,恐百炮不得一着。此贵国之炮台不足以御法也。兵法有曰:知己知彼,百战百胜。知己者,即如我守之炮台能抵重弹若干,炮手药房如何可避炸弹之害,炮台所守之海面其阔若干,我之炮弹能及若干远,能穿铁甲几寸,每分钟牌弹行度数若干,装药下子对标,每放一炮至速为时几分;知彼者,即如敌船之铁甲厚几寸,每分钟行若干远,其药房大炮在何处,其船由何线驶前,事前须一一测量准的,方免临时虚发也。夫不能御之于内河,而法兵于是登陆矣;登陆则御之以枪队。我西国所用之枪,若马地尼,若霎士波,若茅塞,皆后膛枪,一分钟可放数响或二十二响,远可及七八百丈。今中国所用外洋旧式曰前膛枪,一分钟可放一响,远及一二百丈,若与法人对敌,恐兵未成列而子早毙其身矣。此贵国之枪队不足以御法也。有此三不胜而猥欲徒手奋呼,曰我军无敌也,我兵能死也!曾亦知西历一千八百五十八年俄土之战,土死者三十馀万人;西历一千〔八百〕七十三年普法之战,法死者二十馀万人。而土卒无挫于俄,而法卒无敢于普。不求制胜之器,而徒以血肉之躯撄人锋镝,无怪伤亡枕藉,而国势因之日蹙也。然则贵国亦求自强而已矣。"

余曰:"信君之言,请问自强之道当如何?"曰:"亟须变法而已。如商政、矿务、工艺足以富国也,不变则我弱而彼强;轮船、铁路、电线足以守国也,不变则我迟而彼速;约章之利病,使才之优绌,兵制之错综,足以辅国也,不变则我孤而彼协,我脆而彼坚,我疏而彼熟。约此数者,尽改旧法行之。而又设议院以达上下之情,立学堂以养文武之才,事事行以诚心,一一考其实济,则泰西各国莫不俯首而听命矣。尚何基隆之可虑哉?"余曰:"君言未尽是,亦未尽非,请俟诸异日。"

二十二日

辰正换舟,舟名"河南",专以来往香港粤省者也。申正抵省河,酉初入行台,以日暮不能过大黄滘,拟明日复命宫保。是行也,往返水程约二万一千四百里,为日六十四。虽屡遭法人之盘诘,竟得安全而归,予小臣深荷国家之福荫矣。

越南立国失国原委

越南世系沿革,徐晓山中丞所著《越南辑略》言之详矣。大抵上古已有交趾之名,自称为神农之裔,后号骆雄氏。周时有越裳氏居交趾之南,蜀王子灭骆雄氏称安阳王。秦始皇略取其地,置三郡。汉初,南越王灭安阳。旋武帝灭南越,置郡县,以迄五季,皆为中国郡县。唐置安南道,始有安南之名。其时与安东、安西、安北等耳。宋乾德初,封丁部领交趾郡王,遂为夷境。淳熙中,进封李天祚为安南国王。安南名国自此始。自宋及明,丁、黎、李、陈、胡五姓相代,皆受中国封。明永乐中讨胡一元父子,平其国,复为郡县。黎利叛,旋宥其罪,命权署安南国事,遂据之;正统中封利子麟为安南国王。及入国朝,黎、阮二姓亦受册封。自宋淳熙以来,其国皆曰安南。其曰越南则自今王之太祖始。

初,黎王旧臣之裔曰阮淦,国于农耐,子孙式微,为前安南王阮光平所逼,处于暹罗边境,至阮福映于河仙省之富国岛起兵,有双鲸护舟之异,遂复故土,并灭安南。上表国朝乞封,谓其国为越裳故地,今并安南,请以越南名国,遂封为越南国王,时嘉庆六年也。是为太祖高王,年号嘉隆;在位十八年,传子仁王福暖,年号明命;在位二十一年,传子章王福绵,年号绍治;在位七年,传子今王福时,年号嗣德,光绪九年为嗣德三十五年,无子,拟于亲侄三人之中择其贤者为储贰。

当咸丰之初，法牧师在越传教，胁从者众，与儒教分途，时相攻击，曾杀法牧师五人，法拟兴师问罪，未果。值英有事于中国，法兵与焉。和约立后，法人移兵攻越，咸丰八年取广南省之会安镇，今名度嘲。进攻顺化，士卒不服水土，多死伤，遂趋嘉定，咸丰九年尽得其地。法人志在释憾复仇，初不欲据有之也，继见地产丰饶，商船辐辏，可为通商大镇。是时英既有新加坡、香港，法亦萌占据之念。于是奏请法主取嘉定，设埠头。又向依士班国即大吕宋国借兵，其国女王，法主之姻亲也，乃发小吕宋兵数千助战，遂得南圻六省，开立埠头，名之曰西贡。越王于同治元年五月，派尚书潘清简至西贡与法帅议和，割嘉定、边和、定祥三省，归法管辖，仍赔兵饷银四百万元，允之，即撤永隆、安江、河仙三省兵。越遂以潘清简为该三省经略。法以所得赔偿之费拨其半酬依士班。和约立后，相安者四五年。乃越人恨心未息，法人入内地购货物多被劫掠，法帅行文究问，越官置之不答。法人捕获劫盗，搜出越官资助信函，于是责以违约，兴师问罪。同治六年七月，复取永隆等三省，潘经略死之。

法人涂普义者，曾为湖北副领事，素与云南提督马军门如龙相善，自大理克复之后，马军门嘱涂普义购军装于西贡，委李丹山太守助之。以越南内地便捷，行文假道，越官听从；涂普义又与上游黑旗刘义结好，数运军装至滇，渐见倚势滋扰，嫌隙丛生。涂普义欲以中国兵威镇压，请于马军门，派勇百名驻扎河内，滋扰益甚，嫌隙愈多。越畏中国，无可如何，叠奏其主咨请粤督瑞中堂行查，回文称并无其事。于是越官严禁民间，不准与涂普义买卖。斯时涂普义藉假中国公文，挟带货物，无行销售，尤乏粮食，出重资（顾）

〔雇〕运,莫有应者。遂偕李太守至西贡诉与法帅,并言河内天时温和,地产五金,户口繁盛,有河道可通云南,法国若得此地通商,联络西贡,又成一大都会,不让英属各埠。法帅久欲加广贸易,闻之大悦,遂遣法员加弥亚率兵二百,乘炮船赴河内。原意只命该员按问涂普义之事,并察看水陆情形,乃该员抵河内,误听教民及前王黎族并涂普义下人唆耸,竟攻取其城。总督黄子远死之。越官亟谋恢复,乃重贿黑旗,助其军械、粮食,使击法人,复假作恭顺,言于法曰:"贵国兵来,已将城池退让,理合加意保护,惟黑旗占据近地,势极猖獗,卑国难制,如有冒犯,不敢任咎。"其后,加弥亚骄兵不慎,果为黑旗伏兵所杀。越人又假作惶悚飞报西贡,法帅惊愕,即将颠末由电奏闻其主。其主以普战之后,不欲再开边衅,于是派员偕越官赴顺化,与越王修好。同治十三年立东京和约。于平定省之新州,法人呼为建安。海阳省之海防,协同越官收税,又设领事营兵于顺化。日久嫌隙又生,法官屡请并其疆土,以安商旅。法主以元气未复,且烟瘴之区不甚留意,置之勿议。

法例:所辖各境,士绅公举一员为议政大臣,专主议院事务,有事总督咨询转奏,与众员、议员诘驳至妥而后行。西贡开境以后,未举其人,光绪八年公举西贡大状师巴令士庇为议政大臣,遂以平日所蓄兼并海防之志,向同僚畅论。涂普义以河南之憾,助成其事。乃将兼并海防之利笔之于书,使通国皆知,于是众口一辞。适得光绪九年四月河内统兵阵亡之耗,于是兵衅遂启。河内统兵者名加罗,出巡新洲,谍言有越兵及黑旗约兵二万分守备战。加罗遂命击之,夺其炮台。越兵退守城并攻破之。炮伤加罗之足,数日而死。

法以利威为河内统兵,率兵五百名,以兵力尚单,作固守之计,以俟大军。黑旗每于夜间以炮攻击，昼则寂然，欲求一战不得，复屡扰附近之天主堂。法牧师率教民与之战，每以数十人击退黑旗数百，遂以黑旗为乌合之众，无能为也。然仍求护于利威，利威以兵单不敢出，哀求而后许之。黑旗闻牧师求护，料利威必出一战，乃于林箐之中多挖地窟，覆以大笠，加以泥涂，又斫伐树木布置讫，发兵围教堂。利威率兵四百至，黑旗伪遁，利威掉众追之，深入险阻，黑旗匿不见一人，忽闻号炮，伏兵四起，归路已为树石塞阻，黑旗围击，势如电闪。利威身受重伤，犹督兵弁夺回大炮，忽堕桥下中炮子而亡。黑旗乘胜进攻教堂，毁之。劓刵教民，男妇无宥。法军败后，固守河内，深患黑旗夜袭，于是无论中西越商民，屋宇尽行烧毁，以便炮击。法以西贡将军波滑为河内统兵，休养士卒，固守不举，以俟援军。而黑旗夜伏四隅，间施枪炮，法军不安于枕，又以草人持灯列阵势若千军。法巡而警报，乃迭放枪炮，草人屹立不动，法军惊疑，整队出视，黑旗伏兵四起，大呼奋击，法兵大败，被杀伤者甚众。

其后，黑旗虽屡出奇计取胜，而究属兵力不敌。法人渐次进取，逼至顺化，越南王出降立约，将越南兵马赋税尽归法辖。而黑旗退守山西，与法人战三昼夜。有越官某助法人为内间，滇、粤之军坐视不救，黑旗不克取胜，遂退守兴化等处。法人据山西，取太原，进攻北宁。华军黄军门桂兰、赵观察沃兵溃。法人踞北宁，取兴化等处。岑宫保与黑旗退守保胜。于是越南之北圻各省均为法有矣。

中越交界各隘

越南地界,东起广东之钦州,迤西历广西之南宁、太平、镇安三府,至云南之临安、广南、开化各府,俱相毗连。钦州水陆俱通,与之对境。钦州之西,为广西南宁府属之土忠州、迁隆峒巡检,太平府属之土思州、土思陵州、宁明州、明江厅、凭祥土州、上下冻土州、龙州厅、上龙土巡检、安平土州、龙英土州,而龙州、宁明为重镇,凭祥则其要害也。又西北则镇安府属之下雷土州、归顺州、镇安厅,皆与之接壤。再西则云南界矣。临安府之阿迷州、左能寨九长官司,皆其近界。广南、开化二府亦有接壤处,元江则水路通焉。而蒙自县则必由之路也。其道路:在广西则由太平府出凭祥镇南关,宁明之罗隘,明江之由隘,土思州之三峒,上下冻州之崀花隘,凭祥之绢村隘,龙州之俸村隘,水口、平而两关,上龙之苟村隘,安平之暖寨隘,思陵之隘店隘,皆可行而所向不一。大路则出镇南关,一日至其谅山省,由谅山至其河内省,可六日程。在广东,则自钦州西南一日至其永安州,由玉山等处至其河内省,可五日程。在云南,则由临安府经蒙自县河底之莲花滩,至其河内省,可四五日程。河内省者,即汉之交趾郡,唐之交趾都护府,明之交州府,而僭国之东都也。由河内省至今之富春国都,尚有十六七日程。此其大略也。至越南道路及广西卡隘情形,《越南辑略》已备详矣。

西贡至金边水路程

由西贡头顿山至美拖一百英里,大炮台一,守兵百名,正参办统之。

由美拖至墨岩十二英里,小炮台一,守兵五十名,副参办统之。

由墨岩至排弹十八英里。炮台守兵同上。

由排弹至乞丐坡九英里。

由乞丐坡至河陆六十二英里。

由河陆至永隆八英里。以上炮台守兵均同前。

由永隆至沙的十二英里,炮台二:一名天南,一名天遁,守兵百名,正参办统之。

由沙的至瓣南边一百九十英里,即为金边都城河滨,炮台一,法设大帅统之。

自西贡头顿山至金边共三百三十英里,轮船常川往来,约三十八点钟一转。

西贡至金边旱路程

由西贡至路边二十英里,炮台二,守兵百名,正参办统之。

由路边至天宴二十英里,炮台一,守兵五十名,副参办统之。

由天宴至美拖二十英里。炮台守兵同上。

由美拖至墨岩十英里。

由墨岩至排弹十二英里。

由排弹至丐坡七英里。

由丐坡至河陆十英里。

由河陆至永隆五英里。

由永隆至祖释九十四英里。以上炮台守兵均同前。

由祖释至瓣南边九十二英里。

以上共计二百八十英里。

西贡华商牌税章程

第一等牌每年纳税一千化冷,合银二百元。

第二等牌每年纳税六百化冷,合银一百二十元。

第三等牌每年纳税四百化冷,合银八十元。

第四等牌每年纳税二百化冷,合银四十元。

第五等牌每年纳税一百化冷,合银二十元。

第六等牌每年纳税五十化冷,合银十元。

第七等牌每年纳税二十五化冷,合银五元。

第八等牌每年纳税十二点五化冷,合银二元五角。

领生意牌人,除纳各等生意牌税外,仍估所住房屋租价,每值银三十元加抽银一元注入牌税票内,与牌税同纳。凡领一、二等牌人纳第一等身税,领三、四、五等牌人纳第二等身税,领六、七、八等牌人(领)〔纳〕第三等身税。

西贡船钞章程

船只出入口所载货物,每墩纳船钞银三十八仙士,惟法国王家货物免纳船钞。

船只由法国或由阿士打喱那、威厘架、梨敦尼等埠,到西贡仍返该等埠,出入口均免纳船钞。

船只由法国或由阿士打喱那、威厘架、梨敦尼等埠,到西贡不返该等埠,配货另往别埠,则入口免纳船钞,出口照墩数(谕)〔输〕纳。如由别埠载货入口,卸货后另配货出口,前往法国或阿士打喱那、威厘架、梨敦尼等埠,则只纳入口船钞,出口可以免纳。

船只出口入口,如系装载沙石,无货物附载,不必输纳船钞。其入口装载沙石,出口配载货物,每墩纳船钞银一十九仙士。若入口载货物,出口装沙石者仿此。

船只出入口所装货物,按船牌墩位计算不过二分之一,并系粗货,每墩载脚不过一元者,作为装载沙石论,过此之外,仍照纳船钞。

西贡出入口带水章程

　　船只入口如装载沙石,无货物,每墩支带水银六仙士,如载有货物,每墩支银八仙士。

西贡抽收新旧华人身税章程

第一等大商，每年每名身税正款银五十六元二角，癸未年加抽银每名十一元二角三分，公所纸费银五毫。

第二等铺家，每年每名身税正款银十八元七角，癸未年加抽银每名三元七角四分，公所纸费银五毫。

第三等手艺铺佣工，每年每名身税正款银四元七角，癸未年加抽银每名九毫四分，公所纸费银五毫。

华人搭船到埠，船主不得私任搭客登岸，须俟华民政务河面差官到船，将搭客大小男女点名，先给小牌照一纸，方得登岸。其行李尽送入鸦片烟税务总局查搜讫，随送华民政务署，分开福建帮、广肇帮、潮州帮、客家帮、海南帮，按帮拨交各帮长，分还本人领去。搭客新到，每名身税由正月一号起至六月底止，作上半年算，每年纳税银二元，公所费银五毫，艇子银一毫。由七月一号起至十二月底止，作下半年算，每名纳税银一元，公所费银五毫，艇子银一毫。如旧客往他埠复回本埠，凭出口原票换回原日身税纸，照常纳税。在埠男子若无身税纸在身，被番役查获，监禁三个月，若仍无银缴纳，即勒令该帮自备川资解回原籍，不准再到。

老人六十岁以上，童子十四岁以下，及妇女等，无论新旧均免身税，仍每年各领护身纸一张。

西贡出入口货物抽收厘金章程

谷米出口，每百斤抽厘金十五仙士。

黄牛、水牛出口，每头抽厘金二十仙士。

中国无论何酒入口，每唎即华一斤十两抽厘金十五仙士。

炮竹、铳炮、鸟铳、火药入口，照本钱单价值每百元抽厘金十元，该货主先须报官注册，以后出卖逐日登记，逐月报官。未领炮火纸之人不得买卖。

鸦片烟一项归公司承充，设局煮膏出售，不准私带烟膏入口，如违从重究办。如各商带成箱者，只准借路经过，不得买卖，仍于入口时到鸦片烟局报明，或起栈转寄邻国属地，须将该烟交与烟局互相加封钤印，出口之日烟局派差监送。

西贡出入口报关并附带书信章程

船只初到港门,地名急臣占,俗名头塾,又名芹渧。塔灯山管理人以千里镜见该船,即由电线报知西贡正埠船政署,并升旗于竿上,使内外咸知。

船只到埠,该船主或亲身,或托代理庄口人,或托代办该船局董,将牌照并由某埠开行之船政官所给放行票,及其国该埠领事官放行票,并该埠驿务馆书信及揽载货物总单,带赴船政官署呈报。如货物单用他国文字,由局董转翻法文。即日卸货上货。其所带书信,须交驿务处派送本人,不得私派。倘须本人亲送,将书信即送驿务处缴纳信资,加贴士担,方得自送。

船只订期出口,将墩位船钞及出入口带水等款清讫,预备三函,开明某日某时本船开行,先二十四点钟,一报船政署,请派出口带水一员;一报驿务署,准定某时本船代理人走领书信;一报华民政务河面差馆,请查验搭客出口放行票。

船只出口日,携带纳清王家银库墩位船钞收票,及支清出入口带水银收票,并出口揽载货物总单,又报明船上人若干名,出口客若干名单各一纸,统呈船政官验明。随即领出放行票方得开行。

西贡华人出口章程

华人出口，准其携带眷口，只收本人出口税，每名二元，公所费银五毫。不拘前往何埠，本人将身税纸并出口税等项，交本帮公所，取回收条。越两日觅一担保人，具保该出口人不欠公项及街坊账目，立单盖印，送本帮公所，由公所发出担保放行票一张。又由帮长带赴华民政务官署，验问姓名，度量长矮，复给出口票一张方得登舟。妇女出口若无男子携带，亦准自带子女，领出口票一张。缴公所费银五毫。解缆时将所领出口纸交与华民政务巡差收去。华人既领有公所担保放行票，华民政务署出口票，于解缆之际，将公所担保放行一票交与华民政务巡差收去，自留政务署出口一票，俟回埠日将此票交出，验看明白，换回原日身税纸，只纳公所费银五毫，艇子银一毫。

华人曾经出口纳过税项，不久返埠，准将该出口票留用一年。若再出口，只纳公所费银五毫。

越南道路 采《越南辑略》

河内省即古之东都。其西有浪泊湖，即汉伏波将军征征侧、征贰驻师处，所谓飞鸢跕跕堕水中也。北为富良江，南为苏历江，两水环抱，越南最富庶之区也。东至海三百二十里，西至老挝深山五百六十里，今老挝改名乌喱。南至富春省，即今之国都。二千零三十一里，北至中国凭祥土州界四百里。河内省至天朝京师一万一千一百六十五里，由富春省至天朝京师一万三千二百零六里。

考明《一统志》载，入交趾道三：一由广西，一由广东，一由云南。

由广西之路亦分为三：

从太平府凭祥土州入者，由南关隘历越南文渊州之坡垒驿，又经脱朗州北一日至谅山，又一日至温州之北险径，半日至鬼门关，又一日经温州之南新丽村，一日至保禄县，半日至昌江，又一日至安越县南市桥江下流北岸。

一由太平府思陵土州过辨强隘，一日至越南禄平州，州西有路，一日半至谅山，若从东行过千里江一日半至安博州，又一日半过耗军峒，山路险恶，又一日至凤眼县，又分二道：一道一日至保禄县，亦渡昌江；一道入谅山，一日至安越县之南市桥江北岸，各与前道会。

其自龙州入者,一日至平而隘,一日至越南七渊州,二日至文兰平茄社,又分为二道:一道从文兰州,一日经右陇县之北山,经鬼门关平地四十里,渡昌江上源绕右陇之南,沿江南岸而下,一日至安世县平地至安勇县,一日亦至安越县之中市桥江北。一道从平茄社西,一日半经武岸州山径,二日至司农县平地,一日半亦进至安越县之北市桥江上流北岸。诸路总会之处,随地皆可济师,一日至慈山,又过东岸嘉林等处县,渡富良江入交州,即河内省也。

云南亦有二道:由蒙自县莲花滩入越南之右陇关下程澜峒诸处,循洮江源右岸,四日至水尾州,又八日至文盘州,又五日至镇安县,又五日至下华县,又二日至清波县,又三日至临洮府洮水,即富良江上流,其北为宣化江,南为沱江,所谓三江者也。临洮三日至山围县,又二日至兴化府,自兴化一日至白鹤神庙之三岐江,又四日至白鹤县渡富良江;其一道自河阳隘循洮江左岸,十日至平源州,又五日至福兴县,又一日至宣化省,又二日至端雄府,又五日至白鹤三岐江,然皆山径,欹侧难行,其循洮江右岸入者,地势平夷,乃大道也。

若广东海道自廉州乌雷山发舟,北风顺利。一二日可至交之海东府,若沿海岸以行,则乌雷山一日至永安州白龙尾,二日至玉山门,又一日至万宁州,又一日至庙山,又一日至屯山,又一日至海东州,二日至经熟社,有石堤,陈氏所筑,以御无兵者,又一日至白藤海口,经天辽至安阳海口,又南至涂山海口,又南至多渔海口,各有支港以入河内省,自白藤而入,则经水棠、东潮二县至海阳府,复经至灵县,过黄径平滩等江。其自安阳海口而入者,则经安阳县至荆门府,亦至黄径等江,由南策上洪之北境以入。其自涂山而入者,则由古齐又历古阳县经安老县之北,至平河县经南策上洪之南境以入。其自多渔海口而入者,则由安老、新明二县至四岐溯洪江,至快州,经咸子关以入。多渔南为太平海口,其路由太平、新兴二府,亦经快子州、咸子关,由富良江以入。此北海之大略也。

交州之东,有海阳、荆门、南策、上洪、下洪、顺安、快州等府,去海颇远,各有支港穿达,迤逦数百里,大舰不能入,故交人多平底浅舟,以便入港云。此洋夷之所以不能骤至越南之北圻也。

口占赠吕某

冒暑遄征意欲何，待平法逆靖风波。
若非入险探蛟窟，安得南圻唱凯歌。

骑象冲烟进百蛮，应须规复旧江山。
一腔热血从何洒，不破西戎誓不还。

抵芹滁江口

芹滁江外数峰青，两岸园林接远汀。
九十六湾天堑险，舟无引水例须停。

混俗和光附法舟，乘风破浪壮南游。
彼苍若遂生平志，好建熙朝不世猷。

西贡 和宇弥原韵

芹滁重到探边烽,旧雨低言问客踪。
怅望飞轮如骏马,欣闻黑帜似神龙。
临江公署多高阁,倚树民居尚矮墉。
寄语越人休失节,誓除苛法快心胸。

游西贡花园

为访名园兴未赊,探奇又入路三叉。
芳塘倒影时飞鸟,密树凝香乱着花。
席地笑谈蛮俗女,沿江耕种野人家。
奇禽异兽皆驯伏,山海图经未足夸。

新加坡又名石叻

势扼南洋九道分,石坡高下遍芳芸。
层峦耸翠藏朱阁,瀑布悬崖界白云。
树盛槟榔称乐土,民多闽粤各联群。
中华若早筹先着,守此何愁靖海氛。

暹 罗

万里风涛势拍天,飞轮喜到湄江前。

激来断岸潮千尺,光涌平芜月一弦。

茅屋低依高树下,渔舟横傍小河边。

佛堂古塔无遮会,晓起斋僧结善缘。

南　洋

南洋岛屿似星罗，闻属荷兰地最多。
花发常如春烂漫，田肥休耨雨调和。
蛮烟瘴雾腾蛇隐，巨木成林猛虎过。
愁听华商无保护，任人凌辱复如何。

舟中晓起观日

旭日疃疃浴海中，百川终古自朝东。
辉腾散尽千重墨，浪立掀开万丈红。
信是壮观夸宇宙，欲吟奇句问天公。
扶桑若木知非远，八月乘槎路可通。

西行日记

《西行日记》序

轮船招商局创自同治十一年,因与太古、怡和两公司争揽客货,连年落价,亏耗甚巨。票价每百两跌至四十馀两,不可收拾。光绪七年各股东特禀北洋大臣并会商唐景星、徐雨之两总办,延郑陶斋观察入局商办各事。缘观察熟谙航务,经与太古公司订立总理揽载并管栈事宜十年合同①,时届期满,遂请北洋大臣札委为局会办。观察着手即先与太古、怡和订立合同,以船吨位多少共分水脚,招商局着多数。旋奉北洋大臣札委总办,赴南洋各埠查察航业,以期推广,由是水脚日增,票价每股涨还百两。无何,甲申役起,彭刚直公奏调观察赴粤差遣,而马眉叔接办局事,将局船房产售与旗昌行以避外攘。及事平,由前盛督办奉北洋大臣札,与旗昌赎回。而怡和、太古又与招商局落价争载,每股跌至六十馀两,各股东与盛督办急欲整顿,复延观察入局会办,重与怡和、太古续立合同如前式。又赴各分局查察商情,与同人分别治理。于是水脚日涨,公积日厚,一股变为两股,每股价值一百四十馀两。并添置沪、津、香港、梧州局产码头。庚子、甲午之役,主持换旗,保全船找,皆赖观察经手签名,得有今日。

---

① 郑观应两次与太古订立的雇佣合同,系自一八七四年至一八八二年,共八年,这里说十年系误记。

　　壬寅,奉桂抚奏调赴粤,濒行之日,查除还官款及历年报效银一百三十馀万之外,尚存公积、保险、备记、漕运馀项约共二百七十馀万。闻后任有提大花红,并将历届漕运馀项甚巨分给办事人等者,而观察独未尝沾润。两袖清风,不无感慨焉。

　　己酉,北洋大臣札委局之会办至八员之多,水脚日减,糜费日重,市论哗然。篆与各股东组织股东会,公禀邮部准照商律办理。观察人望所归,更被举为董事,并委赴农工商部注册,皆任义务。今春三月,邮部札委会办,职司监察,爰赴各埠稽查局栈,只身入蜀,不辞劳瘁。时适川省军起,来往戒途,备历险阻,洞悉情弊,几濒于危矣,犹撰《西行日记》一卷,条理井然,考究详晰。使当局者取而变通尽善,保商保国,大局攸关,庶几与东西洋轮船公司并驾齐驱,免外人所笑。则非独股东之幸,抑亦吾民国商业之大好结果也。

　　篆忝商务一份子,而知观察最深,谨序其缘起,使阅是书者得其要略焉。

　　辛亥腊月望日庄篆序。

《西行日记》序

　　轮船招商局系中国公司，全是商股，各轮船往来中国通商各埠，所有客货，是华商者十居其中，自应得同胞相顾，国家保护，必胜外人。

　　查光绪三十年以前，招商局年结获利颇厚，太古、怡和、招商局三公司年结分帐，招商局除应得分数外，尚有馀款拨还太古、怡和水脚银八万馀两；近年局船水脚日减，三公司分帐，太古、怡和除其应得分数外，反有馀款拨回招商局水脚银八万馀两，不解何以迥异。从前且闻太古往来广州、香港轮船时时满载，而招商局轮船则反是。老友郑陶斋先生历办电报、开平矿务、汉阳铁厂有年，皆洁己从公，为中外所钦佩。己酉年与余被举招商局董事，同当义务，因感郑君好义急公，变产支持，曾约谭君干臣月助旅费百金，郑君力辞不受。今春因招商局坐办钟君紫垣告退，部委郑君为会办，职司监察，并嘱亲往查察各埠局栈一切利弊，往返半载有馀，迭经择其要者布告董事会、办事董、各分局董酌议施行。

　　当此招商局危急之秋，伏望各股东协力同心，悉照商律公司章程办理，慎举董事，勿避嫌怨，量才器使，委任得人，有阅历而无私弊，一事权而无推诿，更乞国家维持保护，使招商局所置上海及各埠好码头栈房，永远不为外人计夺，轮船日增，逐渐推广，股东幸甚，大局幸甚！

　　中华民国元年正月香山唐国泰序。

《西行日记》自序

列强国内往来各埠之船,均归本国商民利益,不许别国人侵夺。我国贫弱,航海之利,独与各国商人共之。昔时未设华商轮船,不惟漏卮,且附洋商轮船者多受外人欺侮。自有轮船招商局以来,洋商不敢居奇,非但稍塞漏卮,而各同胞已阴受其益不浅矣。然终不及日本航业之盛,十年间从二十万吨增至一百六十万吨者,由于国家无补助金,且反勒诸般报效,办理章程不善也。

查远东进出货物,以我国为最多。计各国由欧洲往来中国之船,现在每月到者,英商有十五艘,德商有五艘,日商有四艘,法商有两艘,澳商、丹商、士威顿商亦各有一艘。以上各航商近设一联合会,所有进出载脚会同公定,虽属价昂,各货商知是垄断,无可如何。窃思丹马、士威顿均系小邦,在我国几无商务之可言,犹有一轮船公司分驰各国自保其商务,以争绝大之权利,何乃堂堂中国作主人翁者,任人长驱,不知往报,岂非我国官商之耻耶? 今共和时代,既欲富强,窃谓航海之利,急当起筹,较农工尤为目前要着。仆《西行日记》既述辛苦,于近日航路情形、中西商战,不无所见,当局或有所采,非无补也。钞成,因自序缘起以馈同胞勉力图之。

中华民国〔元年〕孟春月香山郑官应书于海上居易草庐。

西行日记

轮船招商公局全是商股,因官夺商权,会办多,糜费重。宣统元年夏间,股东组织股东会,官应被举董事,是冬入京赴农工商部注册。宣统三年暮春,奉邮传部檄委会办,职司监察,并嘱入京面商,董事亦嘱顺道烟、津、营口,查察局务。仲夏,会长来函云:"各埠局栈,应请阁下亲往查察如何整顿之法。祈归后一面函详,一面与董事会商改良。所以不由部檄者,以免后来援例干预"等因。经当布告董事会议决照行。自知年老无能,惧勿胜任,惟既蒙所委,不敢辞劳,当遵照办理。唐君凤墀、陈君辉廷嘱看通州、长沙码头。拟先到重庆,返时向各分局逗留数日。于七月十二晚坐"江宽"轮船赴汉。子初开行。

十三日午刻到通州。船主邀看该处码头,有趸船二,大者长约一百五十尺,小者不过百尺,舱口开在中间。据船主云:"不甚坚固,恐泊轮船容易受伤。"而趸船总理云:"非但舱口可改,如果局船常泊嫌趸船不坚,亦可换也。"

十四日早丑初到镇江。未刻到南京,庄君春山到船云:"南京铜元局总办蔡观察已与怡和洋行立合同,装铜元到汉,嫌本局水脚昂,不俟回电能否照减,即与怡和订定全装一家。与日本优待本国商民之义相反。况本局岁有报效国家,为官场效劳亦不少。怡和虽照日本所跌之价,亦应与太古、本局会商"等语。查日本商战进步之神速,由于有劝业银行,其国家保护之周、奖励之力所致耳。其合资营业公司由二十馀处增至四千馀处,航业由二十万吨增至一百六十万吨,遂能贸易上占优胜之地位,收特别之效果。我国既欲振兴工商,推广航业,尚冀效法日本,已上书当道,并于拙著《盛世危言》详言之矣。

李君仲杰由南京下船返芜湖,询悉局务减色,请仿照太古公司月造三公司船出口货比较表,寄沪以备查考。查出口船所装各货,海关均有刊报,如不知,可向海关造册处每星期购一份,饬翻译分别译登,按月一结便知矣。

是晚酉刻到芜,停三时。

十五日早寅刻到九江。月岩弟到船谈九江烟叶,因年来栈租不准照太古期限,且日清、宁绍两公司之船水脚大减,多被揽去。太古又有小轮船入鄱阳湖代客拖带茶船,货艇泊其码头,所以胜人一筹。优胜劣败,势所必然。亦嘱月造三公司船出口货比较表寄沪查考。

十六早到汉口。施君省之邀同入局,云:"子芗兄回沪,成之兄病尚未痊,照常办事。"已嘱其将日前汉口各商公函谓汉栈窃货甚多一事如何整顿之处请即示悉,俾得面复董事会。并请月造三公司船出口货比较表寄沪以备查考。

访老友郭君芸溪、唐君翼衢、韦君紫峰三君。皆业茶,旧雨重逢,相见甚欢。询悉近年商务情形。惟连夜酬应,感受风寒,哮喘复发,延西医诊治两次。

沙市局董谢君友梅来汉,谈本局轮船因有趸船可泊,客货较胜别船。查怡和、太古、日清公司,均有轮船往来汉口、长沙等处,所以由汉口至沪之船,得其转载货颇多,而且日清公司恃其政府岁有补助金,减价争揽客货,招呼亦甚周到。本局长沙之船,万不能迟。据日清公司汉口买办汪君炳臣云:"由汉至宜之船,已与三公司船客位水脚已定一律,惟往来沪、汉之客位水脚未定。"并出其创办《汉沪轮船说略》九款。已允其返沪与董事会面商也。

二十一日早坐"快利"轮船赴宜昌。

二十三日丑刻过沙市,入局少坐,询悉本地各商合置之趸船,各商欲招太古轮船来泊,冀多得酬金。鄙见若准太古船同泊,彼船先到,我船后到,必无位置,不若仿照大通趸船办法。且其趸船泊在我局码头,应要各商或趸船公司总理立回字据:"借本局码头停泊"字样,以免日后争论。除嘱该局司事,并嘱"快利"船朱坐舱候谢董回沙市妥商后函致总局核定。

"快利"船主云:往来宜、汉之船,怡和有"江和",太古有"洞庭",日清有"大吉"。"洞庭"较"大吉"略小,"大吉"与"江和"同。"快利"船身长,行稍慢,不及"洞庭"快,惟装货较多。往来汉口、长沙之船,怡和有"昌和"、有"吉安",均不及太古"新沙市"船之大也。日清有"武陵"、有"湘江",另有"沅江"走常德、长沙之船,身长约二十三四丈,宽约四十尺,吃水空船三尺三寸,满载约六尺,重载约六百五十吨至七百吨。船样宜仿照"新沙市"或"武陵",因冬天水涸,往返敏捷,船身不宜过大也。"固陵"太小,宜调往别埠等语。

闻蜀滩甚险,请"快利"船主借浮水带五条,以备同人赴渝之用。

二十四日早到宜昌,泊码头,徐君枚臣、吴君樾桥欢迎入局。招商渝局叶君长林、黄君松庵到,谈颇久。

"蜀通"轮船尚未出浅,候水涨方可返宜。

成都商人李君位亭来访,谓:"成都赵督办理路事不妥,盼岑宫保早到。宜局代雇麻阳子船赴渝,船价银一百五十八两,并请红船护送,给其工膳银二十四元,滩上纤夫酒钱及到埠赏钱随意酌给"等语。因闻端午帅亦将入蜀,拟赶快开行,以免上滩时久候纤夫,即嘱厨夫备办伙食速开。

二十五日午刻由宜局码头下船,开至南津关泊候纤夫。船主云:川河例定,日暮不行,大雨不行,上滩逆风不行,三伏天正午不行。盖上水船风不顺,非纤缆不能行也。滩险迁变不常:有水涨时滩险难过,到水退时易过;有水退时滩险难过,到水涨时易过。惟水大涨滩愈多,流愈急,势愈险,故水大涨时,帆船不敢行也。

二十六日晨,纤缆过平善坝,至石牌头泊,行四十五里。时秋阳酷热,小舟泊于山脚,四面皆崇山峻岭,虽日暮,暑气未退,欲开窗,又防偷窃,令人难寐。

二十七日,纤缆过遍脑、狮子洺、黄额碛、南沱、如意、红石子、渣波子等滩,大水时以如意、红石子两滩为最险。如意又名无义。其馀亦如海上巨浪仅防触石耳。至黄陵庙泊。行五十里。

二十八日天气炎热,正午不行。纤缆过瓮碉、马屁股两滩,至山斗坪、又名毛坪泊。行三十里。薄暮风起,水石相搏,篷舷戞击之声永夜不绝。

二十九日,纤缆过塔碉、吓骨石、腰站河、斋公石、美人沱、曲溪等滩,至小喹岭徐坪泊。行四十里。因天热纤夫赤头,行路甚慢也。

八月初一日,风顺张帆,过喹岭、老关庙、六楞背、九畹溪、马磉背、社红碛等小滩,纤缆过新滩场,复张帆过米仓口、香溪、水盘碛、北石门、四季荡、滚子角、归州、乌石、虎皮梁等滩。至流来观泊。行九十里。虽离泄滩数里,犹闻滩声砰訇不绝。

初二日,纤缆过泄滩、羊子石、七姊妹、上石门等滩。至大八斗滩,陡然断缆,退落二十余里,同舟皆骇,幸未撞沉,只撞石穿孔,修好复行至牛口滩泊。行三十里。路见沉一货船,皆装火油。

初三日,纤缆过巴东县、青竹标、万户沱、母猪滩、西瀼口等滩,至官渡口泊。行三十里。巴东县无城。连日天阴,云翳(诚)〔沉〕浮,云常蔽日。山县似孤村矣。船主云:纤夫逃去二人,卧病一人。乞出钱补雇,否则纤夫之力不足,非但迟慢,尤恐挽不住,势有一落千丈之弊。

初四日,风逆,纤缆过火焰石,泡漩极大,纤夫挽缆不住,流下十余里。幸值回流,复纤至楠木园泊。行三十里。昔人云:"入夏水盛,虽乘快骑,御长风,不似其疾。"洵不诬也。遂嘱添纤夫三名。见沉一官船。

初五日,纤缆过小燕窝、石万流。申初风顺,张帆过鳊鱼溪、培石镇、孔明碑、小磉、大磉、青石硐等滩,至老鼠错泊。行七十里。红船管驾云:本船五人,有一人病重,已嘱搭船返宜,求出钱雇一人。

初六日,风顺,张帆过跳石。纤缆过篊望沱、巫山县、乌鸡、下马滩、洞竿嘴、拖肚子、独树子等滩,至焦滩龙保子泊。行一百十五里。是日舟过下马滩,闻沉一兵船,淹毙四人。

初七日,风顺,张帆过慌张背、李拐滩、猫子石、代溪场、白果背、鸡心石、黑石、台子角等滩。纤缆过大滩、滟滪石、臭盐碛三处,至夔州泊。行六十里。四望遍山树艺兼种菽麦瓜菜,或青或黄或红,秀茂可观。招商渝局杨君瑞卿到船面,久谈乃去。

初八日,风逆,纤缆过头唐,至关刀下泊。行二十五里。夔府来水江面阔,出水江面狭。查岷汇三水,复统万流,澎湃渤荡,恣肆无极,奔沸激湍,猛劲莫遏,及抵夔门,截然束之,而江中乱石高低隐显,有如三门双阙者。舟从石罅中行,漩涡溃搏,势极危险。

初九日,风顺,张帆过安坪场、黄石嘴、三块石、高桅子、二道溪、磁庄子、庙基子、东洋子、鸡耙子等滩,至云阳泊。行一百三十里。

初十日,风顺,张帆过马铃子、小帐、盘沱镇、小江场、巴阳峡、上山龙、鸭蛋石、徐塔硐等滩,至大桂石之大督溪泊。行一百十里。路见沉一货船。

十一日,纤缆至万县泊,行四十五里。船主云:县城西门外,有小河一道,夏日山水忽发没桥,最凶恶。由万县陆路到成都,不过十二站,路基平坦。闻端午帅由万县入成都,因川江轮船事,候禀商,并与其翻译关聘之世兄一谈,俟至十四日始到。时大雨,往谒,可否准华商集资添造轮船,往来宜、渝、兼内河叙州、嘉定等处。端帅云:"拟与部商,由铁路公司造轮船四只往来宜、渝,免外人争论,准归招商局代理,招揽客货。"

十五日早大雨。端午帅委其弟叔纲太守冒雨下船,邀到行辕过节午餐。不得已同赴行辕面辞。问:"能候数日同坐'蜀通'轮船赴渝否?"因喘疾不便酬应,且闻"蜀通"房舱少,钦差随员多,官应有肺疾,不能与人同宿一房,故亦辞谢。下船饬舟夫开行,至涪滩场泊。行三十里。

十六日早大雨,不能行,候至未刻,雨细,勉强纤缆至让渡场泊。行三十里。连日大雨,上岸酬应,致感受风寒。是晚大喘,坐卧不适,同行苏君与随役均甚惊虑。

十七日，纤缆过磨刀滩、双鱼子、武陵碛场、西界沱场等滩，至石堡寨场泊。行八十里。日来滩水大涨，所过之滩，石如犬牙，上下水高低数尺，迭见所沉货船，人与货均在山坡候船，复念我坐之船，因非坚固，睹之心悸。船主云：纤夫皆石堡寨人，须回家取寒衣，俟明晚回船，恐不止耽搁一日，乞各赏酒钱二百文，止其勿去等语。虽以理责之，仍悻悻欲去。惟念所费甚微，故数给以二千缗。

十八日，风顺，张帆过永兴场、九渡水、折槐子、簸箕子、关溪场、打磨子、三坝河、袁溪场等滩，至忠州泊。行九十里。峡江各州、县，皆背山面江，山林青翠。是日本舟撞一孔。又见沉一船。

十九日晨风顺，张帆过桥马滩、乌鸭镇、白马子、新场等滩。风静复纤缆，至鱼洞子、羊渚溪泊。行九十里。

二十日，风顺，张帆过洪河镇、虎须子、铁门坎、高家镇、桨脚湾、巴折梁、菱角老、龙船石等滩，至酆都下桃源村泊。行九十里。昔人有诗云："寒江无月水云昏，山县凄凉只似村。仙犬不鸣灯火静，行舟今夜泊桃源。"此景酷肖。

二十一日，纤缆过蚕背梁、送客堆，至三鲫鱼滩泊，因风逆不能过滩。查大佛面、观音滩、灶门子一名卷篷子，三滩相连，大水极险。官应昔年为招商渝事，船过菱角老下撞坏，故嘱舟人必须格外小心。

二十二日，纤缆过大佛面、观音滩，将到卷篷子滩，忽遇漩涡巨浪所打，缆断槐折，头舱已破入水，船亦欹仄，各挂浮水带，叫红船逃生，不遑携带行李衣物，该船瞬息间已流下二十馀里。大佛面下沙得遇小船与红船救护，纤至山脚，均谓迟片刻或遇风，全船倾覆。此诚幸矣。船主云："船身未坏，不必换船，俟将槐篷头舱修好，明晚可行。"是日口占一绝，次苏君原韵以纪其事："扁舟槐折客心寒，水满头舱泊岸难。瞬息顺流三十里，红船奔救始呼欢。"

二十三日已刻,纤缆重过大佛面、观音滩、灶门子、马颈子,至泥石镇泊。行三十里。远望山顶有寨垒,询知昔年筑以避贼者。

二十四日,风顺,张帆过南沱场、鹭丝盘、珍溪场、花滩、白浅、青溪场、徒岩滩等滩,至屠猪滩黄角嘴泊。行一百里。

二十五日,风顺,张帆过和尚石、门闩子、龙王沱、涪州、李渡场等滩,至宁石场泊。行九十里。两岸峭壁如削,壁上有洞,离水面十馀丈,望之深窅。

二十六日,纤缆过青岩子、磨盘滩、石家沱场、黄泥、马绊、黄鱼岭等滩,至长寿县泊。行六十里。

二十七日,纤缆过抬盘子、王家滩、红庙角、鳝背沱场、罗碛场等滩,至太洪江泊。行七十五里。昔人云:"三峡七百里,两岸连山,略无阙处,非晴午静夕,鲜见曦月。"良不诬也。

二十八日,纤缆过羊角背、百战梁、木洞镇、马岭子、黑石背、鲊人坑、鱼嘴沱场、门堆子等滩,至庙角滩泊。行七十里。到此水势略缓。盖拘则势逼,狭则性迫,志不得舒,计不得逞,时一拗曲,遂震撼天日耳。

二十九日,纤缆过野骡子、状元滩、打磨滩、莲花背、唐家沱、灌口、五桂石等滩。日晡抵重庆。此地一别已逾十八年,日月更新,山水如故,烟户丛密,较昔为盛。承招商渝局总理俞君浩川到人头山马头欢迎,上朝天门入局。

据说武汉兵变,其出示颇文明,以保商为宗旨。成都叙府各州县皆不靖,重庆人心惶惶,货多停办,商务顿衰。"蜀通"轮船闻宜昌失守,"蜀通"暂不去。

查重庆是四川最大商埠,上达云、贵、甘、陕、西藏等省,往来货多,怡和、太古、日清三公司均已派人来渝查考出入口货物多少,并马头合宜地位。又委人测量沿江水之深浅,绘图而去。传说日本将有船来,我国政府早应设法招商筹办,毋为外人捷足先登也。

官应在沪起行,计期百日可回,不料月过中秋,川水不退,仍然大涨,自宜来渝,舟行三十馀日之多,既遭滩河之险,复受烽火之惊,下游不靖,返沪无期,始觉王子翁劝先应粤商公举与各省所举之实业团同游日本,俟明春三月入川之言如有前知,而官应不听者,因五月初已为广东总商会代表,偕各省商会代表赴京会商中美银行及中美轮船集股注册事,今不过数月,又与同人同游日本,恐招物议也。

三十日早,谒端午帅,并会关聘之世兄、叔纲太守;访电报局孙君砺之、川东道朱君伯平、重庆府钮君元相、商务总会赵君资生返局。怡和洋行代理人袁近初世兄来谒。广东会馆客长黎君植生过访。俞君浩川邀同晚餐,畅谈,询悉近年商务。俞君云:三公司客货以本局最多,岁有货物七八万件装本局船转运各埠。上年出口小土多,岁有水脚银十万至十二万。重庆出口货以药材小土为大宗,次则黄丝、白蜡、猪鬃毛、牛皮、羊皮、青麻、木耳、桐油、杂粮等项。今小土虽无,而出口货之多,日有两轮船同开亦装不尽。况"蜀通"往来宜、渝,约须十二日一次乎?渝商云:"蜀通"所载客货水脚极昂,每次约收水脚银万馀两,其马力不足,上大滩仍要绞缆。拟添造一船,马力千馀匹,船身加大,不须拖船可以装货,不用绞缆可以过滩。若海关委员测量沿〔江〕险要(江)水道深浅绘图示人,并将三大滩江中之石,择其有大碍者尽行炸平,或有小险亦无大险,虽冬、腊两月亦可行驶。闻本地好领港尚有可图也。

九月初一日,访铁路总办舒君迪生,据云:"工程未停而收款已停,存款在汉。"巴县绅士劝工厂委员谭荷生孝廉、崇宁成都绅士罗人楷世兄、罗君众安、潘君嗣远来访,均称:"武汉兵变,蜀省民变,皆由立宪不真,动施压力所致"等语。今烽烟四起,米珠薪桂,不死于水旱荒灾,而死于兵戈盗劫,有地方之责者,忍不奏报与仁人君子设法救护乎?

初二日,广东会馆黎客长云,查本埠各帮停搁货物二千万之多,下江输乘之货,售各州县及云、贵两省者,处处风潮隔塞,不能销售;川产下运之货,又以宜、汉变乱,不能交通。金融既复阻滞,货物又已停搁,商帮困难,至于此极!由此推之,各省各埠损失不可数计。

初三日,老友宜昌富绅阎君少泉来访,久谈乃去。其子春笙现当法国义昌洋行买办。

初四日,警报时闻,殷户衣箱,堆栈货物,均纷纷搬迁。因游民太多,觅食维艰,人心思乱,幸藉练勇镇压,各国洋商与海关所用洋人皆集议团练自守,且有英、德、法兵船停泊保护也。

初五日,电报局孙君砺之招饮,屡辞不获,且有电报请代即发,故勉遵谆嘱。饮至戌刻,与俞君返局,喘气发矣。同席有铁路公司舒君论蜀路事甚详。

初六日,查重庆英有隆茂洋行,德有瑞记洋行、美最时洋行,法有义昌洋行、吉利洋行,日有新利洋行、日清洋行;外国药丸行二三家。此外,华商挂洋人之名者尚有数家。英有怡和、太古两公司,均托华商代其招揽客货,挂其行旗报关,装帆船运至宜昌,由该行轮船转载至汉口、上海等处,每月酬银百两,另拨一二江船由其代请坐舱以资津贴云。

初七日,端午帅下帖招饮,因喘辞谢。且念此来原为考查商务,若涉官事,不惟酬应糜费劳神,尤恐牵缠有误局务,遇有便船,拟即返沪。访隆茂洋行洋人匿见臣，畅谈。现查重庆绵纱一宗已值银千馀万，不能运行，可知商务受困矣。

初八日，闻马教士云：各国现守中立，如明春尚不平靖，恐出干预。长江电报不通。"蜀通"装兵至叙府、嘉定。谭荷生孝廉与诸君邀饮，皆辞谢。

初九日，重阳，登五福宫老君洞，签示甚吉。殿前俯视，重庆烟户如在目前，所以各领事署多设在五福宫之右，可得日光空气。

初十日，陆君序东来谈，渝商甚望招商局有往来宜、渝轮船。送来"蜀通"轮船所装客货上下水脚价单，庶知获利甚厚。查"蜀通"轮船马力五百二十五匹，逮率每点钟行十五英里，平水计吃水英尺三尺六寸，载重五十六吨，烧煤每天八吨；长一百十五尺，阔十六尺。现定添造之船马力一千匹有零，绘图寄英国船厂照造云。

十一日，闻端午帅定十五日起节上成都，或谓：其不兼程前进，迟迟其行，甚为可虑也。

唐君露园、舍弟曜东托带交成都亲友食物，本拟托关聘之世兄带去，因恐遗失，故交招商渝局总理俞君浩川代寄矣。

重庆自武汉失守，时有谣言，各省商货不卖不买，人心均盼早日改革，地方安靖，货物流通。当道知势难挽回，家眷行李均遣出城。惟由渝至宜土匪甚多，沿途抢劫，不敢即回耳。

官应寓招商渝局，邻近府署，恐城门失火祸及池鱼，十二日迁居对河狮子山上叶家花园。山下有货仓三间，河水甚深，可泊二三轮船，德国兵船现泊该处。园主即叶逢春世兄之母文夫人，通中英文字，精医道，晓商务，洞识时事，女中之丈夫也。出其上年集股拟行宜、渝及内河轮船公禀，嘱转呈董事会一阅。官应避乱至此，忧谗畏讥，自应养晚免费唇舌。然乡居寡闻，报纸难买，不知外事，惟日与叶家中西文教习周君植堂、张君士林及苏君作云谈文论道,无商务新闻可记矣。

十月初一日,俞君浩川、廖君直卿来云:夏君之时率新军数百人在龙泉驿反正,由安岳来渝,地方官闻之,即时闭城。是晚学界、军界各绅员邀重庆府钮太守、民团统带李觐枫观察会议,而法政学堂教习张君烈武、陆军管带夏君之时,手持炸弹迫钮太守剪发交印,李观察亦同时剪发,复带兵入川东道及巴县衙门迫即交印。次早开城迎鄂军,夏管带兵入城,公举张教习为正都督,夏管带为副都督,李统带为财政部长,林管带为总司令官。释放监犯,免税五日。

"蜀通"初八日开赴宜昌,即托俞君浩川代买房舱票,据复已无房位。各友云:"虽袁世兄许有房位,可与同行,若无随役招呼行李,恐致遗失。此次新政府人多船挤,且哮喘未痊,不如候至下次返宜,先留定房位、随役舱位,并函告宜、汉招呼较妥。"所论甚趑。不料"蜀通"二十二日返渝,据称宜昌军政府拟留往来宜、汉,故托言水浅不去,明春水涨再行。此非官应厄期未满之故耶?

二十三日,俞君浩川来云:端午帅驻军资州,十日迟疑不前,十月初七日为其带来之鄂兵所杀,并其弟叔纲。今鄂兵将两首级送汉,路过渝城。又述城教士陆续返渝,闻沿途土匪猖獗,其行李均被抢去。成都宣告独立,不旋踵已遭惨变。因赵督与蒲都督所订条约,党人均谓不合共和政体,且蒲督所招之本地勇有恩饷,而副都督朱庆澜所带之巡防勇无恩饷,军心不服,十月十八日乘点名之际,要求不遂,即伙同进城申贺之哥老会万馀人放火烧藩库,并将藩库、当铺、银行、票号、盐号,及大商富室、城外铺户一律抢空。正都督匿身城内,副都督不知去向,于是另举正都督尹君昌衡、副都督罗君纶,招集民兵截杀巡防勇。而各属哥老会土匪均挟有刀枪,沿途肆劫,所以领事请尹督派勇护送到渝云云。

十一月初九日,承重庆财政部长李觐枫来函,介绍英国鹰立钢球厂裴德斯君同坐白木船返宜昌,船价裴君出三分一,并给重庆军政府护照一纸,而海关护照由裴君代请,是船即作裴君所雇,挂英旗。盖裴君为成都英领士代表,护送教士返渝须仍旋汉也。

初十早下船,俞浩川、周植堂、张士林、廖直卿送至舟中,茶话而别。浩川云:"昨经寄招商沪局公禀,犹恐遗失,兹再录副禀请代求董事会集议,仿照怡和、太古格外津贴,早日赐复。月前代发北京、上海电报所存报费收条,司账一时检查不出,容捡出寄上"等语。初十午刻开行。是晚泊本洞镇。行九十五里。

十一日,过长寿县,泊南沱。行三百二十五里。

十二日,风静,过大佛面、观音滩、酆都县,停忠州片时,船夫上岸买米,因忠州米价最廉,白米每斗重五十二斤,价钱一千二百四十文。有数巡勇持长枪下船查问船从何来、有无护照,裴君只准其一人查船。官应即出重庆军政府护照与看。去后又有来问有无自成都来者,其意疑有大员逃匿故也。是晚泊石堡寨。行三百十五里。

十三日,风逆,过万县船轻夫少,顺水流下,泊野土地。行二百十五里。

十四日,风逆,过兴隆滩,泊夔州府。行二百三十里。有数勇持枪下船问从何处来,裴君答此是英旗,船由重庆来。彼不查即去。是晚月朗,行夜船,过滟滪滩、下马滩、巫山县。

十五早,过巴东县、泄滩,泊虎皮梁。行三百七十里。路上见沉两船,均载下水桐油、麦子、牛羊皮等货。

十六日子初,过归州、新滩,至平善坝验关,裴君偕船主持护照赴关呈验。耽搁片刻复开,抵宜昌时交酉刻。行二百六十里。

十七早,过"江和"轮船,吴君樾桥到船云:在此看守栈房,所存客货不致损失,惟入款毫无,未知何日有局船往来。日来川货极多,徒羡他人利益耳。

十八黎明,"江和"开行,客货满载。是晚,过出城陵矶,进荆州河,转湾之处水浅,停船。查由宜至汉十处水浅,除煤炭洲、毡帽套、道人矶、宜都四处已设灯桶灯塔,尚有未设灯者六处:一、出城陵矶;二、瓦子湾;三、调关;四、张家湾;五、大布街;六、毛家场。日来官民交战,各轮船夜过各埠,如不停船放气,即遭岸上炮击,恐为官船私运也。

十九,过岳州口。

二十早,抵汉口,所有川货均即过"德和"轮船。大餐房均为教士全包。官应与前泸州总办厉君志刚均住官舱,共一房。是晚不设客饭。随役所住统舱,除照例给水脚外,仍须另买睡位钱,可知搭客之多矣。汉商云:"趸船被炮打沉,各栈无人看守,失货甚多,现已停战,何以不赶快修理"等语。

二十一早,过九江,装货六千件,棉花颇多。是晚亥刻开行。

二十二申刻到南京。

二十三子刻开行,已刻到镇江。

二十四午刻抵沪。始知本局所有监察员均已裁撤矣。

节录广州、香港、厦门、天津、营口、九江、汉口、重庆等处分局条陈

一、广州局董云：现在太古行已建设货仓码头数年矣，各船上下货物甚便，又俯就货客，凡货艇升该行旗者，虽佛山之遥，伊亦饬小轮船驰往拖带至货仓码头，船到即时起货即时装货，计装卸仅一二天便完。若是往来每埠耽延三四天，则每月两次虚耗十天，计每年虚耗百二十天，而所耗甚巨。是以必有货仓码头，方能与太古争衡，尽人皆知。惟九年以前粤局已连年多次函禀总局，奈何函复未准所请。盖昔年总办于此事未曾深思远虑，从前以地多任择，今则独有招雨田之旧仓怡昌可卖，若再延误，虽欲价买亦无好地可谋也。

一、香港、广州来往货客甚多，目下虽每日有日船一艘、夜船五艘，计共往来十艘，获利甚丰。若本局派船行走，初必相斗，后必言和，和则水脚价涨，可获大利，惟难与图始耳。虽然，本局与太古有约，不派船往来香港、广州，今日本派船争走长江、福州，我局又何难争走香港。

一、粤东客商云：方今航业争揽客货剧烈之际，由粤去各埠之货应嘱船栈切勿偷窃，令人可畏。查太古轮船无论何货，如水脚合算者，虽盐、油、牛、羊等污秽油垢咸湿货物，亦须装载，一俟起去，

灌水入船洗净,自然无油垢咸湿污秽之气,若所装之货必要拣择致伤客情,因小失大矣。

一、梧州生意虽不甚旺,然太古之"西南"及"南宁"两船,其年结获利颇佳,但初办未尝不小有吃亏,然久后亦成专利。总之,能耐久,名誉好,即成利薮。

一、香港局董云:"每年开河封河派船直走省港、天津几次,计期往来一次不过二十天,由粤往津有水脚银万元,回头水脚不计利不为少。惟恐开河时上海货多粮米亦多,局船难分往来津、粤耳。"

一、香港之船以往星架坡等处为大宗,现在南洋群岛华人皆知爱国,若本局有船来往,则汉旗招展,必引起华人之爱国心,生意必比别家公司胜得多。

一、安南西贡船亦须有耐心方可获利,若只行一二次,势必不能获利,因此废食未免可惜。如举南洋之大商家及货多者为代理,加其薪水,或有花红奖励之,必尽心代办,可胜外人。

一、烟台局董云:"由烟至粤之鱼干水脚贵于咸鱼,去年太古将鱼干作咸鱼水脚计,是暗中跌价招揽客货,初函询,继将提货单质证,云经手人错算耳。"营口大商新昌郭君云:"怡和于客货多者亦暗跌招揽,我局不宜太板也。"

一、九江局董云:"现查九江太古有小轮船代客拖带过鄱阳湖之货艇茶船,且暗许货到上海免收栈租之期,较招商局宽限,而烟叶纸张麻客,有云三十天,有云四十五天,招商局遵守旧章,仍收十四天。去秋再三函商总局,询明太古,始展限三十天。水脚不如前,职此故也。"

一、厦门局董云:"出口货至天津、营口者,多于上海,所以太古常有船直放天津、营口,怡和有定期船往来香港、营口。如本局每月有二千馀吨之船由厦门绕上海、烟台至天津,回头绕营口、烟台、厦门至香港,各客预知往来均有定期,必然满载,可获厚利。先试行一船,如果符所言,则可开两船。因转载之货恐被偷窃,皆愿装直放之船。近日洋船迎合客意,太古洋商尤为迁就,出租之船须与太古订定合约,彼此租价,不许暗跌,庶免落后。因太古往往跌价,若我探知,函告总局查确而后准照办,已秋后黄花矣。"

一、厦门太古洋行左右有楼大栈房两间,每间上下可储糖八九千包,小栈房十二间,每间可储糖四五千包。凡遇有糖装之行商,竟与栈房一间,将锁匙交该行自管。且栈房地皆铺水泥,开小沟,如有糖水渗出,或篓油渗出,均可收回。据趸船司理郑森馀云:本局趸船只容九百吨,不如太古趸船大,若入口货多,须候驳艇分载。上年本局托瑞记洋行黄瑞曲之子代理,出口货甚少。因太古准客货随时入栈,船到即代装去,所以太古船出口糖常有数千包至万馀包,本局船出口只数百包,森馀见不雅观,遂劝黄君函商总局仿照办理。黄君恐总局嫌费用多疑有别故,不敢函告,因嘱森馀代达。惟恃其轮船来自台南之桂元乾转载耳。森馀窃念准客货随时入栈一事,非吾职司,不敢越分,过两星期对黄君伪云:已代函达总局,旋蒙回信,准即试办。森馀复将太古揽载情形详达也。惜其时叶亮卿倒账,有洋楼两间出沽,每间三千元,竟不肯函告总局承买,其意恐总局自行设局。可知代理人与自行设局者办事之心矣。故太古往日托人代理之埠,皆已设行派人自办。黄君恃西籍与地方官闹事,撤委交汕头电局总理伍遂初接办,黄君不到厦,因论水脚扣用为局费,恐入不敷出,拟转托得记利士薛君棠谷兼理,薛君不允,遂派一司事一翻译,并租洋楼一间为办事所,及各司事住房,另租小栈两间可储糖千馀包而已。查历任局董经办以来,本局出口水脚银每年不过一万数千至二万元，其不能振作者，是仰体总局节省经费起见，若费多限于九五，局用不敷，如出公帐，又恐招总局怪责，不若因陋就简，无咎无誉。且栈房不多，地基不佳，各客亦不易招呼故也。今台南桂元乾皆日本船揽去，接货者较往日尤难。去年伍君仙逝，承办董事与各董事札委润林接办，不惜小费，尽心竭力招徕，幸得出口货水脚银三万数千元，皆藉总局唐总办调度有方，揽载者勤能，并蒙各行商俯念中华之船协力维持，以顾大局所致耳。

一、查各埠太古俱有码头栈房，且闻广州、九江等处，如遇逆潮赶装轮船之货艇，尚有小轮船为其拖带，所谓工欲善其事必先利其器，优胜劣败，势所必然。伏望我官商于招商局无码头栈房之处，如广州、厦门、营口等埠，速为图谋，以挽利权，勿因款绌而不思筹办也。

营口新昌油豆生意颇大，其总理郭君渔笙云：怡和、太古每礼拜有船一来一往，来船多绕烟台，去船多绕大连，盖烟台有进口货，大连有出口货，如营口货不多，必绕大连配载。查营口向来装杂粮，水脚一钱五分，去年减至一钱三分，豆油水脚四钱，今春又暗中跌价甚至一钱。宜与怡、太公定划一之价，以保信用。上海油栈宜用洋灰——又名水泥、又名水门汀——铺地，渗漏易于修拾，如有破篓，管栈者随时修理。铁钩最坏包皮，或致斤两缺少，或致布匹破碎，皆小工用铁钩之故。宜禁小工用铁钩并防偷窃也。

天津招商局董麦君佐之云：局船无定期，且"新济"、"遇顺"等船，无电灯风扇，西客多不悦意。西栈荒地颇多，似宜起造住宅，将旧屋破烂者全行修好，出租与人。豆客之货不装局船，因金利源偷窃之弊不除也。

一、重庆招商渝局揽载云：往来宜、渝客货甚多，如造一千数百

匹马力之轮船四艘，约需银七十馀万，恐招股不易，宜先造拖带之
小轮船四艘，倘马力弱不能过大滩，即分置于大滩上下，为往来货
船拖带。盖上水白木货船，至快者亦须二十馀日，若有轮船拖带不
过八日耳。上年招商渝曾集股银十万两，拟购船试办，兼走内河，
具禀招商总局，不准，遂作罢论。今洋商时欲遣轮船走内河，故劝
李君觐枫招商会与招商渝局董招股速办也。

留致各埠分局管见五条

启者：官应昨奉本局董事会函委，亲往查察各埠局栈如何整顿之法。俟归后，一面函详会长，一面与董事会商改良。自愧年老无能，时恐徒劳往返，于大局无补，惟望各分局董、各管栈、各坐舱同心协力维持，以匡不逮。兹有管见五条，尚祈逐条示复，如有不到之处，仍祈补列为荷。

一、请仿照太古办法，每月造报三公司船本埠所装出口客货比较表，查海关造册处每船出口所装各种货物，均有清单刊布，应向购一分，嘱翻译分别照录，按月总结一报，俾知查考。

二、本局今年正月至六月止，共装出口货去某埠水脚银若干，如较去年所短若干，考究何故，据实照报，勿避嫌疑，以期整顿。

三、轮船栈房损失客货或短斤两，或斤两符而箱内包里或以泥石，或以砖碎抵换，请各自留心，查究如何方可绝其流弊。

四、栈房趸船上货下货堆工扛力，是论工数折、论件数？如何计法，请列明以备查考。

五、本埠大商货物多者现是何字号，管事者何姓名，何省人，亦均请查复，以备沪局留心招呼。